LE CARNET

BRETAGNE

Entre terre et mer, la Bretagne vous dévoile son caractère bien trempé

Pour la variété de ses paysages, d'abord, avec sa côte toute en caps, en falaises, en pointes, en îles, en estuaires, en criques ou en baies harmonieusement dessinées. Entrez dans les terres

7 PICTOGRAMMES POUR SUIVRE VOS ENVIES!

EFFET WHAOU!
Pour vivre des expériences uniques, surprenantes, à couper le souffle.

MOMENTS ZEN
Pour prendre son temps et goûter l'instant présent, en toute tranquillité.

BOUILLON DE CULTURE
Pour s'enrichir et s'émerveiller des richesses artistiques, historiques et patrimoniales.

et vous découvrirez des forêts mystérieuses, des campagnes vallonnées, des vestiges préhistoriques et de petites montagnes pleines de charme. Mais la Bretagne n'est pas qu'une jolie carte postale. C'est aussi une région dynamique, en plein renouveau culturel, dont le peuple est à la fois fier, hospitalier et bon vivant. Cette longue péninsule, qui marque le bout du continent européen, est riche, enfin, d'une longue histoire, faite de nombreux ports et de patrimoine architectural – des forteresses médiévales de la région de Rennes aux enclos paroissiaux du Finistère. Un point commun entre la splendeur rude de la côte nord et la douceur envoûtante du golfe du Morbihan? L'authenticité. Dans les relations humaines, dans les paysages et... dans les assiettes!

EN MODE SHOPPING
Pour profiter des meilleures adresses et faire le plein de bonnes affaires.

RENCONTRES TERROIR
Pour découvrir les traditions régionales et les savoir-faire locaux.

ADRÉNALINE
Pour se dépenser et se ressourcer en prenant un grand bol d'air frais.

DÉTOURS ENFANTINS
Pour partager des activités et des expériences avec toute la famille.

Les contributeurs

Auteurs, restaurateurs, artistes, experts locaux... grâce à chacune et chacun de ces contributeurs, le Carnet Bretagne offre un regard et des informations uniques et inspirées. Présentation de ces éclaireurs enthousiastes et entiers.

GUILLAUME JAN

Auteur

Guillaume Jan a grandi dans le Finistère, à St-Jean-Trolimon, avant de voyager partout ailleurs sur la planète. Aujourd'hui journaliste et écrivain, il a retrouvé avec plaisir les paysages enchanteurs de sa Bretagne pour la rédaction de ce Carnet.

PIERRICK JÉGU

Auteur

Journaliste et auteur de guides, Pierrick Jégu a fait des vins et de la gastronomie sa spécialité. Pour ce Carnet, il a sélectionné le meilleur de la Bretagne, région qu'il affectionne particulièrement.

ET AUSSI...

Georges Rouzeau, Morgane Soularue, Emmanuelle Souty, Pierre Plantier, Magali Triano, Aymar de la Brestesche, Véronique Moulin, Philippe Orain, Béatrice Brillion, Aulde Moreau, Thierry Théault, Michel Bonduelle, Marylène Duteil, Thérèse de Chérisey, Hervé Kerros, Justine Guilbaud, Philippe Pataud-Célérier, Nicolas Peyroles, Catherine Guégan.

À la table de...

Les chefs Julien Lemarié, Mathieu Aumont, Nolwenn Corre, Hervé Bourdon et Ludovic Pouzelgues ont accepté de raconter leur Bretagne.

© Georges Rouzeau/Michelin / © Sacha Drouard /

→ La Bretagne par les Bretons, c'est l'évidence. Cinq experts de la région nous livrent leurs coups de cœur et leurs bonnes adresses.

GAËL GAUTIER
Animateur nature
Gaël, tombé amoureux de la mer et de ses hôtes, mène, avec son association Al Lark, à la découverte des grands dauphins du littoral d'Ille-et-Vilaine.

MAUD BERNARD
Peintre
Maud, tout comme sa palette de peinture, voit la Bretagne sous ses multiples couleurs. C'est à Erquy qu'elle a posé son chevalet pour peindre sa région.

MARIE-PIERRE L'AOT
Guide de randonnée
Marie-Pierre connaît les coins les plus secrets du Finistère, notamment autour de la Pointe du Raz et jusqu'à l'île de Sein.

CYRIL DENNERY
Céramiste
Cyril, fin connaisseur des plantes sauvages de la presqu'île de Quiberon, fabrique ses pièces en s'inspirant de l'environnement naturel.

YOKO, CAROLINE ET JULIA
Atelier Radar
Ces trois jeunes artistes ont trouvé à Nantes une énergie créative pour leur atelier de sérigraphie.

Sommaire

4. LE MORBIHAN

5. NANTES ET SA RÉGION

L'ESSENTIEL DE LA BRETAGNE

NOS CONSEILS PRATIQUES

SOMMAIRE

À la table de

La Bretagne les inspire. Ces chefs lui rendent hommage à travers leur cuisine. Cinq regards gastronomiques sur la région et ses produits d'exception.

NOS COUPS DE CŒUR

×

LE CAP FRÉHEL

Au bout de ce cap, laissez-vous enchanter par le spectacle qui vous sera offert, qu'il soit tempétueux ou coloré par les falaises de grès rose et la mer d'émeraude.

→ *Voir p. 71*

LES MÉGALITHES DE CARNAC

Depuis 5000 ans, ces mégalithes passent les époques sans flancher. Au milieu de ces blocs de pierre historiques, la Bretagne nous livre un peu de son histoire.

→ *Voir p. 149*

LA POINTE DU RAZ

La plus connue des pointes bretonnes mérite bien toutes ces apparitions sur carte postale. Venez ici prendre un grand bol d'embruns en admirant la nature sauvage du site.

→ *Voir p. 115*

DINAN

Bâtie sur les bords de la Rance, Dinan a gardé sa belle allure médiévale. Du haut de ses remparts, la ville garde l'œil sur la vallée.

→ *Voir p. 50*

LE GOLFE DU MORBIHAN

Cette petite mer parsemée d'îles vous réserve de belles invitations à voguer, les cheveux au vent, le regard tourné vers l'horizon.

→ *Voir p. 148*

LE CHÂTEAU DES DUCS DE BRETAGNE À NANTES

Élégant, historique et souverain. Le château de Nantes est à l'image de sa plus célèbre locataire, Anne de Bretagne.

→ *Voir p. 175*

SAINT-MALO

Sur ses remparts, l'appel du large se fait sentir. Ce n'est pas un hasard si la cité corsaire est depuis des siècles, de Cartier à la Route du Rhum, le point de départ d'aventures à travers le monde.

→ *Voir p. 45*

LE MÉNEZ-HOM

La Bretagne, c'est évidemment des côtes mais pas que ! Du haut de ses 330 m, le Ménez-Hom et ses reliefs montagneux constituent le panorama le plus surprenant de la Bretagne.

→ *Voir p. 113*

OCÉANOPOLIS À BREST

Préparez-vous à plonger dans les profondeurs de l'océan, et admirez le ballet silencieux, coloré, comme ralenti, que vous offre la vie sous-marine.

→ *Voir p. 100*

MANGER DES HUÎTRES À CANCALE

Assis en terrasse, dégustez le goût iodé le plus célèbre de la Bretagne, fraîchement pêché du matin.

→ *Voir p. 52*

DINARD

Les yeux tournés vers la mer, ou alors levés vers l'architecture des villas du 19e s., qui ont fait la renommée de la ville, Dinard nous charme.

→ *Voir p. 48*

BELLE-ÎLE

Nombreux sont ceux qui, comme Sarah Bernhardt, sont tombés sous le charme de cette île, aux plages de sable fin et à la citadelle majestueuse. Belle-Île est une ensorceleuse.

→ *Voir p. 151*

LE MEILLEUR DE LA RÉGION

×

DES MARCHES BRETONNES À LA CÔTE D'ÉMERAUDE

×

Généreuse et discrète, cette porte d'entrée de la Bretagne recèle de nombreux trésors, avec ses cités médiévales défendues par des châteaux forts souvent très bien conservés et ses paysages enjôleurs, depuis la mythique forêt de Brocéliande jusqu'au littoral de la Côte d'Émeraude.

La ville close de Saint-Malo.

→ **Avec son association Al Lark, Gaël Gautier emmène ses passagers à la découverte des grands dauphins qui sillonnent le littoral d'Ille-et-Vilaine. Cet animateur nature sensibilise son public à la beauté du milieu marin et aux menaces qui pèsent sur lui.**

GAËL GAUTIER
GARDIEN DES DAUPHINS

« *De 550 à 560 grands dauphins évoluent entre l'ouest de la baie de Seine et l'est de l'île de Bréhat en passant par les îles Anglo-Normandes* », explique Gaël Gautier, co-fondateur de l'association Al Lark*. Petit-fils de fermiers chez qui il passait ses vacances, il est tombé amoureux de la mer et de ses hôtes quand sa famille s'est installée à Cancale.
Devenu animateur nature, il emmène « au large » (*Al Lark* en breton) ses passagers à la rencontre de ce grand mammifère marin « *qui jouit d'une sympathie démesurée mais reste pourtant un animal sauvage méconnu* ». Non, le dauphin, animal côtier, ne vit pas uniquement dans les mers chaudes du Sud. Appareil photo dans une main, jumelles dans l'autre, Gaël, qui collabore avec les meilleurs scientifiques spécialistes du sujet, se révèle intarissable. Son plus beau souvenir ? « *J'ai vu un jour une centaine de dauphins qui avançaient à la queue leu leu*

« J'ai compris ce jour-là que ces animaux avaient un véritable langage et communiquaient, au sens fort du terme »

© Georges Rouzeau/Michelin

© Georges Rouzeau/Michelin

sur une distance d'un kilomètre. Brusquement, ils ont tous sauté hors de l'eau au même instant pour changer de cap. J'ai compris ce jour-là que ces animaux avaient un véritable langage et communiquaient, au sens fort du terme.»

Pour embarquer avec Gaël, il suffit de s'acquitter d'une cotisation annuelle, *«à toutes les saisons, pour admirer les changements de couleur de l'eau et des paysages, tout comme la variabilité des espèces»*.

*Al Lark - 50 r. P.-et-M.-Curie - Cancale - ✆ 02 57 64 04 40.

Carnet intime

BALADE PRIVILÉGIÉE

• La pointe du Grouin. Elle présente à mes yeux l'un des plus beaux panoramas de Bretagne du Nord.

RENDEZ-VOUS GOURMAND

• *La Belle Époque* 11 rue de Dinan - ✆ 02 99 40 82 23. Mon bar préféré à St-Malo intra-muros. L'hiver, un feu de bois dans la cheminée et du vin chaud, l'été un décor intérieur de fausse plage avec du vrai sable, et, toute l'année, une incroyable convivialité…

• *À Contre-Courant* 3 pl. du Calvaire - ✆ 02 99 89 61 61. C'est devenu une institution à Cancale. On y mange super bien et ça se finit souvent en danse et en chants… Les propriétaires tenaient auparavant un bar, *le Galion*, qui avait beaucoup œuvré pour la vie culturelle cancalaise en organisant concerts et autres festivités.

DES MARCHES BRETONNES À LA CÔTE D'ÉMERAUDE

Top 5

**1.
LES REMPARTS
DE SAINT-MALO**

**2.
LA FORÊT DE PAIMPONT-
BROCÉLIANDE**

**3.
LE CHÂTEAU FORT
DE FOUGÈRES**

**4.
MANGER DES HUÎTRES
À CANCALE**

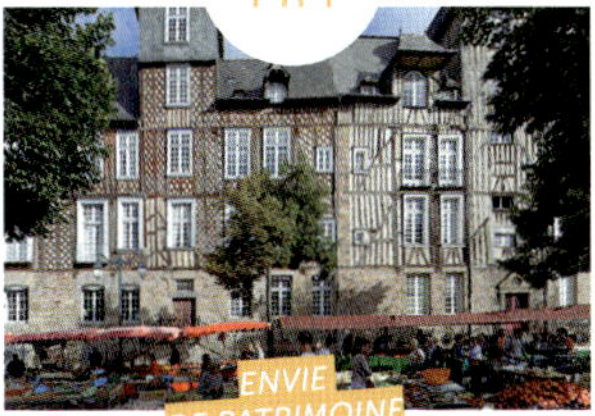

**5.
LE CENTRE HISTORIQUE
DE RENNES**

Les grands rendez-vous

AVRIL
→ Fête du Livre à Bécherel

MAI
→ Étonnants Voyageurs à St-Malo

JUILLET
→ Les Tombées de la Nuit à Rennes

OCTOBRE
→ Festival du film britannique de Dinard

DÉCEMBRE :
→ Les Trans Musicales de Rennes

RENNES ET LES MARCHES BRETONNES

★★

Avec ses maisons anciennes et son intense activité culturelle, Rennes est attrayante en toutes saisons. C'est aussi le point de départ pour découvrir les forteresses médiévales ayant protégé pendant plusieurs siècles le duché de Bretagne, ou pour aller s'enchanter dans la forêt de Paimpont.

Festival « Transat en ville », place de l'Hôtel-de-Ville, à Rennes - © R. Mattes/hemis.fr

L'incontournable – P.38

La forêt de Paimpont, plus grand massif boisé de Bretagne, cache toutes les légendes associées à la mythique forêt de Brocéliande.

L'original – P.37

La ville médiévale de Vitré.

Les lieux à ne pas manquer

Rennes ★★

LE CENTRE HISTORIQUE ★★

Façades médiévales

Promenez-vous dans l'histoire, en arpentant les ruelles pavées de la vieille ville. Autour de la place Ste-Anne, toujours très animée, de nombreuses maisons à colombages des 15e et 16e s. sont remarquablement conservées. Prenez la rue du Pont-aux-Foulons et la rue du Champ-Jacquet, commerçantes et bordées de hautes maisons colorées, ou la rue St-Michel, surnommée la « rue de la Soif » pour ses nombreux bars. Rue St-Guillaume, vous trouverez, au n° 3, la maison TiKoz, la plus belle bâtisse médiévale de Rennes. Un peu plus bas, la basilique St-Sauveur (18e s.) et la cathédrale St-Pierre (19e s.) présentent des intérieurs richement décorés. Franchissez les portes Mordelaises, vestiges de l'enceinte du 15e s., pour atteindre la place des Lices : un des lieux de sortie préférés des jeunes Rennais avec Ste-Anne et St-Michel. Le marché du samedi matin y est un spectacle à lui tout seul.

MARCHÉ DES LICES

Avis d'entrée maritime

Pl des Lices - sam. 7h30-13h30.

Deux halles (fin 19e s.), en briques, verre et fer, abritent le cœur du marché des Lices, l'un des plus beaux et des plus importants de France qui déborde sur toute la place.
Ici, la proximité de la mer est bien réelle : huîtres de Cancale et du Morbihan, coquilles saint-jacques (nov.-mars) en direct de la baie de St-Brieuc. Côté terre, volailles, légumes, fruits ou encore cidres tiennent aussi leur place. Et bien sûr, on ne quitte pas le marché sans avoir croqué dans une galette-saucisse, cette tradition du pays de Rennes faite d'une galette de sarrasin (blé noir) froide ou juste tiédie qui entoure une saucisse de porc grillée et que l'on déguste sans ajouter quoi que ce soit.

LE PALAIS DU PARLEMENT ★★

Sous les ors de la justice

Pl. du Parlement - ✆ 02 99 67 11 66 - visites guidées sur réserv. à l'OT - 7,20 € (-18 ans 4,60 €).

Cet édifice d'inspiration italienne, dont la façade fut dessinée par l'architecte en personne de la cour de Marie de Médicis, a bien failli partir en fumée. Le 4 février 1994, un incendie l'a gravement endommagé et il a fallu plus de 400 000 heures de travail (et plusieurs millions d'euros) pour restaurer ses intérieurs richement ornés. Reconstruit à l'identique, il abrite toujours la cour d'appel de Rennes et on peut le visiter toute l'année. Allez voir l'imposant plafond en bois doré de la Grand'Chambre, où sont exposées plusieurs toiles allégoriques sur le thème de la justice. Juste à côté, la place de la Mairie constitue le noyau central du quartier classique.

MUSÉE DES BEAUX-ARTS ★★

Beaux-arts, vous avez dit Beaux-Arts?

20 quai Émile-Zola - ✆ 02 23 62 17 45 - fermé lun. et j. fériés - 5 € (-18 ans gratuit).

Au bord de la Vilaine, il présente des œuvres éclectiques, allant de l'archéologie égyptienne aux sculptures contemporaines, en passant par les primitifs italiens, des peintures du Moyen Âge et des tableaux cubistes. On y trouve également l'intrigant cabinet de curiosités constitué par le collectionneur d'art érotomane

RENNES

Aux portes de la Bretagne, Rennes fait partie des centres névralgiques de la région. Bassin économique, culturel, étudiant, la ville incarne la Bretagne moderne. Toute l'année, 60 000 étudiants insufflent à la capitale régionale un dynamisme certain, largement tourné vers la culture, à l'image de ses Trans Musicales, festival devenu un lieu de découvertes sonores de premier plan. Le centre s'organise autour de la Vilaine : au nord, le cœur historique, médiéval et 18e s., avec ses demeures à pans de bois, la cathédrale, le parlement et l'hôtel de ville ; au sud, le quartier des Halles centrales, la gare et le complexe des Champs Libres. Entre ruelles médiévales et façades classiques, Rennes charme aussi par ses commerces, ses nombreux cafés et son magnifique marché.

Christophe-Paul de Robien, président du parlement de Bretagne au 18e s. À noter : le musée accueille depuis 2016 une vitrine dédiée aux créateurs locaux.

LES CHAMPS LIBRES ★★

Extension du domaine de la pensée

10 cours des Alliés - 02 23 40 66 00 - fermé lun. et j. fériés - 7 € (-26 ans 5 €).

Implantée près de la gare, l'architecture contemporaine des Champs Libres, signée Christian de Portzamparc, rend lisible le concept du « trois en un » de ce pôle culturel ouvert en 2006. Celui-ci accueille le musée d'Histoire de la Bretagne, l'Espace des sciences – dont les enfants adoreront le Laboratoire de Merlin et ses manipulations interactives –, et la bibliothèque, ainsi qu'une cantine numérique, un café et autres… Un symbole du dynamisme rennais !

ÉCOMUSÉE DU PAYS DE RENNES ★

Dans une ferme typique

À 8 km au sud par l'av. Henri-Fréville en dir. de Noyal-Châtillon-sur-Seiche - 02 99 51 38 15 - fermé lun. et j. fériés - 6 € (-26 ans 4 €).

Voilà une belle occasion de découvrir plusieurs siècles de traditions fermières en Bretagne. Chevaux de trait, vaches pie noires, porcs blancs, moutons d'Ouessant, l'exploitation rassemble un cheptel de races rustiques en voie de disparition. Sur un domaine de 19 ha un parcours traverse le jardin, le rucher et les vergers de variétés anciennes, ainsi que les parcelles cultivées. Bon à savoir, l'écomusée propose aussi des journées thématiques, des dégustations et des démonstrations (journée du cheval, fête du pommé, tonte des moutons, vannerie, récolte du miel…). Renseignez-vous !

© R. Mattes/hemis.fr

JARDINS DU THABOR ★★

Poumon biblique

Venez vous détendre dans ce parc à la française, errer au jardin botanique et dans la roseraie, lire à l'ombre des bosquets ou sur les belles étendues de pelouse, qui accueillent des sculptures contemporaines et néoclassiques, ou flâner au kiosque à musique. Situé sur un petit promontoire qui domine la ville, ce terrain, qui plaira aux grands comme aux petits, a longtemps fait partie de l'abbaye bénédictine St-Melaine. Les moines, qui y avaient planté leur verger, l'auraient baptisé Thabor en souvenir de la montagne du même nom en Palestine.

JARDINS DE BROCÉLIANDE

Évasion verte

Les Mesnils - 35310 Bréal-sous-Montfort, 20 km à l'ouest - 02 99 60 08 04 - juil.-août : 11h-19h ; de Pâques à la Toussaint : tlj sf lun. 13h30-18h (19h dim. et j. fériés) - 8,50 € (enf. 4,80 €).

Réveillez vos cinq sens dans ce parc botanique à 15mn de Rennes. Admirez les jardins thématiques, humez les massifs odorants (lilas, iris, roses, dahlias, labyrinthe de fleurs), goûtez aux variétés anciennes de fruits, gardez l'équilibre lors des parcours acrobatiques dans les arbres, caressez les animaux de la ferme, écoutez le chant des oiseaux pendant une promenade romantique… Quelques parcours sensoriels sont proposés, à faire pieds nus ou les yeux bandés.

À l'est

LE CHÂTEAU DE FOUGÈRES ★★

Vigile médiéval

Pl. Pierre-Symon - 02 99 99 79 59 - 8,50 € (-18 ans 5 €).

Bâti sur une éminence rocheuse entourée par un méandre du Nançon, ce château féodal fait partie des plus grandes et des plus impressionnantes forteresses médiévales d'Europe. Et pour cause, la ville de Fougères, à la frontière avec le royaume de France, constitua longtemps un site stratégique de défense du duché de Bretagne. Entrez dans la place forte par la tour carrée de La Haye-St-Hilaire (12e s.). De là, vous distinguerez les trois lignes de défense du château. Sur les remparts, observez la vue à travers les archères percées dans les murs d'enceinte ou entre les mâchicoulis ouvragés, et montez sur les hautes tours. Vous serez impressionné par la puissante architecture de cette forteresse.

LA VILLE HAUTE DE FOUGÈRES

Hymne à la Nationale

Allez battre les pavés de la rue Nationale, la plus belle rue de la ville, dont les façades de granit sont ornées de balcons en fer forgé. Au n° 51, le musée Emmanuel-de-La Villéon présente les œuvres de ce peintre fougerais (1858-1944) dont les paysages impressionnistes sont influencés par les toiles de Manet, Cézanne et même Van Gogh. À son extrémité sud, l'église St-Léonard (15e et 16e s.) mérite une petite visite pour ses intéressants vitraux. De là, allez admirer la vue sur le château fort du jardin public qui descend en terrasses sur les pentes de la vallée du Nançon. Le lieu est romantique à souhait : Victor Hugo allait y batifoler avec son amante Juliette Drouet, native de Fougères.

LE QUARTIER MÉDIÉVAL DE FOUGÈRES ★

Gothique flamboyant

Sur la place du Marchix (la place du marché, par Toutatis !), s'alignent de belles maisons à pans de bois des 16e et 17e s. Les tanneurs, drapiers, teinturiers et autres artisans du quartier puisaient l'eau du Nançon pour leurs activités. La rue Foskéraly longe la rivière, offrant une belle vue sur les remparts aménagés en jardin public. Au cœur de la ville basse, l'église St-Sulpice se signale par sa flèche d'ardoise très élancée (15e s.).

PARC FLORAL DE HAUTE-BRETAGNE ★

Le plein de chlorophylle

Le Châtellier, 10 km au nord-ouest - 02 99 95 48 32 - lun.-vend. - 8h-17h - 10,90 € (-13 ans 7,90 €).

Au cœur de ce parc de 25 ha, un parcours pédestre mène à travers les 24 jardins thématiques aux noms évocateurs (Jardin des Mille et Une Nuits, Cité antique, Vallon des poètes, Source bleue, Antre des plantes carnivores, Jardin des parfums exotiques...), élégamment adaptés à la topographie vallonnée et boisée. Une palette inépuisable de paysages, ambiances, couleurs et parfums qui évoluent au gré des saisons.

CHÂTEAU DU ROCHER-PORTAIL ★

Voyage dans le temps

St-Brice-en-Coglès, à 16 km au nord-ouest - 02 99 94 12 20 - 15 juin-15 sept. : tlj sf sam. 10h-18h - 9 € (4-12 ans 6 €).

L'imposant édifice en granit, bâti au début du 17e s. par Gilles Ruellan, conseiller et ami du roi Henri IV, a ouvert au public après une belle rénovation. Une cour carrée agrémentée d'une jolie galerie mène vers les intérieurs, où objets et meubles d'époque, ambiance sonore dans chaque pièce propulsent le visiteur dans un autre temps. À voir également le cabinet de curiosités (dont un crocodile du Nil !), la salle des jeux, ou fumoir, et les combles, où est mis en scène la vie des domestiques au 19e s. À l'extérieur, jardin, pigeonnier et potager sont autant de prétextes à une promenade bucolique.

LES FERMETTES

Filet garni

Vitré - 15 r. Garengeot - 02 99 74 58 14.

Avant d'aller explorer les marches bretonnes, faites un détour par cette épicerie de la ville close. Vous y trouverez une sélection de spécialités bretonnes et des produits du terroir local. De quoi confectionner de solides pique-niques.

CHAMPEAUX ★

Bourg modèle

À 9 km à l'ouest de Vitré, en dir. de Rennes.

Comme sur une carte postale, tout est en place dans cette commune entourée de bocages, qui offre un harmonieux tableau avec sa mignonne place du village, son église collégiale des 14e et 15e s., sa mairie coiffée d'un large toit

© G. Labriet/Photononstop

VITRÉ ★★

Contemplez 500 ans d'histoire

Château : 02 99 75 04 54 - juil.-août : 10h-18h ; reste de l'année : se rens. - 6 € (-18 ans gratuit).

Avec son pont-levis, ses donjons, ses nombreuses tourelles et ses murs d'enceinte couronnés de mâchicoulis, le château de Vitré semble tout droit sorti d'un conte de fées. Construit et agrandi entre le 11e et le 15e s., il est édifié au sommet de l'éperon rocheux qui surplombe la Vilaine. À ses pieds, la ville close est magnifiquement conservée, comme la rue de la Baudrairie, où chaque maison est un bijou d'architecture médiévale. Pour contempler ce spectacle presque inchangé depuis 500 ans, traversez la Vilaine et montez sur le terre-plein boisé des Tertres-Noirs, à environ 1 km à l'ouest.

à quatre pans et ses maisons anciennes. De nombreuses promenades attrayantes à faire dans les alentours.

LA ROCHE-AUX-FÉES ★

Un monument de poids

Essé - 0 820 205 235.

Devant cette tombe à couloir du néolithique moyen (4e millénaire), composée de 42 pierres, dont plusieurs pèsent plus de 40 tonnes, on ne peut s'empêcher de se demander : comment ont-ils fait pour monter tout ça ? Des recherches ont montré que les blocs de schiste ont été déplacés sur au moins 4 km, mais la légende raconte que des fées les auraient transportés dans leur tablier (pourquoi s'embêter ?). Toujours est-il que vous êtes là devant un des plus beaux monuments mégalithiques de Bretagne.

ENIGMAPARC

Jeux d'esprit

Janzé, à 15mn au sud de Rennes. Navette gratuite sur réserv. - 02 99 47 07 65 - 14 € (5-11 ans, 11 €).

Dans ce parc de loisirs pas comme les autres, vous suivez les traces d'un aventurier en résolvant des énigmes dans des univers insolites (et exotiques). Un parcours (3h) couvert, pourra vous mener dans l'Égypte ancienne, l'Extrême-Orient, l'Amérique latine, le Maroc, l'Afrique du Sud ou encore chez les Celtes. Il faudra vous perdre dans des labyrinthes, marcher à tâtons dans une mine désaffectée et emprunter des passerelles de cordes. Les enfants adorent, leurs parents aussi.

LE MYTHE DE BROCÉLIANDE

UNE FORÊT ENCHANTÉE

C'est dans ce lieu à la fois mythique et bien réel, communément assimilé à la forêt de Paimpont, que se déroulent les récits mettant en scène Merlin l'Enchanteur et les chevaliers de la Table Ronde, dont le roi Arthur. Ces héros médiévaux errent sans répit sous les futaies de ce massif forestier mystérieux de 7 000 ha (le plus grand de Bretagne) à la recherche d'un château invisible ou en quête du Graal. Ils côtoient des fées, reçoivent l'enseignement des druides et chassent les esprits malveillants. En arpentant à votre tour ces bois et ces landes, vous trouverez la tombe de Merlin (non loin de la fontaine de Jouvence), chercherez l'emplacement du rocher d'où Arthur arracha son épée Excalibur, et découvrirez une faune et une flore magnifiquement préservées.

Dans la forêt de Paimpont-Brocéliande ★

CHÂTEAU DE COMPER - CENTRE DE L'IMAGINAIRE ARTHURIEN

Entrez dans la légende

02 97 22 79 96 - juil.-août : 10h-19h ; reste de l'année : se rens. - 7 € (-9 ans 5 €).

La forêt de Brocéliande grouille de personnages surnaturels. Parmi eux, la fée Viviane vivait au cœur du domaine de Comper, dans un château de cristal niché au milieu de l'étang. La forteresse médiévale bâtie sur les berges a été détruite, puis reconstruite au 19e s. sous la forme d'un manoir d'inspiration Renaissance. C'est là que se déploie le Centre de l'imaginaire arthurien. Expositions et animations y sont organisées autour de l'univers du mythique personnage d'Arthur, roi des Bretons, popularisé en France par l'écrivain Chrétien de Troyes. De là, partez sans peur découvrir les sous-bois, les landes, les étangs et les ruisseaux de l'immense futaie qui se déploie de part et d'autre du domaine.

ÉTANG DU PAS-DU-HOUX

Histoire d'eau

2 km au nord-est de Paimpont

Il n'y a pas que des chênes, des fougères, des cerfs, des fées et des elfes à Brocéliande. La forêt comprend aussi de nombreux étangs. Celui du Pas-du-Houx est le plus vaste, même si sa surface varie en fonction des saisons. Deux châteaux privés ont été construits (fin 19e-début 20e s.) aux abords, le reste du site est accessible. Promenez-vous sur les berges, observez la faune sauvage. De nombreux oiseaux migrateurs viennent s'y poser au printemps et en automne. Recommandé à tous les contemplatifs.

VAL SANS RETOUR

Prison sylvestre

Les visiteurs de ce vallon mythique ont intérêt à avoir la conscience tranquille avant de s'y aventurer. D'après la légende, la fée Morgane, jalouse d'un chevalier coureur de jupons, aurait jeté un sort pour y retenir éternellement tous ceux qui auraient quelque faute à se reprocher. Heureusement, la légende nous apprend que le fidèle et ingénieux Lancelot du Lac réussit à mettre un terme au sacrilège. Le Val sans retour compte quelques points d'intérêt (plutôt discrets) dont l'Arbre d'or, le Miroir aux fées, dans la vallée et le siège de Merlin, sur les crêtes. Pour vous y rendre, empruntez le chemin non revêtu, après le deuxième parking.

PAIMPONT

Une abbaye et quelques mystères

Porte des secrets : 1 pl. du Roi-Saint-Judicaël - 02 99 07 83 20 - 7,50 € (-4 ans gratuit).

Située au cœur de la forêt, cette commune propose plusieurs activités nautiques sur son étang de 50 ha. Le bourg s'est développé autour du monastère bénédictin du 7e s., transformé en abbaye au 13e s. Cet ensemble architectural est composé d'un grand bâtiment, de style gothique et baroque, abritant aujourd'hui le presbytère et la mairie. Il est prolongé par une église dédiée à N.-D.-de-Paimpont : dans sa sacristie, allez admirer le Christ en ivoire, datant du 17e s. À côté de l'office du tourisme, dans une ancienne dépendance, la Porte des secrets vous invite à découvrir les mystères de Brocéliande, dans un parcours spectacle mené tambour battant par un guide haut en couleur.

LES FORGES-DE-PAIMPONT

Patrimoine industriel

02 99 61 85 48 - 10 € (-13 ans 5 €).

On pourrait presque entendre le bruit du fer qu'on travaille et la chaleur des fours lorsque l'on entre dans ce hameau pittoresque qui tire son nom des forges qui s'y trouvaient du

La forêt de Paimpont.

© E. Berthier/hemis.fr

© SIME/Belenos/Sime/Photononstop

Bécherel.

16e s. à la fin du 19e s., et où l'on exploitait de la fonte et du fer pour des ustensiles agricoles et domestiques. Classé monument historique en 2001, il est en cours de restauration depuis plusieurs années.

CHÂTEAU DE TRÉCESSON

Château-rouge

Propriété privée, visible uniquement de l'extérieur..

Sa beauté médiévale (14e s.) se reflète dans l'eau de ses douves. L'entrée est commandée par un châtelet flanqué de tourelles en encorbellement. Ses donjons élégants, bâtis en schiste rougeâtre, et son très bon état de conservation en font l'un des plus impressionnants châteaux de Bretagne. Il est situé sur la commune de Campénéac, en bordure de l'école militaire de Coëtquidan.

À l'ouest

BÉCHEREL ★

Une page d'histoire

À 30 km de Rennes, en dir. de St-Malo.

Du haut de son promontoire rocheux, Bécherel domine la vallée de la Rance. Première « cité du livre » en France, la vieille ville médiévale abrite de nombreuses librairies et accueille des manifestations littéraires toute l'année. Aux alentours, on découvre le château de Caradeuc, surnommé le Versailles breton pour son magnifique parc aux jardins travaillés, ou le château de Montmuran, dont l'entrée est marquée par un pont-levis et deux grosses tours à mâchicoulis du 12e s. Juste à côté, visitez l'église des Iffs pour ses belles verrières colorées.

VÉLORAIL À MÉDRÉAC

Pédale douce

6 r. de la Gare - ✆ 02 99 07 30 48 - 6-8 € selon le parcours : 6 km AR (1h) dép. ttes les h 10h-17h ou 14 km AR (2h) dép. 10h30, 14h et 16h ; (-8 ans 3-4 €).

Postée sur l'ancienne ligne de chemin de fer La Brohinière-Dinan-Dinard, la gare de Médréac propose des balades en vélorail pour découvrir la campagne environnante. Vous pédalez sur des quadricycles dont les roues sont posées sur les rails.

CHÂTEAU DE COMBOURG ★

Un château brillant

Entre Rennes et St-Malo - ✆ 02 99 73 22 95 - 8,30 € (-12 ans 4,20 €).

« Des cachots et des donjons, un labyrinthe de galeries, des souterrains murés. » Voilà une des descriptions qu'en fait l'écrivain romantique François-René de Chateaubriand (1768-1848), qui y a passé une partie de son enfance. L'élégante forteresse, flanquée de quatre tours massives coiffées en poivrière, mérite tout de même le déplacement. À deux pas du château, un vaste étang contribue à la vue charmante que vous découvrez en arrivant par la route de Rennes. L'intérieur, largement réaménagé à la fin du 19e s., recèle des souvenirs de l'auteur des *Mémoires d'outre-tombe*.

MANOIR DE L'AUTOMOBILE ★★

Vroum vroum

Lohéac - 9, rue la Cour-Neuve - 02 99 34 02 32 - 10 € (-10 ans gratuit).

Les passionnés de voitures auront du mal à se retenir de visiter ce beau musée consacré à l'histoire de l'automobile. Dans un manoir du 17e s., voitures de course, Ferrari, Alpine, voitures de prestige, Formules 1 sont exposées sur une surface de 15 000 m². Plus de 400 véhicules de collection servent à retracer les grands événements qui ont jalonné l'aventure de la voiture.

INSOLITE

RÉCRÉNATURE

À Bazouges-la-Pérouse - 02 99 98 37 24 ou 06 85 32 55 15 - juil.-août - 5 € (-9 ans 3 €).

Parez à mouiller! Dans ce port miniature, construit sur l'étang de la base de loisirs de la forêt de Villecartier, les moussaillons deviennent capitaine d'un jour en embarquant sur un ferry, un vapeur du Mississippi, un bateau de pirates ou un chalutier de trois mètres de long.

Nos meilleures adresses

Restaurants

CAFÉ BRETON

Cuisine traditionnelle

14 r. Nantaise - Rennes - 02 99 30 74 95 - fermé dim.-lun. - 13/28 €.

Cette ancienne épicerie est un incontournable de la capitale bretonne. La recette du succès : vieux mobilier de bistrot, terrasse, suggestions du marché présentées à l'ardoise et service décontracté.

LE QUATRE B

Cuisine moderne

4 pl. de Bretagne - Rennes - 02 99 30 42 01 - fermé sam. midi et dim. soir - 12/29 €.

À Rennes, tout le monde connaît Le Quatre B! Il faut dire que son concept est une réussite, alliance d'un décor branché et d'une cuisine à la fois soignée et gourmande. Beaucoup d'inventivité, beaucoup de succès.

CRÊPERIE LA SAINT-GEORGES

Cuisine bretonne

11 r. du Chapître - Rennes - 02 99 38 87 04 - www.creperie-saintgeorges.fr - fermé 1 sem. à Noël et dim.-lun. - 14/28 €.

Dans une vieille rue piétonne du centre historique de Rennes, cette demeure du 17e s. à colombages dissimule un petit paradis pour amateurs de galettes et de crêpes, traditionnelles ou originales, toutes cuites avec soin et parfumées. Si la crêperie affiche complet, même enseigne et même carte rue Jules-Simon.

LÉON LE COCHON

Cuisine traditionnelle

6 r. du Pré-Botté - Rennes - 02 99 79 37 54 - 15/53 €.

Ambiance conviviale et animée dans ce bistrot branché du centre-ville. Ici, le décor est décalé : arbre lumineux, colombages vert pomme… Côté assiette, il y en a pour tous les goûts : cochonnailles, poisson à la plancha et menu du marché!

LE GUEHENNEC

Cuisine traditionnelle

33 r. Nantaise - Rennes - 02 99 65 51 30 -

fermé sam. midi, lundi soir et dim. -25/58 €.
Près de la place des Lices, dans un décor contemporain, ce restaurant intime propose une cuisine soignée, rythmée par les saisons et les produits du marché.

CHEZ MEH
Cuisine thaïlandaise
37 bd de Verdun - Rennes - ✆ 02 99 54 59 18 - www.chezmehissan.fr - fermé lun. - formule 16 €, menu 29 €, carte 33 €.
Des parfums de gingembre, de citron vert et de citronnelle, de subtils aigres-doux, des woks généreux et d'incontournables larmes du tigre : les saveurs de la Thaïlande et du Laos (dont est originaire la famille propriétaire) révélées par une cuisinière émérite, qui s'approvisionne sur les meilleurs marchés rennais. Réservez !

L'ATELIER DES GOURMETS
Cuisine traditionnelle
12 r. Nantaise - Rennes - ✆ 02 99 67 53 84 - www.latelierdesgourmets-rennes.fr - fermé 2 sem. de fin août à déb. sept. et dim.-lun. - formule 13 €, menu 18 € (déj. sem.), 31 € - carte 32/39 €.
Les gourmets se faufileront dans cet Atelier qui leur est dédié, pour déguster une savoureuse cuisine du marché, mitonnée avec affection par un chef passionné. Terrine de cochon (proposée entière sur la table !), merlu et caviar d'aubergine à la marocaine. Le tout pour un rapport qualité-prix implacable.

LE GALOPIN
Cuisine traditionnelle
21 av. Janvier - Rennes - ✆ 02 99 31 55 96 - www.legalopin.fr - fermé 1er-15 août, sam. midi, et dim. - formule 17 €, menu 20 € (sem.), 32/42 € - carte 34/72 €.
Un sympathique restaurant à la façade rétro, avec banquettes, vivier, et salle feutrée entièrement rénovée. La carte, entre terre et mer – dont un menu homard –, manifeste un vrai souci de qualité.

LE SAISON
Cuisine moderne
1 imp. du Vieux-Bourg - 35760 St-Grégoire - ✆ 02 99 68 79 35 - fermé dim. soir et lun. - formule 36 €, menu 58 € (sem.), 78/98 € - carte 90-135 €.
Ce pourrait être une simple longère aux portes de Rennes, c'est un petit havre de design, élégant et lumineux, où la cuisine, subtile et de saison, est centrée sur le produit : jeunes navets en émulsion de lard de Colonnata et homard breton au rhum, turbot sauvage au cœur de celtuce, basilic, cannelle et main de Bouddha, hibiscus glacé, avocat et framboises remontantes à la coriandre…

HAUTE SÈVE
Cuisine moderne
37 bd J.-Jaurès - Fougères - ✆ 02 99 94 23 39 - www.lehauteseve.fr - formule 22 €, menu 29/45 € - carte 38-48 €.
L'avenante façade à colombages abrite une salle à manger relookée dans un esprit contemporain. Cuisine régionale au goût du jour.

LA CLÉ DES CHAMPS
Cuisine bretonne
1 bd de Laval - Vitré - ✆ 02 23 55 24 40 - menu 13,20/15,35 €.
Cette crêperie est un peu excentrée, certes, mais elle mérite le détour pour la qualité de ses produits (presque tous bio). On y mange également d'excellentes salades et des tartes aux légumes. Décor simple, agrémenté de tableaux.

LE PETIT BOUCHON
Cuisine du terroir
37 r. du Petit-Rachapt - Vitré - ✆ 02 99 74 52 01 - www.lepetitbouchon.com - fermé 1er-14 août, le soir du lun. au jeu., sam. midi et dim. - formule 14 €, menu 30/40 € - carte 30/67 €.
Non loin du centre historique, cette

ancienne forge en pierre est devenue le rendez-vous des gastronomes locaux. On les comprend : le chef s'attache à travailler les bons produits du pays (volaille de Janzé, andouille du Coglais…), qu'il met en valeur dans des créations soignées et savoureuses. Le tout à prix doux !

LA VIEILLE AUBERGE
Cuisine traditionnelle
Rte de Tinténiac - Hédé - ✆ 02 99 45 46 25 - http://lavieilleauberge.net - fermé dim. soir et lundi - formule 18/22 € (déj. sem.), menu 28/40/90 €.
Dans ce moulin du 17e s., l'ambiance familiale et la cuisine vont éveiller vos papilles. Une terrasse verdoyante est située au bord d'un étang et d'un jardinet fleuri. Goûtez à l'agneau, élevé par le père du maître des lieux.

HÔTEL DU CHÂTEAU
Cuisine traditionnelle
1 pl. Chateaubriand - Combourg - ✆ 02 99 73 00 38 - formules 12,50 € (déj. sem.), 18 € - 18/36 €.
Au pied du château et du lac célébrés par Chateaubriand, cette belle maison ancienne propose une cuisine sensible mâtinée de notes régionales. L'été, une terrasse ouvre sur le jardin.

Activités

ÉTANG D'APIGNÉ
Sud de Rennes, dir. Vannes - ✆ 02 99 60 71 31 - juil.-août 13h30-19h.
Cette ancienne sablière transformée en plan d'eau (30 ha) accueille une base de loisirs : plage surveillée, espace pour le modélisme et club nautique. En été, des navettes partent de la place de la République (Rennes).

ANCPV
Bassin de Haute-Vilaine - St-M'Hervé (10 km à l'ouest de Vitré) - ✆ 02 99 76 74 46 - fermé dim.
Profitez de cette base nautique pour essayer le catamaran, le dériveur, la planche à voile, l'aviron ou le canoë. Stages initiation et perfectionnement. Location d'embarcations.

BASE DE PLEIN AIR DE CHÊNEDET
Landéan, 7 km au nord-ouest de Fougères - ✆ 02 99 97 35 46 - gratuit.
Au cœur de la forêt domaniale de Fougères, ce centre de loisirs propose des activités équestres (cours et promenade) et nautiques (location de kayaks et barques en été) sur le plan d'eau juste à côté. Location de VTT toute l'année.

L'assiette du terroir et sa bolée de cidre

S. Grancadam/ age fotostock

LA CÔTE D'ÉMERAUDE

★★★

Le littoral de cette côte très découpée, faite de pointes rocheuses et de plages de sable fin, est un des plus pittoresques de la Bretagne. Sur l'embouchure de la Rance, Dinard la douce y fait face à la cité corsaire de St-Malo. Et le port de Cancale, réputé pour ses huîtres, attire des gourmets du monde entier.

Saint-Malo, côté plage - © J. Loic/Photononstop

L'incontournable – P.54

Découverte du littoral, de ses côtes sauvages et de ses stations balnéaires aux délicieuses architectures du 19e s.

L'original – P.51

Faire une croisière sur la Rance, pour découvrir petites criques et malouinières accrochées à flanc de côteaux.

Les lieux à ne pas manquer

Saint-Malo ★★★

LES REMPARTS ★★★

Portes de l'aventure

C'est de ce port mythique qu'embarquèrent l'explorateur Jacques Cartier ou le corsaire Robert Surcouf pour leurs aventures autour du monde. Et c'est également de là que continuent de partir les loups de mer de la Route du Rhum, pour leur transatlantique en solitaire. Commencez par faire le tour des remparts pour goûter à l'air iodé et aux panoramas spectaculaires de la Côte d'Émeraude. Depuis les différents bastions qui rythment cette promenade de 2h, vous verrez les îles et les rochers pointer sur la surface houleuse, vous découvrirez les caps et les plages du littoral. Il est recommandé de faire cette promenade à marée haute, dont la grande amplitude (de 8 à 14 m) modifie de façon spectaculaire l'aspect du rivage.

LA VILLE CLOSE ★★

Cité corsaire

Un tantinet austères, les façades de granit de la ville intra-muros restent pourtant vivantes et commerçantes en toutes saisons. Elles ont été si bien restaurées après les bombardements de 1944 que la cité semble avoir conservé toute sa superbe de la grande époque de la flibuste. À l'entrée de la ville, le château, symbole du pouvoir royal depuis la fin du 15e s., est dominé par un donjon élevé en 1424. Vous pourrez aller y visiter le musée d'Histoire de St-Malo, qui illustre le passé maritime du port par de nombreux documents, livres, maquettes de navires, tableaux, armes… Au centre de la cité, la cathédrale St-Vincent est couverte de voûtes d'ogives très bombées. Son chœur (13e s.) est éclairé par de magnifiques vitraux orange, rouge, jaune, grenat, indigo, rose ardent ou bleu ciel.

FORT NATIONAL, GRAND ET PETIT BÉ ★

Fortes têtes et forteresses

Construit par Vauban en 1689 sur une calotte rocheuse accessible à marée basse, le fort royal était destiné à protéger St-Malo des attaques anglaises ou hollandaises. Il est devenu fort national après la Révolution de 1789. Au cours de sa visite, vous en saurez plus sur le duel au sabre que Robert Surcouf lança à douze adversaires. L'intrépide flibustier blessa les onze premiers et épargna le dernier… pour garder un témoin de son exploit ! Du fort, on distingue les îles Chausey au nord-est. À quelques centaines de pas sur la grève, l'île du Grand-Bé, également accessible à marée basse, abrite le tombeau de Chateaubriand. Elle mène au Petit-Bé, qui possède un remarquable fort (fin 17e s.). Visite à marée basse et vue imprenable sur l'estuaire de la Rance ainsi que sur toute la baie de St-Malo.

ST-SERVAN-SUR-MER ★

Le miroir de St-Malo

La corniche de l'ancienne cité d'Aleth, limitrophe de la ville close, dévoile de belles vues sur les îles environnantes (Petit-Bé, Grand-Bé, île de Cézembre), puis sur l'ensemble de la rade, où se détachent l'île fortifiée de la Grande-Conchée, le phare du Grand-Jardin, l'île Harbour… Les jours de beau temps, on devine même le cap Fréhel. En soirée, le regard est attiré par les lumières de Dinard, de l'autre côté de la Rance. À l'entrée de l'estuaire, la tour Solidor (27 m de haut) est une ancienne prison qui abrite aujourd'hui le musée du Long Cours cap-hornier. Toute l'histoire de la découverte du cap Horn y est retracée, au moyen de cartes, de témoignages, de portraits de capitaines célèbres, de maquettes de navires, de pièces d'accastillage…

PARC DE LA BRIANTAIS ★

Nature et découverte

En direction de Quelmer, barrage de la Rance - ✆ 02 99 81 83 42.

Un peu en amont de l'estuaire, qu'il surplombe joliment, ce grand domaine de 27 ha offre de belles perspectives de balades au milieu d'une végétation riche et variée. Les botanistes s'y complairont : des chênes (certains sont tricentenaires), des hêtres, des cèdres, des pins, du laurier, du houx, des fleurs, des champignons… La faune est également harmonieusement préservée : écureuils, fouines, belettes, renards, blaireaux, bergeronnettes, chardonnerets, chouettes, éperviers, hérons… Et pour ceux qui préfèrent les intérieurs, le château de 1850 accueille des expositions temporaires.

GRANDES MARÉES

POINT D'ORGUE À L'ÉQUINOXE

Curieux phénomène que celui des marées, causé par l'attraction de la Lune et, dans une moindre mesure, du Soleil. Lorsque ceux-ci sont à peu près alignés par rapport à la Terre, l'attraction est plus forte : c'est la marée de vive-eau ou grande marée, qui a lieu tous les quinze jours, à la pleine lune ou à la nouvelle lune. En Bretagne, les plus importantes se produisent en mars et septembre, lors des équinoxes. L'amplitude des marées varie selon les zones littorales. Elle est particulièrement spectaculaire en Bretagne Nord. Dans la baie du Mont-St-Michel, elle atteint un record avec 14 mètres de marnage (différence entre basses-eaux et hautes-eaux) et quand même près de 13 mètres à St-Malo !

PARAMÉ ET SES VILLAS ★

Un rêve d'architecte

La succession de villas aux architectures audacieuses donne sa personnalité singulière à cette agréable cité balnéaire. Édifiées à partir du milieu du 19e s., elles s'alignent sur 3 km, le long de la plage à l'est de St-Malo. Pour permettre de construire au plus près du littoral, une digue fut même élevée sur toute la longueur de la plage entre 1883 et 1913. Promenez-vous jusqu'à la pointe de Rochebonne, à l'extrémité de la baie : un magnifique point de vue sur la cité malouine vous y attend.

GRAND AQUARIUM SAINT-MALO ★★

Pour les marteaux de requins

Av. du Gén.-Patton - La Madeleine - dir. Dinard - ✆ 02 99 21 19 00 - juil.-août : 9h30-21h (20h déb. juil. et fin août) ; avr.-juin et sept. : 10h-19h ; reste de l'année : se rens. - 17 € (-12 ans 12 €).

Cet immense aquarium comprend 46 bassins abritant des espèces de toutes les mers, crabes géants du Japon, poissons clowns des tropiques, tortues, piranhas, barracudas…

Pêche à pied lors d'une marée d'équinoxe, à Saint-Malo.

Vous pouvez suivre les poissons à bord du sous-marin *Nautibus,* toucher les espèces qui peuplent les côtes bretonnes (roussettes, raies, turbots, araignées de mer) ou découvrir une épave de galion habitée par des requins. Dans « l'anneau des mers », aquarium circulaire qui vous offre un panorama de 360° sur les requins gris, le requin taureau, le requin nourrice ou les squales, vous êtes cernés par les dents de la mer.

PHILIPPE BOUVIER

Fondu de chocolat

5 r. de la Vieille-Boucherie - 02 99 21 31 47.

Dans cette incontournable pâtisserie-chocolaterie créée par le Rennais Philippe Bouvier, maître incontesté en la matière, tout est artisanal. Nougats maison, chocolats au sel de Guérande, aux épices (poivre, cannelle, vanille), aux fleurs (jasmin, hibiscus, rose) ou aux fruits (framboise, cassis, orange) et délicieux macarons. On peut déguster ces merveilles sucrées à l'intérieur (deux tables) ou en terrasse.

ÉPICES ROELLINGER

Des parfums d'aventures

12 r. St-Vincent - 06 18 80 44 10.

Olivier Roellinger, le plus célèbre cuisinier cancalais (et un des chefs les plus réputés au monde), a toujours su combiner ingrédients locaux et épices exotiques, rappelant le lien de St-Malo avec la route des Indes. Dans sa boutique de la ville close, partez à la découverte de ces saveurs et de ces parfums exotiques, choisis et concoctés avec passion par cet inépuisable promoteur du métissage culinaire. Vous ne cuisinerez plus jamais de la même manière.

THERMES MARINS

Bains de jouvence

Grande plage du Sillon - 02 99 40 75 00.

St-Malo ne serait pas St-Malo sans ses thalasso ! Algues, douches, bains à jets, sauna, piscine, parcours Aquatonic : le programme s'annonce vivifiant pour un week-end ou une journée. L'établissement est cossu, idéalement situé sur le front de mer. Il est équipé d'un club pour les enfants.

INSOLITE

CORSAIRES MALOUINS KAYAK DE MER ★

7 r. de la Clouterie - ✆ 02 99 40 92 04 - haute sais. : tlj sf dim. : 9h-17h, sam. 14h-17h30 ; basse sais. : lun., merc. et sam. : 14h-17h30 - 25/32 €.

Découvrez la baie de St-Malo au ras des flots en kayak de mer! Sorties au coucher du soleil, balades à la demi-journée, initiations et randonnées, les moniteurs diplômés proposent des activités pour tous les âges. En saison, essayez de réserver assez tôt.

© C. Philippe/ArTerra Picture Library/age fotostock

La statue du corsaire Robert Surcouf, à Saint-Malo.

Dinard ★★

POINTE DU MOULINET ★★

Vent de face

Ce promontoire rocheux qui s'avance sur la Manche doit son nom à l'existence d'un moulin à vent aujourd'hui disparu. Allez vous promener sur le chemin de ronde, qui serpente entre les rochers et les villas aux architectures folles et libres du 19e s. La vue est ultra-romantique. À gauche, le cap Fréhel ; à droite, l'embouchure de la Rance et St-Malo. En face, les îles. Ici aussi, le décor varie grandement selon que la mer est haute ou basse – ou que le ciel est bleu ou nuageux.

GRANDE PLAGE ★

Une plage d'histoire

Bordée par le palais des Arts et du Festival, le casino et de luxueux hôtels, la plus célèbre plage de Dinard, aussi appelée plage de l'Écluse, rappelle les années fastes de la première grande station balnéaire française. Les cabines bleues et blanches installées chaque été lui donnent un charme désuet. Bien abritée, elle est appréciée des familles pour son sable fin et sa piscine d'eau de mer. La corniche, bordée de nombreuses terrasses de café et de restaurants, offre une agréable promenade vers les plages voisines. Pour ses architectures audacieuses et la douceur de son climat, Dinard est encore comparée à une « Nice du Nord ». La statue du cinéaste Alfred Hitchcock rappelle qu'un festival dédié au cinéma britannique y est organisé chaque automne.

POINTE DE LA MALOUINE ET QUARTIER ST-ÉNOGAT ★

Balnéaire vintage

Comme Dinard, St-Énogat profite de la vogue des villégiatures en bord de mer dès le milieu du 19e s. Les estivants y construisent les premières villas, un salon littéraire est créé en 1865, puis un établissement de bains et d'autres équipements balnéaires (cabines de bain, cours de tennis, hôtels de luxe). Pour vous y rendre, prenez le sentier qui part de la plage de l'Écluse en direction de l'ouest. Vous passerez sous les imposantes villas de trois ou quatre étages, édifiées à flanc de rocher, qui composent ce quartier à la fois calme et spectaculaire de la pointe de la Malouine.

PROMENADE DU CLAIR-DE-LUNE ★

Lune de miel

Réservée aux piétons et plantée de beaux parterres fleuris, doublés d'une surprenante végétation méditerranéenne, cette digue-promenade suit le bord de mer en face de St-Malo (jolies vues sur la cité corsaire au coucher du soleil). Protégée des vents dominants, elle longe le quartier du Bric-à-Brac, avec ses entassements de villas surmontées de belvédères et de terrasses, jusqu'à l'embarcadère de l'anse du Bec-de-la-Vallée. La nuit, le reflet de la lune transforme l'estuaire en mer de paille.

POINTE DE LA VICOMTÉ ★★

Balado thérapie

Longez la Rance sur le chemin de ronde qui serpente entre les criques du littoral. Cela vaut la peine d'user vos semelles sur cette promenade de 2 km : splendides vues sur la rade, la tour Solidor et le rocher de Bizeux surmonté d'une statue de la Vierge. Aujourd'hui, le quartier de la pointe de la Vicomté devient l'un des plus agréables de Dinard.

MARCHÉ DE DINARD

Festival de saveurs

Pl. Crolard : mar., jeu. et sam. mat. ; halles de la Concorde : chaque matin - parking gratuit à proximité.

Très réputé, ce marché attire une clientèle fidèle, spécialement le samedi. Près de 300 commerçants y proposent en saison leurs produits de la mer et du terroir. C'est un festival d'odeurs, de couleurs, de goûts (et de bruits).

GOLF DE DINARD

Clubs anglais

St-Briac-sur-Mer - 53 bd Houle - ✆ 02 99 88 32 07 - 60/100 €.

Dix-huit trous, une vue inoubliable sur la mer et quelques embruns les jours de vent, ce golf, au sol légèrement sableux, est un des plus anciens du continent. Il a été créé en 1887 à l'initiative d'estivants britanniques qui avaient pris l'habitude de venir séjourner à Dinard. Amateurs ou débutants, à vous de tester sa notoriété internationale !

VENT DE VOYAGE

Hissez la grand'voile!

12. r. Levavasseur - ✆ 02 99 20 17 91 - 10h-13h, 15h-19h ; hors sais. : 15h-19h - fermé dim.

Voici la boutique-atelier de la célèbre marque qui, depuis l'an 2000, crée sacs et objets à partir de vraies toiles de voile.

THALASSA DINARD

Zen et zolie

1 av. du Château-Hébert - ✆ 02 99 16 78 10.

N'est-ce pas avant tout pour se sentir bien que l'on va à Dinard ? Créée en 1990, cette structure moderne et lumineuse jouit d'un beau point de vue sur la mer et le littoral, jusqu'aux remparts de St-Malo.

La Grande plage de Dinard

© J. Larrea/ age fotostock

L'ÎLE DE CÉZEMBRE

Robinsonnade armoricaine

Dép. tlj en été - 0 821 23 55 00 (OT Dinard).

Cette île inhabitée de 700 m de long est un véritable bout du monde, bien qu'ancrée à seulement 3 km de Dinard. Inhabitée? Pas tout à fait. Franck Meslier, baroudeur au caractère bien trempé, y a posé ses bagages en ouvrant le Repaire des Corsaires, un bar-restaurant où l'on déguste poissons et fruits de mer dans une ambiance à la Robinson. La végétation est rare et le relief tourmenté, du fait du bombardement intensif qu'a subi l'île pendant la Deuxième Guerre mondiale. Mais la plage est orientée plein sud, fait rare sur la Côte d'Émeraude! Prévoyez crème solaire, lunettes de soleil et chapeaux.

Dinan ★★

LA VIEILLE VILLE ★★

Médiévaleries

Ceinturée de remparts, la vieille ville de Dinan est bâtie sur un escarpement qui domine la Rance. Très bien conservée (et restaurée), elle a gardé de nombreuses demeures médiévales. Voyez par exemple l'hôtel Kératry, qui abrite désormais le musée de la Harpe, ou la place des Merciers et ses façades à pignons triangulaires, ses maisons en encorbellement et ses porches en bois. De nombreux artisans continuent d'y travailler, (presque) comme au Moyen Âge, notamment dans la rue Jerzual, qui descend vers le port. Sur la place Du-Guesclin, bordée d'hôtels des 18e et 19e s., trône une statue équestre d'un valeureux chevalier né dans la région en 1320. Son cœur est conservé dans l'aile gauche de la basilique St-Sauveur. Les plus courageux monteront les 158 marches de la tour de l'Horloge (15e s.) pour voir, devinez quoi, le magnifique panorama qu'elle révèle.

LE CHÂTEAU ★

Fier donjon

02 96 93 45 20 - 4,70 € (-18 ans 2,50 €).

Sobre, il surgit dans toute sa majesté au sud-ouest de la cité. C'est son donjon ducal, bâti dans les années 1380, que l'on découvre aussitôt. Il présente, sur cinq niveaux, un bel aperçu du quotidien à l'époque des ducs de Bretagne. En témoignent, au rez-de-chaussée, les cuisines et leurs imposantes cheminées et, au détour de l'escalier de pierre, une alcôve abritant des latrines. Le chemin de ronde et sa terrasse, auxquels on accède par d'étroits et irréguliers escaliers, offrent un panorama unique (prudence avec des enfants!). Aux pieds du fort, la porte du Guichet, antérieure

Le port de Dinan.

au château, menait à la grande route de Rennes. Tout au sud, se dresse la tour de Coëtquen, ouvrage défensif de la fin du Moyen Âge.

CHÂTEAU DE LA BOURBANSAIS ★

30 millions d'amis

14 km au sud-est - 02 99 69 40 07 - 18,50 € (-12 ans 13 €).

Ce volumineux édifice (fin du 16e s., agrandi au 18e s.) est surtout connu pour son zoo, qui abrite des espèces des cinq continents (girafes, autruches, dromadaires, cervidés, kangourous, fauves, oiseaux, singes…). Des panneaux dispensent des informations aussi ludiques que pédagogiques, et des animations sont proposées plusieurs fois par jour : spectacles de chasse à courre (20mn) et de fauconnerie en vol libre (30mn), goûter des animaux… On se déplace à son rythme dans les allées, en suivant (ou pas) le parcours conseillé sur le dépliant remis à l'entrée.

USINE MARÉMOTRICE DE LA RANCE

Watt else?

02 99 16 37 14.

C'est dans cette digue de 750 m de long, qui ferme l'estuaire de la Rance, que se cache l'usine. Depuis 1966, les turbines, actionnées par les marées, produisent 550 millions de kWh par an. Sur la rive gauche, le tunnel de l'Espace découverte EDF présente le milieu naturel et l'écosystème de l'embouchure (vous ferez connaissance avec le phoque « L9 », devenu la mascotte de l'endroit), ainsi qu'une approche de l'histoire de l'électricité et des différentes sources de production déployées par EDF. Et vous apprendrez les grandes lignes du fonctionnement de cette source d'énergie renouvelable, en pénétrant dans un espace digne de Jules Verne : la salle des machines, longue de 330 m.

CROISIÈRE SUR LA RANCE ★★

Descendre un fleuve

Au départ de Dinan, mais aussi de Dinard et de St-Malo, vous pouvez choisir entre plusieurs formules de croisières, entre promenades commentées (1h30) ou croisières gourmandes (3h). Après Dinan, la Rance s'élargit de plus en plus jusqu'à l'écluse du Châtelier. Par une suite de plans d'eau, le bateau descend la rivière, encaissée entre des versants verdoyants. Il emprunte l'écluse du barrage de la Rance, puis passe à hauteur du rocher Bizeux et de la pointe de la Vicomté avant de laisser, sur la droite, la corniche d'Aleth (St-Servan-sur-Mer). À l'horizon, St-Malo et Dinard se dévoileront alors à vous.

LES PUCES DINANAISES

La chine en Bretagne

Pl. St-Sauveur - 02 96 39 63 00 - juil.-sept. : merc.

Allez chiner meubles, disques, vêtements, lampes, bibelots, objets d'antiquité dans une ambiance définitivement conviviale. C'est le moment de faire des affaires !

LES GAVOTTES DE LOC MARIA

Mangez de la dentelle

Taden - rte de Dinard - 02 96 87 42 55.

Vous avez sûrement déjà goûté à ces crêpes dentelles croustillantes, roulées très fines, nature ou enrobées de chocolat. Voilà l'adresse de ces fameux biscuits. La recette fut inventée en 1886 par Marie-Catherine Cornic, qui, dit-on, avait oublié sa crêpe sur le feu. Autres spécialités phares : la galette punch et le palet de Pleyben.

Cancale ★

PORT DE LA HOULE ★

Tableau vivant

Quelle animation ! Le retour des bateaux de pêche, les allées et venues des tombereaux chargés d'huîtres, les cris des marchands, tout cela donne au port de Cancale une énergie vivifiante. Il fait bon flâner le long du quai et dans le quartier adossé à la falaise dont les ruelles étroites étaient jadis peuplées par les marins-pêcheurs. Les restaurants de qualité abondent : il serait dommage de ne pas en profiter pour déguster une douzaine d'huîtres.

SENTIER DES DOUANIERS ★

Une promenade ad'Hock

Cet ancien chemin de ronde s'embranche en bas de la rue du Port. Dès le monument aux morts, une large perspective s'ouvre sur la baie du Mont-Saint-Michel et Mont-Dol. Un peu plus loin, la pointe du Hock révèle le rocher de Cancale. À droite, au pied de la falaise, s'étendent les spectaculaires parcs à huîtres. De part et d'autre de la pointe du Hock, le sentier surplombe les grèves. Enfin, en suivant la côte jusqu'à Port-Mer, vous découvrirez une vue splendide sur la pointe de la Chaîne, face au rocher de Cancale. Le sentier (7 km) rejoint la pointe du Grouin.

LA MAISON GUELLA

Palets royaux

1 r. du Brocanteur - 02 99 40 83 43 - www.bretagne-caramel.com - lun.-sam. 10h-18h30.

Fabriquez vous-même vos authentiques palets bretons à la fleur de sel, selon une recette traditionnelle qui fait ses preuves depuis trois générations. L'atelier vous livrera tous les secrets de fabrication de cette biscuiterie artisanale réputée, ainsi que ceux de ses caramels au beurre salé et autres confiseries à l'ancienne. N'en perdez pas une miette !

© E. Berthier/hemis.fr

POINTE DU GROUIN ★★

Nez au vent

Rocheuse, sauvage, souvent venteuse, elle domine la mer de 40 m et marque le départ de la Route du Rhum. Le panorama s'étend du cap Fréhel, à l'ouest, jusqu'à Granville, à l'est, en passant par la baie du Mont-Saint-Michel et, au large, les îles Chausey. À marée basse, un sentier permet de descendre explorer une grotte (10 m de haut sur 30 m de profondeur) creusée dans la falaise par la houle. Sur le côté droit, la longue île des Landes constitue une réserve ornithologique et botanique où nichent de nombreux oiseaux : tadornes de Belon, cormorans huppés, grands cormorans, goélands…

LE CONSEIL DE GAËL GAUTIER

La pointe du Grouin présente à mes yeux l'un des plus beaux panoramas de Bretagne du Nord.

VISITE DES PARCS À HUÎTRES

À la belle Cancalaise

02 99 89 63 72 - visites selon marée - mai-oct.

Pour tout savoir sur le métier d'ostréiculteur et les huîtres de Cancale… le temps d'une balade à pied (N'oubliez pas vos bottes !).

MARCHÉ AUX HUÎTRES

Du producteur au consommateur

R. des Parcs, au bout du quai Thomas (sur le port) - www.marcheauxhuitres-cancale.com - 10h-18h - prix selon cours du jour.

Face aux parcs et à la baie du Mont-Saint-Michel, assis sur le muret, en plein air, on déguste des huîtres de première fraîcheur, vendues par les ostréiculteurs du lieu, qui en assurent l'ouverture. Vente à emporter toute l'année.

INSOLITE

LES PETITS FRUITS DE LA BAIE

St-Méloir-des-Ondes - 5 r. des Clossets - 02 99 89 10 06.

Allez cueillir vous-même vos fruits rouges dans cette charmante ferme à 2 km au sud de Cancale. Si le temps ou la paresse vous presse, vous pouvez aussi les acheter déjà cueillis. Patricia et sa famille proposent également du miel maison, des conserves de fruits et de succulentes confitures.

Dol-de-Bretagne ★

CATHÉDRALE ST-SAMSON ★★

Samson et lumières

À regarder la façade nord de ce vaste édifice de style gothique et anglo-normand, qui porte le nom du premier évêque de Dol, on pourrait d'abord croire à une forteresse. La nef actuelle, témoignage relativement rare de l'architecture du 13e s. en Bretagne, fut complétée jusqu'au 16e s. Sa stature imposante donne une idée de l'importance qu'avait alors l'évêché de Dol. Dans le chœur, on admire les couleurs et la lumière de la verrière à médaillons. Avec cette cathédrale, la ville de Dol-de-Bretagne constitue une étape du Tro Breizh, le pèlerinage médiéval des sept saints de Bretagne continentale.

CATHÉDRALOSCOPE ★

À vos truelles

4, pl. de la Cathédrale - 02 99 48 35 30 - 6,80 € (6-18 ans 5 €) - 20 € famille.

Vous aimeriez bâtir des cathédrales mais vous ne savez pas comment

Vitraux de la cathédrale St-Samson.

vous y prendre? Le Centre d'interprétation de l'architecture des cathédrales, vous révèle, sur trois niveaux et en 1h30, tous les secrets de ces édifices. Située dans l'ancien palais épiscopal, cette exposition vous plonge dans l'univers des compagnons bâtisseurs du Moyen Âge. Films pédagogiques en 3D, maquettes et reconstitutions d'atelier initient aux techniques et au vocabulaire de la construction, aux outils (la corde à 13 nœuds n'aura plus de secrets pour vous) et à la symbolique des grandes cathédrales gothiques. Animations pour les enfants.

Les plus beaux circuits

La Côte d'Émeraude : de Dinard à Saint-Cast ★★★

Ce circuit offre de magnifiques points de vue sur le littoral. Quittez Dinard à l'ouest par la D786, qui longe la côte.

ST-LUNAIRE ★

Objectif Lunaire

Cette élégante station balnéaire, qui optimisa ses potentialités touristiques au 19e s. (des villas prestigieuses et des beaux courts de tennis), possède deux grandes plages. Pour ceux qui sont du matin, la plage de St-Lunaire, à l'est, regarde St-Malo ; côté ouest, la plage de Longchamp, plus vaste mais plus exposée au vent, est tournée vers le cap Fréhel. À marée basse, la mer peut se retirer jusqu'à 300 m, révélant un paysage surprenant. Vous avez alors l'impression de marcher au fond de la mer… lunaire

POINTE DU DÉCOLLÉ ★★

Un décollé plongeant

Faite de rocs et de grottes, elle s'étend loin dans la mer et a la particularité d'être « décollée » du continent par une étroite (et vertigineuse) crevasse reliée à la terre ferme par un pont naturel. Par tempête, les déferlantes explosent sur les falaises jusqu'à donner l'impression de les faire vibrer. Une imposante croix en granit (1880) est érigée tout au bout. Vue splendide sur la Côte d'Émeraude, du cap Fréhel jusqu'à la pointe de la Varde.

POINTE DE LA GARDE-GUÉRIN ★

Blockhaus et chauves-souris

15mn à pied AR.

C'est encore une belle vue qui vous attend de ce promontoire rocheux culminant à 48 m, à l'ouest de la plage de Longchamp. La pointe est truffée de casemates qui abritent deux espèces de chauves-souris inscrites au livre rouge des espèces menacées en France (grand murin et grand rhinolophe). On y accède en descendant au pied de la colline. La route pour s'y rendre traverse le golf de Dinard, qui abrite un élégant club-house de style Art déco (1927).

ST-JACUT-DE-LA-MER ★

Ebihens ça alors!

Petit port de pêche intégralement bâti sur une longue langue de terre bordée par les eaux, St-Jacut possède rien moins que onze plages. Tout au bout, la pointe du Chevet, appelée « Chef de l'île », offre un beau point de vue sur l'étonnant archipel des Ebihens (en face), accessible à pied, mais seulement à marée basse. Si l'île principale est entièrement privée, elle peut néanmoins se traverser en empruntant le chemin central. Soyez attentif à ne pas sortir du sentier afin d'épargner la faune et la flore, et respecter la quiétude de ce lieu très préservé (qui, par choix, n'est pas clôturé).

ST-CAST-LE-GUILDO ★

Sable blanc et coquilles saint-jacques

Bâtie au creux d'une baie à l'abri du vent, cette station familiale a déjà une longue histoire de tourisme balnéaire ; en témoignent ses villas 19e s. du quartier des Mielles. En plus de ses sept plages de sable fin et de ses vues panoramiques, St-Cast possède un charmant port de pêche, dont la flottille se consacre plus spécialement aux saint-jacques et aux praires : vous en apercevrez peut-être à l'œuvre du haut des pointes de St-Cast et de la Garde.

POINTE DE ST-CAST ★★

Hommage aux braves

Autre point de vue remarquable de la Côte d'Émeraude. Au bout de ce promontoire qui ferme la baie de St-Cast, un monument dédié à la mémoire des « Évadés de France qui préfèrent mourir debout que vivre à genoux » rappelle la fusillade de militaires ayant échoué à rejoindre les forces libres par bateau, en 1941. On atteint la pointe par un sentier le long de la falaise. Il relie le chemin de St-Cast à la charmante petite plage de la Mare, orientée au nord.

Nos meilleures adresses

Restaurants

LE COMPTOIR BREIZH CAFÉ

Cuisine bretonne

6 r. de l'Orme - St-Malo - 02 99 56 96 08 - www.breizhcafe.com - fermé mar. sf vac. scolaires et lun. - 19/44 €.

Dans le dédale de l'intra-muros, une crêperie qui bat au rythme de la Bretagne. Les produits locaux (lard, andouilles, légumes) sont utilisés dans le respect de la tradition ; comme il se doit, le sarrasin et la pomme sont les deux piliers de l'établissement… sans oublier le cidre breton, mais aussi d'Italie et d'Allemagne.

LE BISTROT DU ROCHER

Cuisine traditionnelle

19 r. de Toulouse - St-Malo - 02 99 40 82 05 - fermé mar. soir et merc. - formule 16 €, menu déj. sem. 20 € - carte 30/45 €.

Un peu en retrait de l'animation malouine, ce bistrot gourmand est tenu par un jeune couple sérieux et passionné. Les saveurs sont bien maîtrisées, les cuissons

© G. Labriet/Photononstop

POINTE DE LA GARDE ★★

Garde à (belle) vue

Montez profiter des magnifiques vues sur le littoral depuis ce balcon surplombant les plages de St-Cast et de Pen-Guen. Un sentier touristique contourne la pointe : il emprunte la corniche de la Plage près de l'hôtel Ar Vro, suit la falaise jusqu'à la pointe et se raccorde, sur le versant sud, au chemin d'accès à la cale près de l'oratoire. Érigé en 1949, face à la mer, celui-ci est surmonté d'une statue de granit, haute de 3 m, dédiée à N.-D.-du-Guildo.

et assaisonnements sans faille : de la bonne cuisine bistrotière comme on l'aime !

L'ANCRAGE
Poissons et fruits de mer
7 r. Jacques-Cartier - St-Malo - ✆ 02 99 40 15 97 - fermé janv., merc. hors sais. et mar. - menu 21/36 € - carte 36/65 €.
Jetez l'ancre dans ce restaurant digne d'une cabine de bateau (boiseries sombres, lampes en laiton) ou dans sa salle voûtée ! Le chef prépare des recettes résolument tournées vers la mer. Une bonne adresse pour faire le plein d'iode sur les remparts.

LE CHALUT
Poissons et fruits de mer
8 r. de la Corne-de-Cerf - St-Malo - ✆ 02 99 56 71 58 - fermé lun.-mar. - formule 25 €, menu 29/79 € - carte 40/70 €.
En direct... du chalut ! Derrière cette façade bleu océan, intérieur convivial et cuisine raffinée axée sur les produits de la mer (menu « tout homard », saint-jacques au jus de truffe, filet de saint-pierre à la coriandre) : trois bonnes raisons de ne pas prendre le large !

LE BÉNÉTIN
Cuisine moderne
4 chemin des Rochers-Sculptés - Rothéneuf - ✆ 02 9956 97 64 - www.restaurant-lebenetin.com - fermé 3 sem. janv.-fév. - réserv. conseillée - menus déj. 22/27 €, dîner 44/85 €.
Un restaurant tout de bois et de verre perché au-dessus des flots. Décor épuré pour une cuisine entre terre et mer, à la fois moderne et raffinée. Vaste terrasse avec vue splendide sur la mer.

AU BOUCHON BRETON
Cuisine traditionnelle
20 r. du Mar.-Leclerc - Dinard - www.au-bouchon-breton.com - fermé 1 sem. en juin, nov., janv., jeu. sf le soir en juil.-août et merc. - formule 16 €, menu 18 € (déj. sem.), 30 € - carte 32/46 €.
Charline et Jérôme ont métamorphosé cette ancienne crêperie du centre-ville et le résultat est ce Bouchon Breton où ils célèbrent la tradition bistrotière de belle manière. C'est savoureux, mitonné avec soin, et avec même, il faut le noter, d'excellents desserts... Un vrai bon plan.

L'APPEL DU LARGE
Poissons et fruits de mer
4 bd Wilson - Dinard - ✆ 02 99 16 30 38 - www.casino-barriere-dinard.com - fermé lun.-mar. sf juil.-août, 2e sem. janv. et 1re sem. fév. - 21/33 €.
Décor « croisière ». La vaste salle de restaurant, attenante à celle des machines à sous du casino, offre une vue panoramique sur la grande plage de Dinard. Carte de brasserie (viandes, poissons et plateaux de fruits de mer).

LE CITRUS
Cuisine moderne
14 r. Yves-Verney - Dinard - ✆ 02 90 04 03 54 - fermé lun. et hors sais. mar. et merc. midi - 25/35 €.
Un jeune et prometteur chef malouin s'est lancé en 2013 dans l'aventure de créer son propre restaurant en lieu et place de l'emblématique Atypic.

Huîtres de Cancale.

Dans un décor sobre, il propose une cuisine raffinée et inventive.

DIDIER MÉRIL

Cuisine moderne

1 pl. Gén.-de-Gaulle - Dinard - ✆ 02 99 46 95 74 - formule 27 €, menu 31 € (déj. sem.), 52/90 € - carte 55/67 €.

Si vous aimez les beaux paysages, installez-vous dans la salle panoramique de ce restaurant : la vue sur la baie du Prieuré y est superbe ! Les yeux rivés sur le large, les gourmands apprécient la cuisine plutôt créative du chef, à l'écoute des saisons. Bon à savoir : des chambres cosy à l'étage.

CHEZ LA MÈRE POURCEL

Cuisine du terroir

3 pl. des Merciers - Dinan - ✆ 02 96 39 03 80 - www.chezlamerepourcel.com - fermé 2 sem. fév., mar.-merc. hors sais. - formule bistrot 15/17 € - 26/40 €.

C'est dans une vénérable demeure à pans de bois du 15e s., qui donne sur une charmante place pavée, que la mère Pourcel a ouvert son auberge en… 1927. Dans les salles aux murs recouverts de boiseries de ce « restaurant du terroir », vous dégusterez des recettes régionales. Une adresse authentique.

© azurita/Fotolia.com

Far breton.

LA FLEUR DE SEL

Cuisine moderne

7 r. Ste-Claire - Dinan - ✆ 02 96 85 15 14 - www.restaurantlafleurdesel.com - fermé de mi-janv. à déb. fév., dim. soir et lun. - formule 16 €, menu 30/42 € - 27/51 €.

Dans une des vieilles rues du centre historique, une Fleur comme on les aime. La chef, forte d'une solide expérience, nous propose une cuisine goûteuse et créative juste ce qu'il faut : savoureux tzukune de crabe, aile de raie pochée accompagnée d'un beurre citronné, salade composée… le tout servi avec le sourire par son époux, en salle. Un délicieux moment.

CÔTÉ MER

Cuisine traditionnelle

4 r. Ernest-Lamort (rte de la corniche) - Cancale - ✆ 02 99 89 56 46 - www.restaurant-cotemer.fr - fermé vac. fév., 1 sem. fin juin, nov., dim. soir, mar. soir et merc. hors sais. - formule 25 €, menu 30/78 € - carte 45/80 €.

Un charmant petit port, des maisons de pêcheurs, l'air iodé du large… À Cancale, impossible de ne pas regarder Côté Mer! Dans ce restaurant, face à la baie, les poissons, coquillages et crustacés ont le vent en poupe à travers une cuisine goûteuse et soignée. Un bon rapport qualité-prix.

AU PIED'CHEVAL
Poissons et fruits de mer
10 quai Gambetta - Cancale - 02 99 89 76 95 - fermé merc. sf juil.-août, de mi-nov. à fin mars - 20/27 €.
Tenue par un conchyliculteur local, cette adresse est dédiée à la dégustation des huîtres (de 7 à 23 € la douzaine) et des fruits de mer élevés dans la baie du Mont-Saint-Michel. Petites salles à manger rustiques et simples; celle de l'étage a vue sur la mer.

LA VILLA
Poissons et fruits de mer
8 pl. du Calvaire - Cancale - 02 99 58 35 06 - www.cancalegourmand.com - 15,90/35,90 €.
Voilà un « bistrot de chef » où, dans un décor sobrement design, vous dégusterez huîtres et crustacés, à moins de vous laisser tenter par le menu « tout carpaccio ».

LE SURCOUF
Poissons et fruits de mer
7 quai Gambetta - Cancale - 02 99 89 61 75 - fermé 3e sem. déc. et janv. - 18/44 €.
Ce joli petit bistrot marin sort du lot, parmi la foule d'établissements bordant le port de Cancale. Avec une vue sur la jetée (plus étendue à l'étage), vous y dégusterez une goûteuse cuisine de la mer.

BREIZH CAFÉ
Cuisine bretonne
7 quai Thomas - Cancale - 02 99 89 61 76 - www.breizhcafe.com - fermé jeu.-vend. sf vac. scolaires - 14/35 €.
Sur le port de Cancale, ce Breizh Café n'a qu'une devise : « La crêpe autrement. » Et pour cause : il est né… au Japon! Son patron, Bertrand Larcher, a le premier exporté la galette bretonne à Tokyo, et, après avoir expérimenté plusieurs enseignes nippones, il a récidivé au sein de la mère patrie. La qualité est au rendez-vous.

LE TROQUET
Poissons et fruits de mer
19 quai Gambetta - Cancale - 02 99 89 99 42 - www.restaurantletroquet-cancale.fr - fermé jeu.-vend. hors sais., de mi-nov. à fin janv. (sf fêtes) - déj. 20/28 € - 28/42 €.
Un autre sympathique bistrot à dénicher parmi les nombreuses enseignes qui bordent le quai. Poissons et crustacés de premier choix, dont, bien sûr, les huîtres de Cancale!

LA TABLE DE BREIZH CAFÉ
Cuisine créative
7 quai Thomas - Cancale - 02 99 89 61 76 - www.breizhcafe.com - fermé janv., mar. et merc. - menu 38 € (déj. sem.) 75/135 €.
À l'étage même de la crêperie à laquelle elle est associée, cette table gastronomique est menée par un chef japonais! Sa cuisine porte la marque de l'archipel (condiments, techniques de cuisson) et se révèle aussi soignée que séduisante; la salle offre une superbe vue sur la baie du Mont-St-Michel. Belle expérience.

LE DÉCOLLÉ
Poissons et fruits de mer
1 Pointe-du-Décollé - St-Lunaire - 02 99 46 01 70 - www.restaurantdudecolle.com - fermé de mi-nov. à déb. fév., mar. sf juil.-août et lun. - formule 22 €, menu 32/45 € - carte 45/91 €.
La carte fait la part belle aux produits de la mer, tandis que le sobre décor s'efface devant la vue superbe sur la Côte d'Émeraude… L'établissement jouit d'une situation privilégiée sur la pointe du Décollé! En terrasse, le spectacle est total.

SUCRÉ-SALÉ
Cuisine créative
41 Grande-Rue - St-Briac-sur-Mer -

02 99 88 32 45 - www.restaurant-sucre-sale.com - fermé déc.-mars, jeu., vend., sam. midi - formules déj. - 14,90/18,90 €.
Étape gourmande sympathique dans ce restaurant situé entre les plages et le centre du bourg. Savoureuse cuisine aux accents exotiques proposée dans un décor sobre et élégant.

LE JARDIN DES SIMPLES
Cuisine traditionnelle
2 ruelle Chanoine-Descottes - Mont-Dol - 02 99 80 74 24 - www.jardin-des-simples.com - fermé 12 nov.-15 déc., 6 janv.-13 fév. et dim.-lun. - menu 43 €.
À la table de ce magnifique presbytère, datant de 1773, les produits de la mer et les légumes du potager sont à l'honneur, sous la houlette d'un chef au beau parcours. Enchanteur, tout simplement !

Activités

SURF SCHOOL
2 av. de la Hoguette - St-Malo - 02 99 40 07 47.
Vous avez bien lu, mais cette école ne donne pas de cours de surf. Elle dispense en revanche des stages de char à voile ou de planche à voile (160 €), de catamaran (200 €, enf. 160 €), de mousse-moussaillon, à partir de 6 ans (160 €). Également cours de planche, funboard, char à voile et catamaran et sorties sur un vieux gréement. Location de matériel.

WISHBONE CLUB DINARD
Plage de l'Écluse - 02 99 88 15 20.
Ce sympathique club nautique, installé sur la plage principale de Dinard, propose plusieurs formules, pour tous les niveaux : stages encadrés (voile et windsurf), cours particuliers à la carte ou simple location de matériel (planche à voile, catamaran, kayak, bateau à moteur sans permis).

YACHT-CLUB DE ST LUNAIRE
Bd du Gén.-de-Gaulle - 02 99 46 30 04 - stages de 5 j. : 127/235 € - kayak de mer 28 € (enf. 23 €).
C'est le moment où jamais de devenir un skipper hors pair. Ce centre nautique propose des stages de planche, kayak de mer et voile, sur tout support : Optimist, topper et catamaran (15 pieds, Hobie Cat 16, avec ou sans spi). Club des Moussaillons pour les 5-8 ans (127/137 €/sem.).

Cours d'Optimist.

JULIEN LEMARIÉ
SAMOURAÏ DE L'INSTANT

© Georges Rouzeau/Michelin

→ **Après Londres et un long séjour en Asie, Julien Lemarié a planté ses couteaux japonais à Rennes, ville dont il apprécie le dynamisme et la richesse en producteurs.**

J'ai toujours aimé cuisiner et j'ai toujours voulu devenir chef – avec en ligne de mire le désir d'ouvrir le moment venu mon propre restaurant.
J'ai fait mes premières armes à Laval, puis en Angleterre, surtout pour la langue. La cuisine a toujours été pour moi un moyen de voyager. J'ai envoyé des lettres à tous les deux macarons et au seul trois étoiles anglais de l'époque, *le Royal Hospital Road* de Gordon Ramsay qui m'a embauché ! Six mois plus tard, il m'envoyait me confronter à la cuisine, exceptionnelle de rigueur, du *Savoy*. Toujours pour Ramsay, je suis parti à Tokyo pour l'ouverture du *Conrad*. Au Japon, j'ai également travailler pour la maison Troisgros.
Ma femme et mes deux enfants sont japonais. Le Japon, on aime ou pas… du tout. La cuisine y est très intéressante et les Japonais mettent en avant l'amour du produit et une tradition exceptionnelle de l'artisanat.

Le restaurant

IMA
Ima, le « moment présent » en japonais, témoigne de la philosophie du chef, guidé par l'inspiration et les meilleurs produits du moment. Le résultat est épatant : menu surprise savoureux (inspiré du Japon, mais pas seulement), technique impeccable, bouillons et épices très aromatiques… Un coup de cœur.

→ 20 bd de la Tour-d'Auvergne - Rennes - 02 23 47 82 74 - fermé dim.-lun. et mar. midi - http://ima.restaurant - 30 € (déj.)/ 58 €, 78 € (soir).

© Georges Rouzeau/Michelin

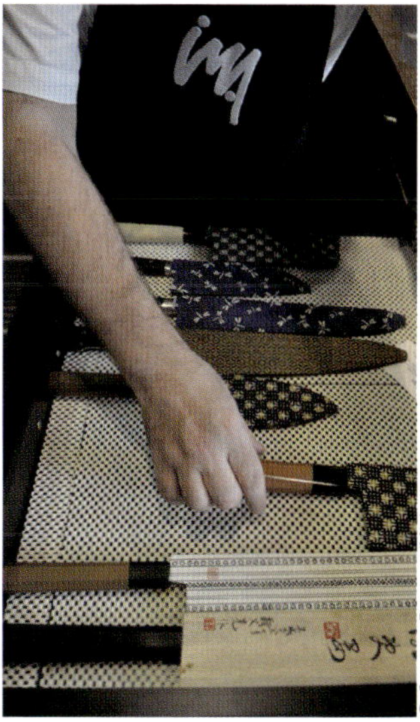

© Georges Rouzeau/Michelin

Après Singapour et le mythique hôtel *Raffles*, c'était le moment ou jamais de rentrer à la maison. J'ai mis 18 mois pour ouvrir *Ima* à Rennes : je voulais du volume et de la luminosité avec une très grande surface vitrée, ce qui est rare dans cette ville. *Ima* veut dire « maintenant » en japonais. Ma cuisine s'inscrit dans le moment présent, aussi bien au niveau des produits disponibles que de mes envies. L'instant présent, c'est une combinaison de nombreux éléments. Nous travaillons derrière un comptoir avec les clients autour de nous. Je voulais enlever les filtres qui empêchent un accès direct à la cuisine. Tout le monde est gagnant et le dialogue s'en trouve facilité.

Tout ce que je sers ici, j'aime le manger. Rennes, avec ses cinq marchés hebdomadaires, est une ville exceptionnelle et avec un ratio d'authentiques producteurs sans équivalent ou presque. Je travaille aussi beaucoup les algues fraîches qui viennent du Croisic. Avec Adrien Poirier, un producteur d'herbes fabuleux installé du côté de Redon, nous travaillons ensemble sur les infusions, et notamment une infusion maison de fin de repas. Nous collaborons avec des passionnés qui poussent leur démarche vraiment très loin.

> « Ma cuisine s'inscrit dans le moment présent, aussi bien au niveau des produits disponibles que de mes envies. »

En venant en Bretagne, je voulais mettre des « têtes » sur les produits, comme les agrumes de Paul Bachès, les volailles de Paul Renaut ou les légumes d'Annie Bertin que l'on retrouve jusqu'à Singapour.

LE PAYS DE SAINT-BRIEUC ET TRÉGOR

×

Rester « scotché » devant les falaises du cap Fréhel ou les rochers roses de Ploumanach, tomber en amour pour les ruelles de Tréguier ou la nature généreuse du lac de Guerlédan, assister à la débarque des saint-jacques sur le port d'Erquy… Ces Côtes-d'Armor ouvrent un livre d'images fortes et charmeuses…

Sur la Côte de Granit rose

© S. Bigot/Andia.fr

→ **Depuis 25 ans, cette peintre paysagiste haute en couleur magnifie la beauté des terres vallonnées et du littoral sauvage des Côtes-d'Armor.**

MAUD BERNARD
LA BRETAGNE EN TABLEAU

Maud Bernard est peintre et ne peut s'empêcher de regarder les paysages comme des tableaux : « *La Bretagne n'est pas une région grise. On voit des bleus, des jaunes, des verts… Il y a une très belle variation de tons. Prenez les champs de bruyère autour d'Erquy : ils sont rose pâle en début de floraison puis ocre rouge en fin de saison.* » Née sur la Côte d'Émeraude, à St-Cast, elle a toujours vécu dans les Côtes-d'Armor, sauf pendant sa formation aux Beaux-Arts de Rennes dans les années 1970 puis auprès du peintre Pierre Roughol. C'est avec lui que cette coloriste trouve vraiment son style, en explorant l'expressionnisme, jusqu'au fauvisme. « *J'interprète la nature, j'exacerbe les couleurs* », dit-elle dans sa galerie*, ouverte de mars à novembre sur le port d'Erquy. Maud Bernard peint toute la Bretagne, mais c'est sur le littoral sauvage des Côtes-d'Armor qu'elle trouve le plus d'inspiration. « *J'aime le*

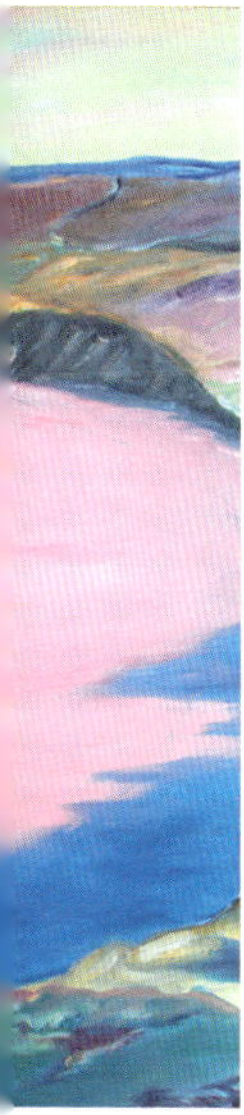

> *« La Bretagne n'est pas une région grise. On voit des bleus, des jaunes, des verts… Il y a une très belle variation de tons. »*

© René-Vincent Follezou

© JakezC/iStock

paysage vallonné de la campagne, ça donne du rythme aux tableaux. Et puis il y a toute la poésie de la mer, avec ses rochers, ses plages, ses tempêtes. » Elle a ouvert sa galerie dans les années 2000 et considère Erquy comme le plus bel endroit du monde. « *C'est un petit port de pêche très vivant, avec une ambiance encore populaire. De ma galerie, je vois les pêcheurs débarquer leur pêche… Je vois la mer et la plage du bourg, très fréquentée en été. Je ne m'ennuie jamais !* »

* Galerie Maud Bernard, 48 r. du Port à Erquy. ✆ 06 86 17 63 37.

Carnet intime

BALADES PRIVILÉGIÉES

- Longer la côte d'Erquy à pied en passant par l'îlot St-Michel (accessible à marée basse).
- La belle île de Bréhat.
- Le village médiéval de Moncontour et le château de Bienassis.

RENDEZ-VOUS GOURMAND

- *Le Vivier*, sur le port d'Erquy - ✆ 02 96 72 34 24. Le meilleur restaurant du bord de mer, avec une subtile cuisine marine.
- *Le Relais de Saint-Aubin*, à Erquy - ✆ 02 96 72 13 22. Un lieu très convivial établi dans un ancien prieuré du 17e s.

LECTURE INSPIRÉE

- *Les Singuliers*, d'Anne Perçin (Ed. du Rouergue, 2014). Ce roman épistolaire mêle personnages historiques et fictifs, passionnés de peinture, dans le Pont-Aven des années 1888-1890.

LE PAYS DE SAINT-BRIEUC ET TRÉGOR

Top 5

ENVIE D'ÊTRE SCOTCHÉ!

1.
LE CAP FRÉHEL

ENVIE DE CALME

2.
TRÉGASTEL ET SES ROCHERS

ENVIE DE PATRIMOINE

3.
ESPRIT MOYEN ÂGE À TRÉGUIER

ENVIE DE SE DÉPENSER

4.
BALADE À VÉLO À BRÉHAT

AVEC LES ENFANTS

5.
SE DORER LA PILULE SUR LA PLAGE DU VAL-ANDRÉ

Les grands rendez-vous

AVRIL

→ Fête de la coquille saint-jacques, à St-Quay-Portrieux, Erquy ou Loguivy-de-la-Mer.

MAI

→ Festival Beauport en voix, à Paimpol.

→ Grand pardon de St-Yves, à Tréguier

AOÛT

→ Jazz in Langourla

→ Festival de la St-Loup, à Guingamp

DE SAINT-BRIEUC AU CAP FRÉHEL

★★

Au fond de cette longue baie, Saint-Brieuc veille sur son littoral affable et son arrière-pays riant. Les plages sont de sable fin, la mer atteint un bon 21 °C en août et la campagne verte est parsemée de jolis bourgs. Au bout, sur sa pointe rocheuse, le cap Fréhel est, lui, un merveilleux veilleur de mer.

Cap Fréhel - © N. Thibaut/Photononstop

L'incontournable – P.71

Le cap Fréhel, une des pointes les plus majestueuses de Bretagne.

L'original – P.73

Le lac de Guerlédan, charmante petite mer intérieure.

Les lieux à ne pas manquer

St-Brieuc ★

LE CENTRE-VILLE

Granit et pans de bois

Les plages sont toutes proches, à quelques kilomètres à peine… Pas une raison pour ignorer le centre-ville de la capitale des Côtes-d'Armor.
Le sport préféré des Briochins ? Descendre la « St-Gui », cette rue St-Guillaume piétonnière, pour une après-midi shopping.
À deux pas, la cathédrale St-Étienne : sa silhouette massive d'église-forteresse cache notamment un bel autel baroque. C'est là, juste à côté, que St-Brieuc déploie ses charmes anciens avec, sur le pavé de la place du Martray, des rues Fardel et Quinquaine, quelques belles demeures des 15e et 16e s. à pans de bois et encorbellement. Pour apercevoir le mât d'un bateau, filez en voiture au Légué, le port situé en contrebas de la ville. Autrefois très austère, il a retrouvé mine plus souriante. Avec un peu de chance, vous y verrez le *Grand-Léjon*, réplique d'un lougre du 19e s., s'il n'a pas largué les amarres pour l'un des nombreux rassemblements de vieux gréements organisés sur la côte bretonne.

LE ZOOPARC DE TRÉGOMEUR ★

Un air d'Asie

À l'ouest de St-Brieuc - ✆ 02 96 79 01 07 - avr.-sept. : 10h-19h ; reste de l'année : se rens. - 16,90 € (-12 ans 11,90 €).

Bienvenue en Asie du Sud-Est ! Niché au creux d'un vallon où serpente en douceur un cours d'eau, ce zoo rappelle la Thaïlande, l'Indonésie ou le Vietnam, par son architecture et la cinquantaine d'espèces animales dont certaines très rares dans d'autres parcs zoologiques. L'air breton semble bien convenir aux ours malais, petits pandas de Chine, tigres, chameaux de Bactriane, lémuriens et gibbons à favoris blancs… De nombreuses animations sont proposées, dont le nourrissage commenté de certains animaux. Aire de jeux, boutique et restaurant Le Bangkok dans le parc.

LES FOIRES

Les rois de la chine

Les Briochins seraient-ils des chineurs invétérés ? En tout cas, à la fin du mois de septembre, il y a foule à la foire St-Michel (vide-greniers, fripes, ferrailles, meubles) ou à la foire-exposition, où 50 000 m² sont consacrés à l'habitat, au tourisme, à la gastronomie ou encore au bien-être !

LA DUCHESSE DE ROHAN

THE kouign-amann

2 r. St-Gouéno - ✆ 02 96 33 36 27.

La preuve que les Finistériens ne sont pas les seuls à savoir faire le *kouign-amann* ! Fondée en 1936, cette maison a fait peau neuve en 2012 sous la houlette de nouveaux propriétaires mais l'histoire se poursuit autour de la fameuse spécialité bretonne, d'une pâtisserie créative et de délicieux chocolats.

Vers le cap Fréhel

LE VAL-ANDRÉ ★

Vue à 180°

Pour se faire une idée de cette superbe station balnéaire, on peut s'asseoir pour boire un verre à la terrasse du casino, à la silhouette années 1930. À 180 °, une digue – sans voitures – bordée de belles maisons fin 19e-début 20e s., et une plage longue de 2 km, formidable terrain de jeu pour les enfants, les kite-surfeurs et autres dingos de sports nautiques. Avec ses terrasses de café, sa poissonnerie ultra-fraîche, ses épiceries fines, ses boutiques de déco et de vêtements marins, la rue parallèle à la digue et à la plage fait le plein dès que le soleil pointe le bout d'un rayon… Pas vraiment « popu », pas ultrachic non plus, Le Val-André fait profiter tout le monde de son charme, les locaux, les campeurs d'un seul été, comme les familles bourgeoises de résidents secondaires tombées en amour pour le coin depuis des générations.

LA POINTE DE PLÉNEUF ★

Panoramesque!

15mn à pied AR. Du parking du port de Piégu démarre un sentier côtier en escalier qui conduit rue de la Corniche.

Du port de Piégu, au bout de la plage du Val-André, on grimpe à flanc de falaise pour s'offrir quelques points de vue assez extraordinaires sur l'imposant îlot du Verdelet, réserve ornithologique, et plus largement sur toute la baie de St-Brieuc. La promenade mène jusqu'à un petit belvédère agrémenté d'un banc : on peut rester là des heures à admirer le paysage et rebrousser chemin comme prévu, ou au contraire poursuivre la balade bien au-delà du quart d'heure initial. Le sentier continue en effet sur la falaise verdoyante, jusqu'à un promontoire naturel d'où s'élancent des parapentistes, puis jusqu'à l'immense plage des Vallées, par endroits dominée par l'un des plus beaux parcours de golf de Bretagne. Au loin, tout là-bas, le cap d'Erquy…

DU VAL-ANDRÉ AU PORT DE DAHOUËT ★

Un port délicieux

1h à pied AR. À l'extrémité sud-ouest de la digue du Val-André (angle r. des Sablons), deux flèches indiquent le GR34-Dahouët, le corps de garde et la batterie.

Au long de quelques petites anses sableuses posées entre des falaises abruptes, au gré de coups d'œil vraiment magnifiques sur la côte et le large, l'itinéraire a du charme ; il débouche sur l'une des petites merveilles de ce bout de littoral breton : le port de Dahouët, dominé par la statue de N.-D.-de-la-Garde et niché dans une adorable échancrure

Le Val-André.

de la côte. Le tableau? De jolies maisons de pays et des demeures d'armateurs, des bateaux de pêche en attente de la prochaine marée, des filets qui traînent sur le quai d'où partaient les terre-neuvas autrefois… et là-bas, tout au fond, un bassin de plaisance qui n'a pas réussi à gâcher l'endroit.

LE CAP FRÉHEL ★★★

Grandiose!

Phare - ✆ 02 96 84 19 99 - avr.-oct. : 14h30-17h (sous réserve conditions météo) - 3 € (7-14 ans 1,50 €).

Tous les quatre ans, des milliers de personnes se pressent ici pour voir «s'envoler» les voiliers en course dans la Route du Rhum, peu après leur départ de St-Malo. Voici l'un des caps les plus célèbres de Bretagne, immense falaise de grès rose coiffée d'une lande de bruyères et d'ajoncs, refuge ornithologique d'une foule d'oiseaux nicheurs. L'été, le spectacle est magnifique quand la mer prend des teintes émeraude et que l'œil s'évade jusqu'à St-Malo à l'est, l'île de Bréhat à l'ouest et les îles Anglo-Normandes au large. L'hiver, l'impression est moins riante mais tout aussi grandiose quand les vents soufflent en tempête et que la houle se déchaîne au pied de la «citadelle» rocheuse, apparemment imprenable. Attention, comme tous les sites exceptionnels, il est pris d'assaut… Alors essayez d'éviter l'heure de pointe!

SABLES-D'OR-LES-PINS ★

Inimitable!

Avec son avenue principale large comme les Champs-Elysées, ses hôtels anglo-normands à l'architecture un peu désuète, ses maisons

© René-Vincent Follezou

DU PORT AU CAP D'ERQUY ★★

Le port et le cap!

Petite cité de bord de mer, important port de pêche et capitale locale de la coquille saint-jacques, Erquy peut se résumer en peu de mots… un sympathique centre commerçant, de belles plages, dont celle de Caroual, et donc un port posé au pied d'une falaise spectaculaire. Après une flânerie à hauteur de quais et de chalutiers, obligation de grimper sur ce cap d'Erquy, parmi les pointes les plus majestueuses de la côte. Ici, la roche prend la teinte rose du grès, la lande court autour de sentiers balisés et la vue est carrément époustouflante vers la baie de St-Brieuc. Ne surtout pas hésiter à s'éloigner franchement du parking : la balade réserve de magnifiques surprises comme les plages sauvages et peu fréquentées de Lourtuais et du Portuais. Par là, vous pourrez aussi tomber nez à nez, ou presque, avec quelques débonnaires moutons shetland installés dans quatre enclos.

LE CONSEIL DE MAUD BERNARD

« Ce village de pêcheurs a de nombreux atouts. Ses plages de sable fin, son lac bleu, ses grès roses à découvrir sur l'un des chemins de randonnée qui partent de la ville et puis ses saint-jacques ! »

dans les pins et son casino flambant neuf aux airs floridiens, cette station créée de toutes pièces en 1922 ne ressemble à aucune autre. Rien que pour ça, elle vaut le détour, sans oublier son immense plage bordée de dunes et son étonnante lagune qui se vide et se remplit au gré de la marée.

FORT-LA-LATTE ★★

Fort voisin

02 96 41 57 11 - www.castelalatte.com - avr.-sept. : 10h30-18h (19h juil.-août) - 5,70 € (-12 ans 3,70 €).

On ne compte plus les longs-métrages tournés ici, dont *Les Vikings*, en 1957, avec Kirk Douglas et Tony Curtis, ni les écrivains qu'il a inspirés… Pas étonnant. Construit sur une pointe rocheuse acérée et accessible par deux ponts-levis, ce château fort semble tout droit sorti d'un roman ou d'une bande dessinée. Bâti au 14e s., remanié au 17e s. et restauré au 20e s., Fort-la-Latte est le fier voisin du cap Fréhel, juste séparé de lui par la magnifique anse des Sévignés. Outre la cour intérieure ou le four à boulets, la visite donne accès au chemin de ronde : de là-haut, la Côte d'Émeraude en entier se dessine en un panorama bluffant. Du parking, un sentier pédestre mène jusqu'au site. Si vous en avez l'occasion, approcher ses tours et ses murailles par la mer est assez saisissant.

COQUILLE SAINT-JACQUES

TRÉSOR DE LA BAIE

La baie de St-Brieuc est l'un des gisements de coquilles les plus importants de France. Longtemps anarchique, cette pêche à la drague (une sorte de grand râteau qui racle les fonds marins) avait épuisé le filon au milieu des années 1970. Les pêcheurs, soucieux de leur environnement et de leur gagne-pain, ont alors décidé de réglementer leur activité. Aujourd'hui très contrôlée, cette pêche est un formidable exemple de pêche durable. Elle a lieu de novembre à mars, 3 jours par semaine et pendant 45mn seulement. Surveillés entre autres par les navires et un avion des Affaires maritimes, ce sont des centaines de bateaux qui convergent vers les lieux de pêche, en provenance des ports d'Erquy, capitale de la saint-jacques, de Dahouët ou encore de St-Quay-Portrieux. Il n'est pas rare que certains ramènent au port plus de 1 tonne de coquilles.

Dans les terres

MONCONTOUR ★

Remontée dans le temps

De Lamballe, la route traverse une jolie campagne sur une quinzaine de kilomètres, avant d'aborder cette cité médiévale perchée sur son promontoire rocheux. Si les touristes y viennent nombreux, on est loin de la cohue qui peut régner dans les ruelles du Mont-Saint-Michel ou de la célèbre Locronan, dans le Finistère. Bâtie au 11e s., Moncontour en impose avec son granit puissant, pierre angulaire de ses remparts, de ses charmantes ruelles, de ses robustes demeures ouvragées et de son église St-Mathurin, édifiée au 16e s. Une échappée belle, pas uniquement pour les férus de vieilles pierres.

LA BOUTIQUE ATELIER

Artisans d'art

15 r. Neuve - Moncontour - 02 96 73 49 61.

Un petit repaire monté par trois créatrices pour exposer et vendre leurs pièces originales, bijoux en verre, vêtements et accessoires, poteries, ainsi que les œuvres d'autres artisans.

Pour les gourmands, elles prolongent le plaisir avec un petit rayon de produits gastronomiques bretons.

MAISON PÊCHE ET NATURE DES CÔTES-D'ARMOR

À la pêche aux infos

2 r. des Grands-Moulins - Jugon-les-Lacs - ✆ 02 96 50 60 04 - lun.-vend. 14h30-17h30 (aussi 9h30-12h30 et w.-end juin-sept.).

Cette maison a trouvé un emplacement idéal dans ce village de Jugon, établi dans un vallon ponctué de lacs. Au programme, une mine d'informations et des expositions sur la pêche et les milieux aquatiques. Ici, on vous propose aussi des sorties de découverte de la pêche et de la nature, avec initiation à la pêche au coup et au leurre, jeux de piste au bord de l'étang ou en forêt, sorties crépusculaires, découverte des plantes comestibles, etc.

LE LAC DE GUERLÉDAN ★★

Trésor de l'Argoat

Trop de touristes oublient l'intérieur de la Bretagne, au risque de rater des sites remarquables comme le lac de Guerlédan, formé par la retenue du Blavet, qui étend ses rives sinueuses au cœur d'une belle nature forestière. Des airs de paysage irlandais en plein Argoat! Une petite partie de pêche, un peu de voile... Et pourquoi ne pas faire le tour du lac? Cet itinéraire d'une quarantaine de kilomètres vous embarque en chemin vers l'abbaye de Bon-Repos, l'ancien hameau sidérurgique des Forges-des-Salles, les futaies de hêtres et d'épicéas de la forêt de Quénécan, ou les gorges du Daoulas : véritable entaille dans le schiste, elles tracent une vallée étroite et sinueuse aux versants tapissés de bruyères et d'ajoncs.

INSOLITE

ST-THÉLO ★

À 10 km de Loudéac - Maison des toiles - ✆ 02 96 56 38 26 - www.laroutedulin.com - horaires : se rens. - 5 € (-18 ans 2 €).

Loin des attendus d'une excursion bretonne, ce petit village dévoile le travail et le commerce du lin, qui procura jusqu'au milieu du 20e s. une certaine prospérité à la commune. La Maison des toiles, aménagée dans l'ancienne demeure (18e s.) d'un négociant, retrace l'histoire des célèbres Toiles Bretagne, qui débuta au 17e s., âge d'or du lin! Vous saurez

Kayak sur le lac de Guerlédan

E. Berthier/ hemis.fr

© Eurasia Press/Photononstop

Fort-la-Latte.

tout sur le travail de la petite fleur bleue, de la graine à la toile.

Les plus belles randonnées

LE TOUR DU CAP FRÉHEL ★★

Into the wild

Circuit de 30mn.

Garez-vous au parking du cap Fréhel et filez à pied pour tutoyer l'une des pointes les plus impressionnantes de Bretagne… Au bout du cap, l'ancien phare, une petite tour à feu en granit édifiée en 1702. Un œil sur le large et sur les quelques bateaux de pêche qui viennent se frotter à la houle, continuez le sentier jusqu'aux rochers de la Fauconnière, refuge de goélands, cormorans, pétrels et guillemots… Près du restaurant, un sentier en forte pente aboutit à une petite plate-forme qui vous amène au plus près de cette nature sauvage.

DES LANDES AU FORT-LA-LATTE ★★

Rien à l'horizon

2h AR sans la visite du fort, au dép. du cap Fréhel. Certains passages peuvent être délicats pour les jeunes enfants.

De la Fauconnière, poursuivez le GR34 vers l'est à travers la lande. Au loin, la silhouette de Fort-la-Latte, but de la promenade, se fait de plus en plus nette. Tiens, un petit port de poche au pied de la falaise : il faut quasiment faire de l'escalade pour approcher les petites barques au mouillage, tout en bas… Vous n'êtes pas obligé de descendre. Continuez sur le sentier, l'anse des Sévignés se fait majestueuse : sa plage est quasiment inaccessible. Au-dessus, une frange rocheuse surmontée d'une nature généreuse de fougères, de landes et de pins qui s'accrochent à la pente. Pas une construction à l'horizon, hormis le fort, que vous approchez bientôt, au fil d'un chemin qui, à chaque virage, ouvre sur des points de vue remarquables.

Nos meilleures adresses

Restaurants

CRÊPERIE DES PROMENADES

Cuisine bretonne

18 r. des Promenades - St-Brieuc - ✆ 02 96 33 23 65 - fermé dim.-lun. et le soir mar.-jeu. - 12/25 € - réserv.

Jolie mise en scène contemporaine pour cette crêperie bien connue des Briochins. Galettes de blé noir et crêpes de froment de bon niveau, nourries en grande partie de produits bio.

Ô SAVEURS

Cuisine moderne

10 r. Jules-Ferry - St-Brieuc - ✆ 02 96 94 05 34 - www.osaveurs-restaurant.com - fermé janv. et 2 sem. août, mar. soir, merc. soir et dim.-lun. - formule 16 €, menu 30/58 € - carte 41/54 €..

Difficile d'indiquer quelques-unes des spécialités du chef, car la carte, courte et de saison, change très souvent. Aujourd'hui, terrine de lapin et légumes « pickles » ; cabillaud doré au beurre et risotto à l'encre de seiche ; ananas confit 7 heures et glace à la noisette… Les saveurs sont là, c'est l'essentiel !

L'AIR DU TEMPS
Cuisine moderne
4 r. de Gouët - St-Brieuc - 02 96 68 58 40 - www.airdutemps.fr - fermé vac. scol. fév. et Toussaint, 2 sem. juil., et dim.-lun. - formule 15 €, menu 18 € - carte 30/48 €.
Dans une petite rue en plein centre-ville, près des Halles, un bistrot dont le cachet mêle l'actuel et l'ancien. On y prépare une cuisine traditionnelle revisitée, mitonnée en cocotte (rognons de veau, saint-jacques, porc ibérique…) accompagnée d'une jolie sélection de vins. Grand succès !

LA VIEILLE TOUR
Cuisine moderne
75 r. de la Tour - Plérin - 02 96 33 10 30 - www.la-vieille-tour.com - fermé 4-19 mars, 19 août-10 sept., sam. midi et dim.-lun. - formule 24 €, menu 32 € (sem.), 45/77 € - carte 75/90 €.
Le cadre, très contemporain, jouant sur la lumière et les matières (verre, wengé…), est en totale adéquation avec les saveurs fines et iodées de cette maison de pays, face au chenal. Les produits sont de belle qualité, les cuissons justes et l'harmonie des saveurs très convaincante. À votre Tour !

AU BINIOU
Cuisine traditionnelle
121 r. Clemenceau - Pléneuf-Val-André - 02 96 72 24 35 - fermé vac. fév., mar.-merc.sf juil.-août - formule 18 €, menu 28/39 € - carte 44/50 €.
Depuis longtemps, une valeur très sûre du Val-André. Cuisine gastronomique de belle facture, ni classique ni avant-gardiste.

L'ESCURIAL
Cuisine moderne
Bd. de la Mer - Erquy - 02 9672 31 56 - restaurant-lescurial.fr - fermé 3 sem. janv., jeu. soir et dim. soir hors sais. et lun. - formule 23 €, menu 42 € (déj.), 47/97 €.
Idéalement situé face à la plage, cet Escurial a été repris par un jeune couple, qui a choisi de perpétuer l'esprit de la maison, avec une cuisine dans l'air du temps, valorisant de beaux produits.

LE BISTROT QUI COZ
Cuisine traditionnelle
3 pl. du Bourg-Coz - Rostrenen - 02 96 29 10 71 - fermé mar. soir, dim.-lun. - formule 14 €, menu 16 € (déj. sem.), 18/33 € - carte 29/40 €.
Mobilier dépareillé, chaises chinées et ambiance chaleureuse : cette table, bien dans l'air du temps, joue la carte de la décontraction ! On y déguste de bons petits plats – camembert rôti, *fish and chips* – servis par une jeune équipe dynamique.

Activités

SKI NAUTIQUE CLUB DE GUERLÉDAN
Beau-Rivage - Caurel - 02 99 21 11 00 - www.skiguerledan.fr - juil.-août.
Ski nautique, *wake board* et activités encadrées par des moniteurs diplômés d'État. Possibilité de stages avec hébergement en mobile-home.

AÉRO-CLUB DE ST-BRIEUC-ARMOR
Le Plessis - Trémuson - 02 90 03 23 71 - 9h30-19h et vols de nuit.
Baptêmes de l'air (30 €/pers.) et promenades (forfait découverte 60 €/pers. pour 2-3 pers.) : la côte vue du ciel, entre plaisir des yeux et sensations fortes.

LA PAULINE
Quai des Terre-Neuvas - Pléneuf-Val-André - 02 96 63 10 99 - www.lapauline.com - se rens.
Ce magnifique « lougre flambart » de Dahouët à coque noire et voile rouge vous emmènera sur les flots de la baie de St-Brieuc.

DE SAINT-QUAY-PORTRIEUX À L'ÎLE DE BRÉHAT

★★

Ce bout de côte nord a du chien ! Le littoral égrène ici des falaises impressionnantes, des petits ports de charme, des plages sauvages, le très bel estuaire du Trieux et, au bout du voyage, l'île de Bréhat, véritable pépite à fleur de Manche.

Île de Bréhat - © SGM/age fotostock

L'incontournable – P.79
Bréhat, l'une des îles les plus attachantes de Bretagne.

L'original – P.77
Les lavoirs de Pontrieux, « drôle » de patrimoine.

Les lieux à ne pas manquer

À l'est de la baie

ST-QUAY-PORTRIEUX ★

Coquillages et crustacés

Avec ses belles falaises rocheuses et ses jolies maisons de pierre, cette station de la côte étreint son monde de son charme à l'ancienne. Tournée vers la mer, elle n'est pas seulement balnéaire. Ceux qui aiment les ports de pêche flânent sur les quais de Portrieux, qui changent de visage au rythme de la marée. Les « voileux », eux, arpentent les pontons du port d'Armor, le premier port en eau profonde de la Bretagne Nord, avec ses quelque 1 030 anneaux ! Paradis de la plaisance, le bassin accueille aussi une partie de la flottille de pêche, qui débarque maquereaux, bars, lieus et, de novembre à avril, la fameuse coquille saint-jacques. Une balade à pied ? Le chemin de Ronde, au départ de Portrieux, ménage de belles vues sur la baie de St-Brieuc, longe la plage de la Comtesse, surplombe celle du Châtelet avant d'aboutir au casino.

FALAISES DE PLOUHA ★

Attention au vertige

À 7 km au nord.

Au long du sentier des douaniers, la rumeur court… Les falaises de Plouha seraient les plus hautes de Bretagne, culminant à plus de 100 m. Peu importent les chiffres, ces cathédrales de verdure et de granit plongent avec majesté dans la Manche et dissimulent, entre deux pointes, des grèves sauvages comme la célèbre plage Napoléon, haut lieu de la Résistance bretonne. Un bel itinéraire de 2h (AR) mène du Palus-Plage à la pointe de Beg-Hastel en passant par la pointe de Plouha. Poussez un peu jusqu'à Gwin Zégal, insolite port à pieux : à l'abri d'une petite presqu'île, quelques modestes bateaux de pêche-promenade sont ici amarrés à des troncs d'arbres plantés dans le sable.

TEMPLE DE LANLEFF ★

Une curiosité historique

À 23 km au nord-ouest de St-Quay-Portrieux, par la D 786. À Plouha, prenez la D 21 vers Kermaria et à la sortie de Pléhédel, à gauche.

Drôle d'édifice que ce temple circulaire au cœur d'un bourg breton ! Aujourd'hui en ruine, c'est une ancienne chapelle ou un baptistère bâti au 11e s. par les templiers sur le modèle du Saint-Sépulcre de Jérusalem. À remarquer, les douze arcades en plein cintre qui font communiquer la rotonde avec un bas-côté concentrique, les chapiteaux ornés de petits personnages, animaux, dessins géométriques et feuillages.

PONTRIEUX ★

La perle du Trieux

À 17 km au sud-ouest de Paimpol.

Avant d'aller se jeter dans la Manche vers l'archipel de Bréhat en une magnifique embouchure, le Trieux coule un cours paisible dans la campagne armoricaine. Sur son trajet, le petit fleuve côtier arrose la jolie cité de Pontrieux, à découvrir absolument pour son port de plaisance, sa maison de la tour Eiffel, reconnaissable à ses colombages bleus, et surtout sa cinquantaine de lavoirs construits au fil de l'eau douce de la rivière.

LES LAVOIRS DE PONTRIEUX ★

Au fil de l'eau

Pl. de la Liberté - 06 80 88 00 23 - visite guidée (20mn) de déb. juin à mi-sept. : 11h30-

18h - 4 € (-18 ans 2,50 €) - possibilité de promenade nocturne.
La meilleure façon de découvrir les lavoirs de Pontrieux ? Une mini-croisière en bateau électrique… Et vous saurez tout de ce patrimoine et de l'histoire des lavandières.

Paimpol ★

LA VILLE

Port d'attache

Autour de son port, que les bateaux de la grande pêche à la morue – souvenez-vous du roman *Pêcheur d'Islande*, de Pierre Loti – ont depuis longtemps déserté, Paimpol a le caractère de ses vieilles pierres. À l'abri de sa baie, la ville est surtout un passage incontournable, un camp de base parfait pour filer randonner sur la côte du Goëlo, explorer l'île de Bréhat ou encore découvrir le Trieux en bateau…

LA MAISON DU KABIC

Dress-code marin

Quai Armand-Dayot - 02 96 55 12 38 - lun.-sam. 9h45-13h30, 14h-19h, dim. 10h45-12h30, 14h30-18h30.
Un ciré, un caban, un duffle-coat… Voilà la bonne adresse – fondée en 1922 – pour s'habiller « marin » de la tête aux pieds. À essayer aussi, le fameux kabic de laine, imperméable inventé à Paimpol.

ABBAYE DE BEAUPORT ★

Chef-d'œuvre littoral

Kérity - Paimpol - 02 96 55 18 55 - juil.-sept. : 10h30-19h ; reste de l'année : se rens. - 6 € (-18 ans 3,50 €).
Elle est si proche de l'eau qu'elle appartient au Conservatoire du littoral. Dans un superbe environnement entre terre et mer, cette abbaye fondée au 13e s. est l'un des sites majeurs de la région. L'église, sa façade et sa nef à ciel ouvert, le réfectoire, le cloître, l'aumônerie ou le bâtiment au duc… l'exploration est passionnante et porteuse d'une grande spiritualité. Plus qu'une série de vestiges en sommeil, l'abbaye de Beauport est un lieu bien vivant qui accueille de nombreuses manifestations comme des expositions ou des concerts.

POINTE DE L'ARCOUEST ★★

Quel coup d'œil!

De Paimpol, la route passe Ploubazlanec

L'abbaye de Beauport.

et son port de Pors-Even en contrebas… On poursuit et, d'un coup, une vue formidable nous cueille au détour d'un virage : les mille îles et îlots de l'archipel de Bréhat. Plein les mirettes ! Sur la gauche de la route est érigé un monument à la mémoire de Frédéric et Irène Joliot-Curie, qui avaient leurs habitudes par ici. La descente jusqu'au bout de la pointe n'en finit plus d'émerveiller. Au bout de la cale, les vedettes qui font la navette vers Bréhat vous attendent pour visiter cette île magnifique aux doux rochers roses.

© R. Mattes/mauritius images/age fotostock

Une chaumière à Bréhat.

Île de Bréhat ★★

GRÈVE DU GUERZIDO

Un petit coin de paradis

À la pointe sud-est de l'île, près du mouillage de la Chambre, voici la seule véritable plage de Bréhat. Le tableau ? Des eaux limpides, des îlots aux rochers roses, un petit centre nautique et un peu plus loin, là-bas, les côtes du continent. Idyllique !

LE BOURG

L'épicentre de Bréhat

Son cœur bat sur une placette ronde plantée de platanes. L'hiver, personne ou presque. L'été, c'est la foule ! À voir, l'adorable église des 12e et 18e s., avec son curieux clocher, son cimetière et, à l'intérieur, la maquette de la dernière frégate de Bréhat, patronnée par l'amiral Cornic.

LA CHAPELLE ST-MICHEL

Solitaire

Murs blancs et toits de tuile, elle se dresse au sommet d'un tertre rocheux à 26 m au-dessus du niveau de la mer. On resterait bien là pendant des heures, à scruter le panorama exceptionnel qui embrasse l'étang du Birlot et son moulin à marée, l'île Béniguet, les centaines de cailloux semblant ricocher à la surface de la mer, la baie de la Corderie et, plein ouest, le sillon du Talbert.

LA CROIX DE MAUDEZ

En hommage au moine

Érigée en 1788 en souvenir du moine Maudez, qui vint fonder un monastère sur une île voisine, en 570, elle s'élève en pleine lande, face à la mer. Beau point de vue sur les îles Béniguet et Maudez.

LA CORDERIE

Mer intérieure

Immense baie bordée de villas, plus ou moins cachées et parmi les plus belles du « caillou ». La Corderie sépare l'île sud de l'île nord, reliées au fond de l'anse par le pont Ar Prat, appelé aussi pont Vauban.

LES PHARES DE L'ÎLE NORD

Les vigies de Bréhat

Plus on pousse vers le nord, plus l'île est sauvage et plus les constructions se font rares, laissant le champ libre à la lande et aux cailloux. Datant de 1862, le phare du Rosédo est construit en pleine terre… mais le site le plus ébouriffant de l'île nord reste sa pointe extrême surmontée du phare du Paon, bâti en porphyre rouge. Tout autour, de la roche et encore de la roche, et la mer qui, inlassablement, continue à déchiqueter une côte déjà bien entaillée.

© M. Gaspar/Michelin

TOUR DE L'ÎLE EN BATEAU ★★

Le vent en poupe!

Tour de l'île et excursions : dép. de Binic, St-Quay-Portrieux, Erquy, Pléneuf-Val-André, pointe de l'Arcouest. Vedettes de Bréhat - 02 96 55 79 50 - www.vedettesdebrehat.com - tour de l'île (par pointe de l'Arcouest) : 15 € (-11 ans 11 €) ; excursion : 32 € (-11 ans 23,50 €).

Vous avez le pied marin ? Ne vous contentez pas de la petite traversée au départ de la pointe de l'Arcouest. Avant de débarquer sur la terre ferme, le tour de l'île offre une vision extraordinaire de Bréhat, des rochers roses qui font face au continent, de l'adorable mouillage de la Chambre, de la pointe du Paon et de son phare, battus par le vent et les embruns, et des nombreuses îles voisines qui révèlent mille visages au gré du temps et des marées.

LE CONSEIL DE MAUD BERNARD

« Il vous faudra une bonne journée pour découvrir toute la beauté de l'île, ses plages, ses petits murets et sa végétation luxuriante. »

ST-RIOM

Exilés involontaires

Sur la côte nord-est de Bréhat, ce petit hameau aujourd'hui en ruine était autrefois dévolu aux lépreux.

LE PETIT TRAIN

Pour les anti-marche à pied!

06 86 77 85 46 - 9 € (-12 ans 4 €).

Un circuit de 40mn, bien installé dans un petit wagon tiré par un tracteur, ça vous dit ? Le moyen le moins fatigant d'explorer l'île, d'apercevoir les belles villas cachées dans des jardins tirés à quatre épingles, et de s'offrir quelques coups d'œil imprenables sur la mer.

VERRERIES DE LA CITADELLE

Artisanat d'art

Du débarcadère, suivez le chemin signalisé (15-20mn env.) - 02 96 20 09 09 - ateliers : tlj sf w.-end 10h-13h, 14h-16h45 ; boutique : tlj 10h-13h, 14h-17h45 - 2 € (déductibles des achats).

En 1998, cet atelier de verrerie s'est installé

dans l'écrin d'un fort construit sous Napoléon III, sur une falaise qui surplombe le Port-Clos. Depuis, ses créations s'exportent bien au-delà des frontières de la Bretagne. Avant de passer à la boutique, visitez les ateliers, dont celui des souffleurs de verre, toujours spectaculaire.

INSOLITE

BALADES DE KÉRANO

Le Birlot - ✆ 02 96 20 06 75 - www.kerano.com - 12 € (-11 ans 6 €) - réserv.

Une visite de l'île par le prisme de ses légendes, voilà ce que fait vivre aux groupes une petite troupe de comédiens et de conteurs. Original.

Nos meilleures adresses

Restaurants

BISTROT LA MARINE

Cuisine du terroir

38 quai de la République - St-Quay-Portrieux - ✆ 02 96 70 87 38 - www.bistrotlamarine.com - fermé jeu..

Une bonne bouille de bistrot typique, posé sur le vieux port. Pour boire un verre de vin et grignoter quelques tapas bretonnes dans une ambiance rassembleuse, ou s'attabler au restaurant de l'étage avec vue sur les bateaux. Terrasse et jardin.

AUBERGE DU TRIEUX

Cuisine traditionnelle

1 imp. du Four-Neuf - Lézardrieux - ✆ 02 96 20 10 70 - www.auberge-du-trieux.com - fermé vac. fév., de Toussaint et de Noël, mar. soir, merc.-jeu. d'oct. à avr. - formule 13 €, menu 22/50 € - carte 28/41 €.

Attaché à faire vivre son auberge, le chef, originaire du pays, propose une cuisine du terroir mâtinée de quelques touches actuelles. Une adresse chaleureuse.

TY KRAMPOUZ

Cuisine bretonne

11 pl. du Martray - Paimpol - ✆ 02 96 20 86 34 - fermé dim. - 10/25 €.

Décor rustique pour cette crêperie du centre-ville. Crêpes et galettes d'excellente tenue et accueil gentil comme tout des patrons.

L'ISLANDAIS

Cuisine bretonne

19 quai Morand - Paimpol - ✆ 02 96 20 93 80 - www.hotel-kloys.com - 18,50/40 €.

Crêperie, bar et restaurant… Et cette impression de manger à la table du capitaine d'une goélette en route pour l'Islande.

RESTAURANT DE LA MARNE

Cuisine moderne

30 r. de la Marne - Paimpol - ✆ 02 96 16 33 41 - www.hoteldelamarne-paimpol.com - fermé 25 juin-2 juil., 1re quinz. oct., 8-30 janv., sam. midi hors sais., dim. soir et lun. - formule 21 €, menu 29 € (sem.), 39/85 € - 62/103 €.

Auberge en pierre datant du 19e s., dynamisée par des propriétaires qui proposent une cuisine créative pleine d'à-propos… Le service ? Efficace et très aimable.

LE 360° - LES TERRASSES DE BRÉHAT

Cuisine moderne

Pointe de l'Arcouest (Ploubazlanec) - à 6 km au nord de Paimpol - ✆ 02 96 55 77 92 - www.lesterrassesdebrehat.fr - fermé 22 déc.-15 janv. et midi hors sais. - formule 13 €, menu 20/40 € - carte 37/53 €.

Près de l'embarcadère pour Bréhat… De la terrasse et de la véranda, vue géniale sur l'île et la mer. Dans les assiettes, cuisine ambitieuse et soignée.

LA VIEILLE AUBERGE

Cuisine traditionnelle

Le Bourg - Ile-de-Bréhat - ✆ 02 96 20 00 24 - www.brehat-vieilleauberge.com - 18/33 €.

Dans une ancienne maison de corsaires du 18e s., gîte dans quelques jolies chambres et couvert dressé dans la cour fleurie. La cuisine ? Traditionnelle sous influence marine.

DE TRÉGUIER À TRÉGASTEL

★★

C'est ici que l'on prend conscience de l'expression « Côtes d'Armor », entre tohu-bohu rocheux, camaïeu des verts et des bleus des dunes et de la mer, lumières changeantes au gré des saisons et des instants de la journée.

Ploumanach - © L. Montico/hemis.fr

L'incontournable – P.83

Les rochers de Ploumanach, comme de jolies meringues roses, sont des sculptures de concrétions naturelles posées sur le littoral dans un chaos poétique.

L'original – P.85

Pleumeur-Bodou, remarquable amer technologique dressé sur le trait de côte entre les Sept-Îles et la baie de Lannion.

Les lieux à ne pas manquer

Sur la côte de Granit rose ★★

Il faut venir le voir pour le croire, parcourir ses sentiers tôt le matin ou au coucher du soleil, pour saisir toutes les nuances de la Côte de Granit rose. Elle se teinte tantôt d'un brin de magie, tantôt d'un peu de mystère, toujours éclatante et dentelée, elle est un camaïeu qui va du rose pâle au rouge délavé.

PERROS-GUIREC ★

Vivifiant!

Voilà l'une des stations balnéaires les plus prisées de Bretagne. « Perros », comme l'appellent les Bretons, c'est la garantie de faire le plein d'iode! Voile, kayak, surf, paddle, plongée, et même longe-côte… s'y pratiquent toute l'année. Sans oublier, si on préfère garder les pieds au sec, ses nombreux sentiers côtiers.

PLOUMANACH ★★

La flamboyante

Maison du littoral - ✆ 02 96 91 62 77 - juil.-août : 10h-13h, 14h-18h ; reste de l'année : se rens.

Son phare rose accroché à ses rochers arrondis, comme sculptés par un Botero breton, est sans doute l'un des paysages les plus photographiés de Bretagne. À la pointe ouest de Perros-Guirec, le petit port de pêche de Ploumanach s'offre volontiers aux vents et marées et son granit s'est ainsi dessiné au gré des courants. Un granit d'un rose unique, notamment à l'heure où le soleil darde ses derniers rayons. Outre ses rochers, Ploumanach abrite deux très jolies plages, la Bastille et l'anse St-Guirec, des sentiers douaniers, deux moulins à marée au fond du port. Un lieu atypique à voir absolument.

Trégastel ★★

PLAGE DE COZ-PORZ

Quand les rochers prennent vie

C'est somme toute un site un peu typique : la mer, le sable, les rochers et leurs formes érodées amusantes. Pourtant, cette plage offre un spectacle rare et incessant pour peu qu'on admire ses rochers aux noms évocateurs : ici le Tas de crêpes, là la Tête de mort, en face l'île Ronde et, dansle prolongementde la jetée, le Dé.

INSOLITE

LE SANT C'HIREG

Pl. du Coz-Pors - ✆ 06 85 92 60 61 - www.santguirec.com - horaires selon marées - 26/30 € la 1/2 journée, 42 € la journée (-12 ans 20/28 €).

Sa coque verte est reconnaissable entre mille et, lorsqu'il hisse ses voiles rouges pour filer vers les Sept-Îles, les Trégastellois sont fiers. Le Sant C'hireg est une légende dans le coin. À bord de cette réplique d'un langoustier de Camaret des années 1920, on participe aux manœuvres, on écoute les explications sur la biologie marine et l'histoire des Sept-Îles. Nez au vent on se laisse aller, on se prend pour un capitaine au long cours… À tenter.

GRÈVE BLANCHE ★

La sublime

Elle porte bien son nom, cette longue et sublime Grève Blanche de Trégastel-Plage. En posant le premier pied nu sur son sable, la sensation de « velouté » est surprenante. En contrebas du sentier douanier, elle a la préférence des familles, qui viennent y goûter la douceur de vivre. À son extrémité est, deux amas de roches attirent l'œil : le Roi Gradlon, sur la couronne duquel on a une vue sublime, et le drôle de Tire-Bouchon. Au large, on voit l'île aux Lapins et les îles des Triagoz.

C'est un peu ça qu'on respire ici, dans ce havre de verdure et de paix où une flore extraordinaire séjourne à l'année. Pour ajouter un peu de piquant, on y raconte les

ÎLE RENOTE ★★

Aller voir la boule

On dit ici que l'île Renote était jusqu'en 1885 une vraie île. Mais, depuis, une chaussée la relie au continent et en fait une presqu'île. Si on y accède en voiture, l'île n'est destinée qu'aux piétons, qui apprécieront la balade au milieu des blocs de granit rose, de la lande et des pins. Il faut se rendre jusqu'à la pointe du Gouffre pour admirer la vue sur les Sept-Îles au nord, Ploumanach à l'est et la baie de Ste-Anne au sud. Là se niche un amas de rochers typiques du coin, qui à marée basse dévoilent une curiosité géologique assez surprenante : la boule. À vous de savoir la découvrir si l'accès, un peu difficile, ne vous effraie pas, cela vaut le coup d'œil.

ÎLE MILLIAU ★

Havre de paix

DeTrébeurden, on rejoint Le Castel. De là on accède à pied à marée basse à l'île Milliau. Calme, luxe et volupté…

TRÉGUIER★★

Au fond de la ria

Cathédrale – 02 96 92 30 51 - juil.-août : 8h30-19h ; reste de l'année : se rens. - gratuit sf cloître et trésor 2 €.

Le charme singulier qui émane des villes-ports saisit le promeneur au cœur et Tréguier ne manque pas à cette caractéristique. Vraiment, la capitale historique du Trégor a fière allure. Dès l'entrée de la ville, face au port, par la rue Ernest-Renan (qui y naquit), les hautes maisons à colombages et de granit rose s'élèvent avec élégance et caractère. En remontant la jolie ruelle, on aperçoit la cathédrale St-Tugdual (du nom de l'un des 7 saints fondateurs bretons), l'une des plus belles de la région, qui rappelle que Tréguier fut un évêché important. Ses trois tours interpellent le visiteur dans toute la campagne environnante et on ne peut manquer la visite de ce chef-d'œuvre des 14e et 15e s. Alentour, s'étend la place du Martray, où trône une statue d'Ernest Renan, monument qui épouvanta les catholiques au début du 20e s. De là, on rejoint la rue Saint-Yves – personnage incontournable de la ville. Les amateurs de promenades bucoliques iront marcher au bois du Poète, le long du Guindy.

histoires d'amour de Mme Jourdan…

POINTE DE BIHIT ★

Pointe radieuse

La route de Porz-Mabo domine la plage de Tresmeur et procure de belles vues sur les îles. Prenez le chemin sur la droite. La vue est saisissante. De là on voit l'île Grande voisine, au nord, mais aussi l'île de Batz et Roscoff, bien plus à l'ouest, et pour un peu de farniente, la route descend vers Porz-Mabo, longue plage de sable fin.

SILLON DE TALBERT

Étrangeté naturelle

À l'extrême pointe de la presqu'île Sauvage. Maison du littoral - r. du Sillon - Pleubian - ✆ 02 96 16 54 67 - juil.-août : 14h-18h ; reste de l'année : se rens.

Comme une flèche défiant la mer, une virgule narguant les éléments, le sillon de Talbert est une curiosité géologique à découvrir. Emprisonné entre les courants du Jaudy à l'ouest et ceux du Trieux à l'est, et soumis à la pression des marées, s'est formé là ce que le géographe nomme un cordon littoral. Long de 3 km, c'est un mélange de sable et de galets et une réserve naturelle régionale à voir assurément.

Dans les terres

PLEUMEUR-BODOU - CITÉ DES TÉLÉCOMS ★★

Liaisons transatlantiques

Parc du Radôme - ✆ 02 96 46 63 80 - www.cite-telecoms.com - juil.-août : 10h-19h ; avr.-juin et sept. : 10h-18h, w.-end 14h-18h ; vac. fév., Toussaint et Noël : 10h-18h, dim. 14h-18h - 7,50 € (-12 ans gratuit).

Quelle surprise d'apercevoir ce dôme blanc au cœur de la verdure, comme un œuf immaculé posé dans la nature. Une secte peut-être ? Non ! le radôme, 64 m de diamètre tout de même, qu'il faut venir découvrir dans cette cité dédiée aux télécommunications, et qui, en juillet 1962, fut témoin de la première liaison transatlantique entre la France et les États-Unis *via* le satellite Telstar. Depuis, un spectacle son et lumière assez féerique et un musée racontent l'histoire du radôme, vraie fierté bretonne.

PLANÉTARIUM DE BRETAGNE ★

Sous les étoiles

Parc du Radôme - ✆ 02 96 15 80 30 - www.planetarium-bretagne.fr - séances d'astronomie (50mn), prog. et h se rens. au 02 96 15 80 32 - fermé janv., sam. (hors vac. scol.), dim. (2 nov.-19 déc.), 24-25 et 31 déc. - 7,50 € (-17 ans 6 €) ; 21 € billet famille..

Il ne faut pas manquer cette visite si vos enfants sont fascinés par la voie lactée et le système solaire. Ciel étoilé diffusé sur un écran à 360° sous une coupole de 20 m de diamètre, effet garanti que même les grands apprécient.

LE VILLAGE GAULOIS

Solidarix par Toutatis

Parc du Radôme - ✆ 02 96 91 83 95 - www.levillagegaulois.org - juil.-août : 10h30-19h ; avr.-juin et sept. : tlj sf sam. 12h-18h - 6 € (-14 ans 5 €).

On les connaît les irréductibles Gaulois dont le village se trouve quelque part en Armorique… Mais ici, ils se sont tournés vers l'Afrique et l'humanitaire et vous proposent parcours et jeux en bois. L'argent récolté sert les actions de l'association.

GOLF DE ST-SAMSON

Parcours en bord de mer

Rte de Kérénoc - Pleumeur-Bodou - ✆ 02 96 23 87 34 - www.golfhotel-saint-samson.com - 7h30-20h - 37/60 € le greenfee.

On peut ne pas savoir manier le club et venir ici pour apprécier la beauté du site, entre lande et pinède, et ses vues panoramiques sur la côte. On peut aussi aimer jouer au golf et s'offrir un parcours inédit.

LANNION ★

La ville-pont sur le Léguer

Église - ✆ 02 96 37 22 51 - 10h-17h - gratuit.

Connue pour être un pôle ultramoderne de télécommunications, Lannion est aussi une ravissante ville et une cité millénaire dont le vieux quartier bordé par le Léguer est jalonné par une série de maisons anciennes des 15e et 16e s. assez uniques. À pans de bois ou d'ardoises, à colombages ou à encorbellement, elles posent au milieu des venelles pavées où il est agréable de se promener. Pour veiller sur la ville, bâtie sur la colline des Templiers, l'église de Brélévenez hisse la pointe de son clocher-tour vers le ciel, on va la voir.

CHÂTEAU DE TONQUÉDEC ★

Au temps des seigneurs de Bretagne

Tonquédec - ✆ 02 96 54 60 70 - www.tonquedec.com - 21 juin-21 sept. : 10h-19h ; reste de l'année : se rens. - 5 € (-12 ans 2,50 €).

En suivant le Léguer vers le sud, on découvre au cœur d'une forêt qui surplombe le fleuve les tours et les donjons de Tonquédec. Plus près encore, on devine le pont-levis… Les enfants sont ravis ! Les ruines de ce château fort, vestiges d'une époque où les seigneurs du duché de Bretagne se livraient des guerres fratricides, forment un site exceptionnel. Et, pour ceux qui voudraient vivre quelques instants comme au Moyen Âge, ici, des scènes du quotidien médiéval, notamment des combats, sont jouées dans les cours du château. Les enfants sont enchantés.

Lannion.

© PackShot/Fotolia.com

INSOLITE

LA VALLÉE DES SAINTS À CARNOËT ★

À 14 km au nord de Carhaix (D 787, puis D 97 jusqu'à Carnoët) Quénéquillec - ✆ 02 96 91 62 26 - www.lavalleedessaints.com.

Un rêve de granit et un projet fou ! Depuis 2009, une douzaine de sculpteurs taillent dans le granit des statues monumentales de saints bretons. Objectif : ériger mille statues sur la colline de St-Gildas qui offre une vue à 360° sur toute la campagne alentour. Fin 2017, déjà quatre-vingt de ces monuments de vingt tonnes et trois mètres de haut se dressaient sur des étendues de bocages et de prairies s'étendant à perte de vue. De styles très divers (l'art brut n'est pas loin, mais on pense aussi aux alignements mégalithiques, à l'île de Pâques ou à Disneyland), elles figurent les saints fondateurs des pays bretons (Corentin, Tugdual, Samson, Brieuc…).

Les plus belles randonnées

PLAGE DE ST-GUIREC

Galerie de rochers

À Ploumanach. Après la sublime promenade le long du sentier des douaniers, voici une bien jolie récompense que cette petite anse abritée d'où l'on voit les merveilleux rochers roses : la Tête de mort, le Sabot renversé, le Pied… Et puis, à l'extrémité gauche, on va voir l'oratoire voué à saint Guirec, dont la statue de granit, les pieds dans l'eau à marée haute, est bien connue des jeunes filles en quête d'un fiancé : elles viennent ici planter une épingle à chignon dans le nez du saint…

© RicoK69/iStock

SENTIER DES DOUANIERS ★★

Tableau vivant

Au départ de la plage de Trestraou à Perros-Guirec - 1h45 jusqu'à Ploumanach, 3h jusqu'à Trégastel.

On oublie l'appareil photo pendu au cou, on profite et on consigne les merveilles que l'on voit dans un coin de sa tête pour y revenir les jours gris de déprime. Ce sentier des douaniers est sans doute le plus beau de la Bretagne. On saisit alors toute la puissance des éléments, toutes les nuances de couleurs dont peut se parer la côte et l'engouement que la Bretagne provoque chez les touristes. À propos de touristes, s'il vous est possible de venir ici hors saison – soit avant le 20 juillet et après le 25 août –, alors vous serez plus tranquille et n'aurez pas l'impression de suivre une procession comme cela peut être le cas certains jours d'été. Il faut aussi préférer partir le matin, à marée haute et d'est en ouest (de Perros vers Ploumanach) ou bien en fin d'après-midi en sens inverse. Enfin, il faut prendre son temps, certaines vues méritent une contemplation appuyée, notamment les fameux rochers roses de Ploumanach.

La plus belle excursion

LES SEPT-ÎLES ★★

Semaine insulaire

✆ 02 96 91 10 00 - www.armor-navigation.com - avr.-sept. et vac. scol. : dép. tlj de Perros-Guirec (Trestraou) ; juil.-août : dép. de Ploumanach et Trégastel - excursion 2h : 18 € (3-12 ans 12 €) - excursion 2h30 avec escale à l'île aux Moines : 21 € (3-12 ans 14 €) - réserv. conseillée. L'été, excursions organisées aussi par la station ornithologique de l'île Grande.

Rouzic, Malban, les Costans, Bono, l'île aux Moines, l'île Plate et le Cerf constituent cet archipel (280 ha, dont 240 ha d'estran) déclaré réserve ornithologique en 1912.

ÎLE ROUZIC

L'île aux fous

On ne peut pas débarquer sur cette île, mais le bateau s'approche, notamment de sa côte nord, où, de février à septembre, vient nicher une très impressionnante colonie (38 888) de fous de Bassan, le plus grand des oiseaux de mer d'Europe. Vous le reconnaîtrez à son long bec et à ses yeux cernés de noir, au plumage de sa tête légèrement orangé et au bout de ses ailes blanches et pointues, qu'il a sans doute trempé dans un pot d'encre noire… À l'île Grande, sur le continent en face, on peut les observer à la station ornithologique grâce à une liaison vidéo. Sur Rouzic, on peut voir aussi des guillemots, des pingouins torda, des goélands bruns, argentés ou marins. Et si vous regardez bien à la surface de l'eau, de petites têtes rondes affleurent… Ce sont les phoques gris, qui vivent ici en colonie.

ÎLE AUX MOINES

Balade patrimoniale

Le bateau accoste et fait escale environ 45mn, le temps d'aller voir la poudrière, le phare – d'où la vue est superbe –, le fort Vauban (en ruine) et l'ancien monastère et sa chapelle.

LES SEPT-ÎLES

ÎLES AUX OISEAUX

Certaines îles sont couvertes d'une couche blanche suspecte qu'on devine au loin depuis le bateau… En approchant, on comprend que ce sont des fientes de volatiles. Car voilà leur paradis sur terre. Pas moins de 25 000 couples d'oiseaux marins nichent ici depuis des décennies, faisant des Sept-Îles la plus grande réserve ornithologique du pays. L'archipel n'est pas très éloigné du continent et l'on est parfois surpris de voir ses îles depuis certains lieux sur la côte, comme, par temps clair, lorsqu'on est sur la butte de l'auberge de jeunesse de l'île de Batz, à l'ouest.

Nos meilleures adresses

Restaurants

LE MANOIR DU SPHINX

Cuisine moderne

67 chemin de la Messe, plage de Trestignel - Perros-Guirec - 02 96 23 25 42 - www.lemanoirdusphinx.com - fermé 12 nov.-5 déc., 28 janv.-7 mars, lun. sf le soir d'avr. à sept., dim. soir d'oct. à mars et vend. midi - menu 25 € (déj. sem.), 32/53 € - carte 54-103 €.

De la salle à manger de cette belle maison, élégante et feutrée, on surplombe le jardin et la côte rocheuse. Une vue panoramique à couper le souffle, qui ne donne que plus de relief à des plats privilégiant producteurs et pêcheurs locaux ; la cuisine unit terre et mer dans une jolie symphonie gustative.

LA MAISON DE MARIE

Cuisine moderne

24 r. Gabriel-Vicaire, La Clarté - Perros-Guirec - 02 96 49 05 96 - fermé dim. soir et lun. - formule 25 €, menu 33/72 € - carte 48/58 €.

Cette élégante maison en granit rose semble vibrer à l'unisson de la côte... Le chef, Daniel Jaguin, a pour boussole les beaux produits de la région (saint-jacques des Côtes-d'Armor, huîtres de Lanmodez, etc.), qu'il agrémente avec une pointe d'originalité – notes exotiques, épices lointaines. Clair comme de l'eau de roche !

LES TRIAGOZ

Poissons et fruits de mer

Bd du Coz-Porz - Trégastel - 02 96 15 34 10 - www.lestriagoz.fr - fermé mar. et merc. midi sf avr.-sept. - formule 16,80 €, 29/59 €.

Le site est idéal, les pieds dans le sable, face aux célèbres rochers… On y vient le soir pour admirer le coucher du soleil tout en dînant d'une cuisine aux accents marins.

L'ABRI DES BARGES

Poissons et fruits de mer

Moulin du Carpont - Trédarzec - 02 96 40 04 04 - www.abridesbarges.com - fermé de mi-nov. à fin mars - carte 31/86 €.

Sur l'estuaire du Jaudy, cet ancien joli moulin à marée abrite un lieu d'exposition et un restaurant. Cuisine

© Y. Regaldi/ZenShui/Photononstop

Rochers-perchoirs dans les Sept-Îles.

issue de la pêche et du marché du jour.

L'ANTHOCYANE
Cuisine moderne
25 av. Ernest-Renan - Lannion - ✆ 02 96 38 30 49 - www.lanthocyane.com - fermé 2 sem. mars, 1 sem. fin juin, 2 sem. oct., dim. soir et lun. - menu 25 € (déj. sem.), 36/68 € - carte 36-54 €.
Les Lannionais étaient ravis d'accueillir ce nouveau restaurant, dont le chef a séduit immédiatement leurs papilles par une cuisine du marché inventive avec des produits locaux et de saison. La carte est courte, c'est bon signe !

LE TEMPS DES CERISES
Cuisine bretonne
Lieu-dit l'Hôtel - Tonquédec - ✆ 02 96 46 48 63 - 16/25 €.
Pour découvrir la gastronomie locale, il faut venir ici, dans ce restaurant-bouquinerie atypique où l'on sert galettes, crêpes et *kig ha farz*, un plat originaire du Finistère Nord voisin.

Activités

CENTRE ACTIVITÉS PLONGÉE
54 corniche de Goas-Treiz - Trébeurden - ✆ 02 96 23 66 71 - www.plongeecap.com - avr.-nov. - 49 € le baptême.
Ce centre, l'un des plus réputés de France – du baptême à la formation professionnelle –, profite des fonds marins exceptionnels de la Côte de Granit rose.

PONANTSHOP
2 r. du Mar.-Joffre - Perros-Guirec - ✆ 02 96 23 18 38 (ou 06 17 18 20 55, annexe plage de Trestraou l'été) - www.ponantsurfschool.fr -.
Toute l'année, quel que soit le temps, les enfants du coin s'adonnent à la pratique du surf sur les plages de Perros et notamment à Trestraou. Les plus grands aussi. Les sports de glisse et nautiques sont ici comme une religion et cette boutique spécialisée propose certes du matériel à la location et à la vente, mais aussi des cours (25 €/h) et des stages (3/5 j., 105/145 €) de surf, sup et longe-côte.

CLUB DE KAYAK
R. St-Christophe - Lannion - ✆ 02 96 37 05 46 - www.lannionck.fr - été : 9h-17h30 - hors sais. : sur réserv. - fermé certains w.-ends - tarif mini : 7,50 €/h.
Le kayak de mer est une activité très prisée en Bretagne Nord. On voit la côte d'un point de vue inédit, on affleure le récif, on longe les plages, c'est bien agréable. Ici, on la pratique dans la baie de Lannion mais aussi sur le Léguer. Des stages sont organisés.

MATHIEU AUMONT
AMBASSADEUR GOURMAND DE LA BAIE DE ST-BRIEUC

© Sacha Drouard Photographie

→ **Homme de salle passé avec brio en cuisine, Mathieu Aumont aime la mer qui le lui rend bien. Sa cuisine naturelle fait la part belle aux légumes et aux coquillages.**

J'ai toujours aimé ma ville natale, Brest, pour son côté maritime, même si j'ai déménagé à St-Brieuc très jeune. Je revois les départs vers Ouessant, les pêcheurs du Conquet déchargeant les crabes, le *Fromveur*, ce puissant bateau qui dessert l'archipel de Molène et franchit des courants parmi les plus violents d'Europe. Et je reste frappé par la variété des effluves que la mer exhale ; la rade de Brest ne sent pas comme la baie de St-Brieuc, ni comme le Morbihan avec son littoral planté de pins.
Je passais toutes les vacances d'été dans les fermes des Côtes-d'Armor (ma mère sillonnait la campagne en tant qu'assistante sociale). J'ai vu tuer le cochon, préparer saucisses et pâtés sur place, quand c'était encore autorisé [rires]. Ma famille achetait un demi-cochon pour l'hiver. Nous habitions près d'une ferme, j'allais y chercher du lait et des œufs. Mon enfance est remplie de souvenirs culinaires : potée du dimanche midi, bouillon au vermicelle du soir, les crêpes que ma grand-mère préparait avec une galetière dans la cheminée…

Le restaurant

AUX PESKED
En ville… et déjà à la campagne : décorée dans un style résolument contemporain, cette maison offre une vue plongeante sur les rives verdoyantes du Gouët. Logiquement, les *pesked* (« poissons » en breton) sont à l'honneur, très frais et cuisinés avec soin ; pour les accords mets et vins, on suit les conseils judicieux de la patronne, qui tient les clés de la cave…

→ 59 r. du Légué - St-Brieuc - 02 96 33 34 65 - www.auxpesked.com - fermé lun., sam.midi et dim. soir - formule 25/29 € (déj. sem.), menu 50/65/85 €.

© Sybilca

Ma passion pour la cuisine est née en salle, quand je suis entré *Aux Pesked*, une adresse déjà renommée dans la région. Au bout de six mois, en 2002, le propriétaire me laissait les clefs, à 29 ans. Avec mon chef, on a obtenu une étoile au bout de trois ans. Après son départ, j'ai dit à Sophie, mon épouse, qui me soutient depuis toujours : « je veux me lancer en cuisine ». Pendant deux ans, je n'ai pas quitté mes fourneaux, de 7h à 2h du matin. En 2006, Le Guide Michelin nous laissait l'étoile. Je renaissais comme cuisinier étoilé !

Je voulais exprimer le côté naturel de la cuisine, retrouver la véritable identité des produits, me tourner de plus en plus vers la nature et le végétal. J'admire les cuisines hyper techniques, mais je ne pouvais pas et ne voulais pas m'inscrire dans ce code.

« …retrouver la véritable identité des produits, me tourner de plus en plus vers la nature et le végétal. »

À mes yeux, la Bretagne et sa tradition imprègnent tout ce que je fais. Le restaurant est proche du port et il y a cinq marchés par semaine à moins de trois kilomètres. Comme l'Alsace, la Bretagne est un terroir de marchés. Et mes clients y retrouvent mes propres producteurs. Un gage de confiance !

Toutes mes recettes partent des produits et des saisons, très souvent d'un légume – je travaille avec des producteurs bio. Je suis aussi fou de coquillages à peine cuits, voire crus : quand j'apprête mes saint-jacques de plongée, j'ai du mal à ne pas en croquer une… ou même plusieurs.

Pour nous, le restaurant est un tout dont la cuisine est le porte-drapeau. Les clients doivent s'y sentir hors du temps, même lors d'un déjeuner d'affaires.

LE FINISTÈRE

×

Dans ce bout du monde, la côte est assaillie toute l'année par l'océan. Cette confrontation des éléments donne au Finistère son caractère bien trempé, d'une beauté rude mais également envoûtante. Avec son littoral découpé, ses îles et ses archipels, ses petites montagnes, ses forêts, ses églises de granit, ses plages de sable fin, ses criques, le département recèle mille secrets. Il ne tient qu'à vous de les découvrir.

La pointe de St-Hernot, dans la presqu'île de Crozon.

→ **Guide de randonnée, Marie-Pierre l'Aot connaît les coins les plus secrets du Finistère et accompagne les randonneurs autour de la pointe du Raz ou sur l'île de Sein en leur racontant de belles histoires.**

MARIE-PIERRE L'AOT

UNE FILLE DANS LE VENT

Quand elle marche autour de la pointe du Raz à la tête d'un groupe de randonneurs, on l'appelle « *Marie-Caillou* ». Mais Marie-Pierre l'Aot, bivouaqueuse depuis toujours, est aussi une fille du vent. Dans une vie antérieure, quand elle était documentaliste et organisatrice d'expositions, ethnologue à ses heures, elle a effectué de nombreuses recherches sur le vent, contribuant à la mise en valeur des moulins du cap Sizun.

Comme tous les enfants de l'Argoat (la Bretagne de l'intérieur des terres) Marie-Pierre, qui possède aujourd'hui un petit hôtel, gîte d'étape et camping au-dessus de la baie d'Audierne, n'a « *découvert la mer qu'à l'adolescence* ». Elle s'est bien rattrapée depuis et connaît désormais l'océan par cœur, et notamment l'histoire du cap Sizun (dont la pointe du Raz forme l'extrémité).

« C'est ici le royaume des pêcheurs de bars à la ligne, des hommes hors du commun »

© Georges Rouzeau/Michelin

© Georges Rouzeau/Michelin

Au printemps, les ajoncs en fleur à l'odeur de noix de coco évoquent un lagon polynésien, tout comme le bleu turquoise et transparent des criques sous nos pieds.
C'est ici le royaume des pêcheurs de bars à la ligne, des «*hommes hors du commun*» qui, d'une main, pilotent leur esquif à travers les violents courants du raz de Sein et, de l'autre, pêchent les plus beaux bars et lieux jaunes de France…

Carnet intime

LECTURE

• *Armen*, le journal de bord tenu par l'écrivain et poète Jean-Pierre Abraham pendant les trois ans qu'il était gardien du phare l'Ar-men, face à l'île de Sein.

ADRESSES GOURMANDES

• *Brûlerie Savina*, à Pont-Croix - ✆ 02 98 50 72 51. Dégustez les crus légers et aromatiques de cette entreprise locale qui torréfie lentement ses grains – façon robe de moine. Fournisseur de tous les bons cafés et restaurants de la région.

• *Cap' Hélix*, à Goulien. Didier et Jeannick Bonis, deux enfants du pays, élèvent en bio, au cap Sizun, des petits-gris qu'ils transforment sur place grâce à de délicieuses recettes.

FAIRE DU SURF

• Avec l'École de Surf de Bretagne à la baie des Trépassés : Audierne - ✆ 02 98 10 14 58 - www.esb-audierne.com.

LE FINISTÈRE

Top 5

1.
LES ABERS

2.
LA BAIE DE BRIGNOGAN ET SES PLAGES

3.
LE MÉNEZ-HOM

4.
OCÉANOPOLIS À BREST

5.
PONT-AVEN ET LE CIRCUIT DES PEINTRES

Les grands rendez-vous

JUILLET
→ Temps Fête à Douarnenez
→ Les Vieilles Charrues, à Carhaix
→ Festival de Cornouaille à Quimper

AOÛT
→ Festival du Bout du Monde à Crozon
→ Fête du Bruit à Landerneau
→ Fête de l'oignon rosé, Roscoff.

OCTOBRE
→ Festival de Lanvellec et du Trégor

LE FINISTÈRE NORD

★★★

La côte nord offre le spectacle d'un littoral âpre et sauvage, entaillé par de profonds abers, des criques accueillantes ou encore par l'impressionnante rade de Brest. Cette région sévère et attachante plaira aux amoureux des panoramas romantiques et des territoires authentiques.

Brest - © J. Douillet/age fotostock

L'incontournable – P.107

La route des abers, à la découverte de ces « fjords bretons » qui ouvrent des havres de paix face à la tumultueuse mer d'Iroise.

L'original – P.111

Se balader en kayak entre les îles de Molène et d'Ouessant.

Les lieux à ne pas manquer

Brest et sa rade ★

LE COURS DAJOT ★★

Promenade des Américains

De cette longue promenade bordée d'ormes, édifiée au 18e s. sur la falaise qui surplombe le port de commerce, vous avez une vue épatante sur toute la rade. Au milieu, un haut monument de granit rose commémore l'accueil des Brestois aux Américains lors de la Première Guerre mondiale. Un escalier mène en bas de la falaise vers les quais du port de commerce, bâtis au 19e s. Le trafic des navires marchands y atteint aujourd'hui, les 3 millions de tonnes par an. C'est aussi un important centre de réparation navale et les amateurs de paysages industrialo-portuaires peuvent se balader sur certains de ces chantiers.

LE CHÂTEAU

Bastion multiséculaire

Voici l'unique rescapé des bombardements intensifs de la dernière guerre. Sur son éperon rocheux qui domine l'embouchure de la Penfeld, cette forteresse est l'ultime témoin de l'histoire tumultueuse de la ville de Brest. À cause de sa situation très stratégique (et très convoitée), le château a été plusieurs fois remanié pour maintenir ses capacités de défense. Il abrite aujourd'hui le siège du commandement du théâtre Atlantique, la préfecture maritime et le musée de la Marine. On y visite des tours défensives aux murs de 10 m d'épaisseur, des remparts médiévaux, des donjons du 16e s., des fortifications Vauban du 17e s., une chapelle… Des remparts, vue panoramique sur la ville.

MUSÉE NATIONAL DE LA MARINE ★

Au temps des frégates

Château de Brest - 02 98 22 12 39 - www.musee-marine.fr - avr.-sept. : 10h-18h30 ; reste de l'année : tlj sf mar. 13h30-18h30 - 6 € (-26 ans gratuit).

Il dévoile l'histoire de l'arsenal et notamment son intense activité à l'apogée de la marine à voile, au 18e s., avec des explications illustrées par des modèles réduits de navires, des instruments de navigation, des tableaux… Cette annexe officielle du musée de la Marine de Paris évoque aussi le bagne de Brest (construit au 18e s., évacué en 1858) et expose quelques curiosités, comme un sous-marin de poche S622 ou une embarcation de *boat people*, recueillie en mer de Chine par le navire-école *Jeanne-d'Arc* en 1988.

LE MUSÉE DES BEAUX-ARTS ★

Patrimoine artistique

24, rue Traverse - 02 98 00 87 96 - www.musee-brest.com - 10h-12h, 14h-18h - fermé lun., dim. matin et j. fériés - 5 € (-25 ans gratuit).

Reconstruit après les bombardements de 1944, il s'est doté d'une collection originale de 10 000 œuvres, offrant un beau panorama de la peinture française et italienne à travers les siècles. Mention spéciale pour les artistes de Pont-Aven. La peinture moderne est également présente, même si le musée s'est plutôt concentré sur la création d'une collection qui puisse être un témoin du passé, pour une ville qui avait perdu presque tout son patrimoine ancien pendant la guerre. Le bâtiment qui l'abrite, achevé en 1964, est typique de l'architecture fonctionnelle de l'après-guerre.

PLATEAU DES CAPUCINS ★

Tonnerre de Brest!

Cette ancienne friche militaire de 16 ha, qui abritait notamment des ateliers de machines à vapeur, est en plein « boum ». Terminus du nouveau téléphérique, en surplomb de la Penfeld, c'est LE nouveau quartier de Brest, avec en point de mire des nouvelles activités économiques, des équipements culturels et des logements... La médiathèque a déjà investi les lieux et la vaste nef des anciens ateliers a été adoptée par tous les Brestois, en particulier par les plus jeunes qui viennent y faire de la trottinette ou du roller. Un belvédère (à la sortie du téléphérique) offre une belle vue sur la rivière, le quartier de Recouvrance et le château.

INSOLITE

TÉLÉPHÉRIQUE URBAIN

Ligne C - www.bibus.fr - lun. 11h-20h, mar.-sam. 7h30-20h, dim. 8h30-19h - 1,50 € (billet valable aussi en tram/bus).

C'est le premier en France. Il relie, en 3mn, le bas de la rue de Siam au plateau des Capucins, sur l'autre rive de la Penfeld. Hormis son côté pratique indéniable, le voyage express vaut le coup pour lui-même : survol de l'arsenal et ses formes de radoub en pleine effervescence, vue spectaculaire sur le pont de Recouvrance, la tour Tanguy et la rade au loin, avec même Crozon en toile de fond (par beau temps!).

© Océanopolis

OCÉANOPOLIS ★★★

20000 lieues sous la mer

Port de plaisance du Moulin-Blanc - ☏ 02 98 34 40 40 - 17,75 € (enf. 12,10 €) Compter au moins une ½ j.

Le fond des mers comme si vous y étiez. Dans ce lieu vivant, qui abrite 10 000 animaux de 1 000 espèces différentes, des aquariums géants reconstituent la diversité propre à chaque milieu naturel (pavillons tempérés, tropical, polaire, bassins des requins, des phoques...) ; mention spéciale pour le sentier des loutres, une rareté en Europe, qui accueille ces mamifères marins venus d'Alaska dans un espace vitré baigné par 180 m^3 d'eau de mer... On sort émerveillé et aussi mieux informé sur l'écosystème marin, la genèse des vagues et des courants.

LA MAISON DE L'OCÉAN

2 quai de la Douane - Brest - ☏ 02 98 80 44 84 - 15/34 €.

Ici, l'océan est célébré dans le décor – banc d'écailler, mobilier et bibelots – et dans l'assiette. Une adresse de produits de la mer qui compte bon nombre de fidèles, à Brest et dans les environs.

LA RADE DE BREST ★★

Rade movie

Ouverte sur l'océan par un goulet de 1,8 km, cette baie découpée de façon spectaculaire est vaste (150 km^2) et profonde (20 m). Elle forme une petite mer intérieure qui comporte de multiples promontoires, anses, presqu'îles, falaises et autres points de vue remarquables pour admirer son panorama unique. Si vous avez le temps, allez vous promener à la pointe des Espagnols (à 40mn en voiture de Brest), sur la presqu'île de Crozon. Elle donne d'un côté sur la rade, en face de Brest, de l'autre sur la tumultueuse mer d'Iroise.

© F. Guiziou/ hemis.fr

Le téléphérique urbain de Brest (BMF Remontées Mécaniques France SAS).

CONSERVATOIRE BOTANIQUE DU VALLON DU STANG-ALAR ★★

Le plein de chlorophylle

02 98 41 88 95 - 5 € (-16 ans 3 €) - serres tropicales et jardin gratuits.

C'est un havre de détente et de paix, à deux pas du port du Moulin-Blanc, qui longe la rivière séparant Brest de la commune de Guipavas. Réaménagé dans les années 1980, ce vallon abrite aujourd'hui un prestigieux conservatoire voué aux plantes menacées. Vous pourrez, par exemple, admirer le *Ruizia cordata*, arbuste dont il ne subsistait que peu de spécimens à La Réunion, ou la spectaculaire floraison du géranium de Madère, et des dizaines d'autres espèces rares sous les serres tropicales. Le parc recèle en outre des magnolias, des camélias et de nombreuses autres plantes ornementales. On est en vacances, on respire…

FONDS HÉLÈNE ET ÉDOUARD LECLERC POUR LA CULTURE★★

FHEL, POUR LES INTIMES…

02 29 62 47 78 - www.fonds-culturel-leclerc.fr - juin-août : 10h-19h (18h reste de l'année) - fermé 1er janv., 1er Mai, 25 déc. - possibilité visite guidée (45mn) - 6 €.

À Landerneau, le domaine des Capucins abrite en son coeur un couvent du 17e s., agrémenté d'une grande cour et d'une chapelle. C'est ici en 1964 que la famille du célèbre épicier, dont la carrière débuta à Landerneau, fit construire une vaste halle de 1 600 m^2. Aujourd'hui, l'ancien supermarché est devenu un très bel espace d'exposition dédié à l'art contemporain. La programmation y est des plus qualitatives et des médiateurs sont à la disposition du public pour répondre aux questions et expliquer les œuvres exposées.

Pointe de St-Mathieu.

LA POINTE DE KERDÉNIEL ★★

La rade en un coup d'œil

Un petit chemin côtier mène à cette presqu'île nichée au fond de la rade de Brest (15mn aller-retour, accès fléché) et à un vaste panorama : de gauche à droite, vue sur la pointe Doubidy, la pointe de Lagonna, l'estuaire du Faou, l'embouchure de l'Aulne, la pointe des Espagnols et le goulet de Brest.

PLOUGASTEL-DAOULAS

Des fraises et un calvaire

Le gros bourg de Plougastel-Daoulas est connu pour ses délicieuses fraises (la récolte en mai-juin suscite une grande animation) et pour son impressionnant calvaire élevé en 1602-1604. Pas moins de 180 personnages y sont sculptés ! À 10 km au sud, l'abbaye de Daoulas (12e s.) abrite un cloître roman, seul exemple de ce type encore visible en Bretagne. Au-dessus, un petit détour s'impose dans le jardin médicinal, où vous pourrez humer plusieurs plantes mythiques comme l'œil-de-Dieu, les larmes-de-Job ou la mandragore (aux vertus hallucinogènes).

L'arrière-pays de Brest

LE MARCHÉ DE ST-RENAN

Retour à la terre

Pl. du Vieux-Marché - sam.

Sur une place bordée de maisons traditionnelles, des centaines de petits producteurs et revendeurs prennent possession, chaque samedi de l'année, du quartier médiéval de ce village situé à 10 km au nord-ouest de Brest. Vous y trouverez toutes les spécialités du coin (*kig ha farz* et son sac de toile, saucisse de Molène, etc.) et autres produits courants cultivés localement pour la plupart. Une étape incontournable !

LA POINTE DE ST-MATHIEU ★★

Vigie brestoise

Ce plateau battu par la houle de la mer d'Iroise garde l'entrée de la rade de Brest. Il regroupe l'ancienne abbaye, le phare, un musée, un sémaphore, un monument aux marins morts en mer (femme en coiffe de deuil) et un cénotaphe dédié aux morts lors des combats maritimes. Du sommet du phare, vous aurez une superbe vue de cet ensemble architectural. Sans parler du panorama sur la rade et l'océan !

d'oreilles, chaussons, cartes postales) vendu dans un magasin unique en son genre, créé par Isabelle Patard.

L'ABRI DU MOUTON

«Ar Gwasked»

Pl. de l'Église - Lampaul - Ouessant - 06 73 96 91 55.

Plaids, rideaux et babioles amusantes (mobiles, boucles d'oreilles, chaussons, cartes postales) vendu dans un magasin unique en son genre, créé par Isabelle Patard.

LE FOLGOËT ★★

Un bijou de jubé

Le nord-ouest du Finistère est surtout connu pour son littoral entaillé d'abers. Mais ne ratez pas la basilique du Folgoët (15e s.), près de Lesneven : son jubé (tribune séparant la nef du chœur) est une merveille de légèreté, dentelle de pierre aux motifs finement sculptés. Du chœur se détache la chapelle de la Croix, dont le porche est orné de statues des apôtres. À gauche en sortant, le manoir du Doyenné forme un bel ensemble avec l'église et l'auberge des pèlerins.

© T. Deschamps/Photononstop

L'ÎLE D'OUESSANT ★★★

Finis terrae

Dép. quotidien de Brest (port de commerce), Le Conquet et Camaret - www.pennarbed.fr/fr/horaires-et-tarifs.

Bienvenue au bout du monde – ou en tout cas sur le bout de terre le plus occidental de France métropolitaine. Du bourg de Lampaul, de multiples escapades s'offrent à vous. Partez vers le nord découvrir le paysage extraordinairement déchiqueté de la côte sauvage jusqu'au phare du Créac'h, d'où vous verrez cargos et pétroliers croiser à l'horizon. Longez la côte jusqu'à la pointe de Pern, le point le plus à l'ouest, ou montez jusqu'à la crique de Porz-Yusin, joli site rocheux plutôt bien abrité, ce qui est rare sur la côte nord. Au sud de Lampaul, promenez-vous sur la presqu'île de Feunteun-Velen bordée par les plages de Corz et du Prat, jusqu'aux falaises de la pointe de Porz-Doun (belle vue sur le phare de la Jument et sur l'archipel de Molène). Toute l'île est riche de sites remarquables et elle a conservé une vaste zone naturelle propice à l'observation de la flore et des oiseaux migrateurs.

Le long de la côte nord

BRIGNOGAN ET SES PLAGES ★

Sous l'épave, la plage

Méconnue, cette anse très abritée abrite de ravissantes plages de sable fin, quelques criques rocheuses et de charmants espaces dunaires. La commune a développé sa vocation balnéaire au début du 20e s. tout en gardant ses activités agricoles (légumes, oignons, échalotes, céréales). Jusqu'au 18e s., les habitants de la région avaient la réputation d'être des pilleurs d'épaves qui leurraient les vaisseaux de marchandises en allumant des fanaux sur les dunes pour les attirer vers les écueils. Pour mettre fin aux risques de naufrage, le phare de Pontusval fut construit sur la pointe du même nom en 1869. Vous verrez à ses pieds d'énormes blocs granitiques. Sélevant à plus de 8 m, le menhir de Men Marz compte parmi les plus hauts de Bretagne.

LES DUNES DE KEREMMA

Un écosystème préservé

10,5 km au sud-est de Brignogan, rte de Plouescat.

Attention, fragile. Cette bande dunaire de 5 km de long est précieuse pour la biodiversité qu'elle recèle. Sa flore et sa faune comptent près de 600 espèces, parmi lesquelles l'orchidée Liparis de Loesel ou les barges rousses et les pluviers argentés. Pour en savoir plus sur ce havre de nature préservée, rendez-vous à la Maison des dunes (rte de Goulven - 02 98 61 69 69) pour des sorties nature et ornithologiques en été, randonnées pédestres toute l'année.

LES VIVIERS DE BASSINIC

Pas frais, mon poisson?

Plouguerneau - Poull-Glaz - 06 83 87 66 69.

Tourteaux, araignées, homards, langoustines, crevettes… Vous pouvez acheter tous vos fruits de mer directement au retour de pêche au vivier de Bassinic. Depuis 30 ans, une clientèle fidèle apprécie la fraîcheur des produits et la qualité des services prodigués (mise en filet, nettoyage et conseils) par la patronne, Gaëlle Gac. On y vend aussi de bonnes bouteilles de vin blanc.

ROSCOFF ★

Berceau de la thalasso

Cet ancien repère de corsaires est aujourd'hui une commune balnéaire au climat doux dotée d'un patrimoine architectural intact, avec de belles maisons en granit des 16e et 17e s. Si son activité a été transformée dans

© H. Lenain/ hemis.fr

JARDIN EXOTIQUE DE ROSCOFF ★ ET JARDIN GEORGES-DELASELLE, À BATZ

Beautés exotiques

Le Ruveic - Roscoff - 02 98 61 29 19 - juil.-août : 10h-19h ; avr.-juin et sept.-oct. : 10h30-18h ; reste de l'année : 14h-17h - fermé déc.-fév. - 6 € (-17 ans 3 €).
Jardin Georges-Delaselle - Île de Batz - 02 98 61 75 65 - avr.-nov. : 11h-18h - 5 € (-16 ans gratuit).

L'extraordinaire jardin exotique (label « Jardin remarquable ») de Roscoff s'enroule autour du rocher de Roch-Hievec. Trois mille espèces de plantes subtropicales y fleurissent et fructifient (entre autres, protéacées d'Afrique du Sud, eucalyptus, espèces d'Australie, du Chili et de Nouvelle-Zélande). Du sommet du rocher (18 m), on domine toute la baie de Morlaix, Roscoff, Carantec et le château du Taureau.
Ceinturé de pins maritimes, le beau jardin colonial de l'île de Batz fut créé en 1897 par Georges Delaselle, un amoureux de l'île. Planté de palmiers, il recèle quelque 2 500 espèces de plantes, pour la plupart originaires de l'hémisphère Sud, et des sculptures contemporaines.

les années 1970 par la construction du terminal des ferries pour l'Angleterre, l'Irlande et l'Espagne, Roscoff garde son charme de port typique de la côte nord. Vous pourrez en profiter pour faire une thalasso à base d'algues (le concept de centre de thalassothérapie est né ici en 1899) ou pour embarquer à destination de la paisible île de Batz (2 km en face). Au passage, admirez le clocher de l'église gothique N.-D.-de-Croaz-Batz.

ÎLE DE BATZ

De quoi rester baba

Dép. vieux port de Roscoff - traversée 15mn, 20 AR/j en sais. - billet au kiosque de l'embarcadère marée haute : 9 € AR (-11 ans 4,50 €), vélo 9 €.

On accoste près de la baie de Kernoc autour de laquelle se groupent le bourg et ses ruelles aux maisons et jardins abondamment fleuris. Pour découvrir l'île de Batz (prononcez Ba), l'idéal est de la sillonner à pied (4 km de long sur 1 km de large) ou de louer un vélo sur place. Bordée de récifs au nord, elle jouit d'un climat très doux qui autorise des exploitations agricoles spécialisées dans les primeurs. Parmi sa vingtaine de plages ou criques, celles de la Grève-Blanche et de Ste-Anne, à proximité du jardin Delaselle, emportent la palme. À marée haute, partez à l'ouest pour écouter gémir le dragon (!) au trou du Serpent.

ST-POL-DE-LÉON ★

Querelles de clochers

À St-Pol-de-Léon, sur la route de Roscoff, impossible de rater le clocher de granit de la chapelle du Kreisker, qui culmine à 78 m. C'est le plus haut monument gothique de Bretagne : le marquis de Vauban considérait que ce clocher érigé au 15e s. était « le morceau d'architecture le plus hardi » qu'il eût jamais vu. Voyez aussi la cathédrale St-Paul-Aurélien (13e-16e s.),

© V. Sciosia/Sime/Photononstop

LE CHÂTEAU DU TAUREAU ★★

Effet Meuh!

02 98 62 29 73 - www.chateaudutaureau.com - dép. de Carantec, Plougasnou et Roscoff, se rens. car les horaires changent en fonction de la marée - 15 € (enf. 8 €).

Cet impressionnant îlot-forteresse forme un rempart au milieu des flots. Il fut érigé en 1542 pour protéger Morlaix des attaques des Anglais, attirés par ce riche port qui régentait le passage de la Manche. Quand Colbert, secrétaire d'État de la marine de Louis XIV entre 1665 et 1683, lance une politique protectionniste de concert avec les Britanniques, le fort perd sa raison d'être et est réaménagé en prison. Il sera occupé par les Allemands pendant la Seconde Guerre mondiale, puis deviendra école de voile pendant quelques décennies. Aujourd'hui le château est restauré et laisse imaginer la vie des soldats et des prisonniers qui y étaient consignés. Des terrasses, vous aurez de magnifiques vues sur la baie et, au loin, sur les tours et les clochers de St-Pol-de-Léon.

dont la construction est inspirée de la cathédrale de Coutances, en Normandie. La façade est dominée par deux belles tours, dont la hauteur n'atteint tout de même pas celle de la chapelle de Kreisker (elles ne mesurent « que » 50 m). Dans les stalles du chœur, vous aurez la surprise de découvrir 34 « boîtes à chef » abritant des crânes exhumés du cimetière.

LES CHÂTEAUX DU LÉON ★

Palais finistériens

Plusieurs édifices évoquent les riches heures de l'époque féodale du pays du Léon. Le château de Kérouzéré, 8 km à l'ouest de St-Pol-de-Léon, est un intéressant témoignage de l'architecture militaire du début du 15e s. De facture élégante, il conserve joliment trois puissantes tours d'angle à mâchicoulis. Dans les étages, vous arpenterez de grandes salles dotées de profondes embrasures bordées de bancs de pierre. Plus au sud, sur la commune de St-Vougay, le château de Kerjean (fin 16e s.) est entouré d'un agréable parc boisé. Mi-forteresse, mi-palais Renaissance, ce vaste château (dont une partie est en ruine) est protégé par une enceinte fortifiée dont les murs atteignent 12 m d'épaisseur. Belle cour d'honneur, que vous pourrez admirer de la terrasse qui mène à la chapelle.

INSOLITE

LIVRES IN ROOM

5 r du Gal-Leclerc - St-Pol-de-Léon - ✆ 02 98 69 28 41 - mar.-sam. 9h30-12h30, 13h30-19h - fermé dim.-lun.

Cette librairie-papeterie de caractère est menée par un jeune couple qui organise régulièrement des rencontres avec des auteurs. Vous y trouverez un large choix (10000 titres) dans un chaleureux espace de 250 m². Cerise sur le gâteau, ce «living-room» fait aussi salon de thé et expose les tableaux de (talentueux) artistes locaux.

LES MAISONS À PONDALEZ

UNE SPÉCIALITÉ LOCALE

Les « maisons à lanterne », ou « à pondalez » (15e-16e s.), sont une exclusivité morlaisienne. Elles s'organisent autour d'un grand espace central, une cour aveugle avec puits et cheminée, qui s'élève sur au moins trois niveaux, avec un escalier à vis en chêne orné d'un poteau d'angle sculpté et des galeries ou « ponts d'allée » desservant les étages.

La baie de Morlaix ★★

MORLAIX ★

Mordus de Morlaix!

De sa période prospère de grand port commerçant, à la fin du Moyen Âge, la cité a gardé de belles demeures médiévales à encorbellement. Allez vous promener dans la vieille ville posée au creux d'un vallon encaissé : vous verrez que non seulement Morlaix a gardé tout son charme et son entrain, mais aussi qu'elle est construite au bord d'une des plus belles baies de France. Admirez la maison Penanault (« bout du port » en breton), un beau manoir urbain bâti en pierre à la fin du 16e s. Sa haute façade en schiste et granit, un peu austère, est ornée de quelques éléments décoratifs Renaissance (porte principale avec fronton, lucarnes). Totalement restaurée, elle abrite, outre l'office de tourisme, le Centre d'interprétation de l'architecture et du patrimoine, documenté par des panneaux pédagogiques, une table d'orientation interactive, des vidéos et quelques objets dont des boules plombées morlaisiennes. Pour varier les points de vue, montez sur l'impressionnant viaduc à quatorze arches (58 m de haut sur 285 m de long). Vous surplomberez la ville et l'estuaire.

PLOUGONVEN ★

Calvaire octogonal

Implanté au pied des monts d'Arrée, ce bourg qui fleure bon la campagne est surtout connu pour son calvaire du 16e s. construit sur un soubassement octogonal. Il comporte un double rang de corniches peuplées de statuettes figurant de nombreuses scènes de la vie du Christ. La commune, qui a un pieux passé, compte 21 autres calvaires et croix de granit sur son territoire. De nombreux chemins de randonnée la sillonnent, dont la Voie verte, qui relie Roscoff à Concarneau.

LE DOMAINE DE KERVÉGUEN

Cidre présidentiel

Guimaëc - 02 98 67 50 02 - www.kerveguen.fr.

En matière d'alcool de pomme, c'est un must. La cave d'Éric Baron produit depuis plusieurs générations un délicieux cidre artisanal et bio, élevé en fûts de chêne. Et sa cuvée prestige « Carpe Diem » fait même partie des nectars sélectionnés officiellement par les sommeliers de l'Élysée. La visite est gratuite. En prime, des dégustations de cidre à l'ancienne.

© M. Dozier/hemis.fr

LE PHARE DE L'ÎLE VIERGE ★

Record d'Europe

Plouguerneau - 02 98 37 13 35 - mars-oct. : horaires se rens. (selon marées) - 3,50 € (-12 ans 2 €).

Construit sur un îlot à 1,5 km de la côte, ce phare en pierre de 82,50 m est le plus haut d'Europe. Du sommet (397 marches), on découvre un vaste panorama sur la côte finistérienne. L'accès se fait par bateau (si vous avez le temps, prenez la vedette à partir de l'Aber-Wrac'h car la sortie de la baie est spectaculaire) mais peut aussi se faire à pied, à marée basse en période de grandes marées.

Les plus beaux circuits

La route des abers ★★

Regorgeant de pointes, de criques, d'îles et d'abers, ce littoral reste une terre sauvage au charme authentique.

L'ABER-WRAC'H

Prince des abers

C'est le plus long aber et le plus septentrional de cette côte. C'est également le nom du port de plaisance réputé (car bien protégé) du hameau de Landéda. Une école d'apprentissage maritime, dont le bâtiment surplombe le bourg, anime ce lieu de séjour balnéaire. Longez

LES ABERS

DES VALLÉES FLUVIALES

Ils se distinguent des estuaires par le fait qu'ils ont été creusés en amont par une petite rivière, et non par un fleuve côtier. En aval, leur sillon est moins profond et leurs pentes sont moins raides. On n'y trouve pas de ports importants à l'embouchure, comme Morlaix ou Dinan, car leur débit n'est pas assez puissant pour y frayer un chenal. En revanche, ils subissent l'effet des marées et, aux basses eaux, se découvrent de grandes étendues de vase

la corniche de la baie des Anges : de la plate-forme aménagée en bout de route, vue sur l'estuaire et, perchées sur une île, les ruines du fort Cézon qui en commandait l'entrée. En face, le phare de l'île Wrac'h ne peut se visiter qu'à pied, à marée basse à partir de la plage de St-Cava. C'est l'occasion d'une très belle promenade.

LES DUNES DE CORN-AR-GAZEL

Des Gazel en bord d'Iroise

Au sud de l'Aber-Wrac'h, ces hautes dunes de sable offrent une belle vue sur la presqu'île de Ste-Marguerite ainsi que sur l'aber Benoît et son chapelet d'îlots. Suivez les chemins dunaires, ils vous conduiront aux immenses plages de sable blanc, comme celle des Trois-Moutons et sa base de chars à voile. Sur place, la Maison des abers vous expliquera ce qu'est un aber et à quoi est dû le découpage particulier de ce littoral. Instructif. Mieux, passionnant !

LE MENHIR DE KERLOAS ★

Mégalithe de légende

Descendez la côte frangée de rochers par la route du littoral jusqu'à la commune de Plouarzel, où se dresse ce menhir. Du haut de ses 9,50 m et de ses 5 000 ans d'âge, le plus haut menhir de France fait forte impression. Surnommé « Le Bossu » (An Tor) à cause de ses deux bosses, il a naturellement inspiré bien des légendes. Une curieuse tradition du 19e s. attirait les jeunes époux, qui venaient nus se frotter sur ses bosses : le mari pour avoir des héritiers mâles, la femme pour avoir autorité dans la maison.

Culture maraîchère d'artichauts sur l'île Callot.

De Morlaix à l'île Callot ★★

En longeant la rive gauche de l'estuaire de la rivière de Morlaix, vous découvrirez les paysages sublimes de la baie du même nom.

CARANTEC

Prises de becs

Située sur une presqu'île, entre l'estuaire de la Penzé et la rivière de Morlaix, la station balnéaire familiale de Carantec était déjà prisée dans les années 1900, comme en témoignent ses élégantes villas. On y va pour se reposer et profiter des multiples itinéraires de balades : la ville compte une bonne demi-douzaine de plages et une côte à falaises qui offre des paysages remarquables sur la baie de Morlaix. On y va aussi pour photographier les oiseaux : la commune abrite une réserve ornithologique dans ses nombreux îlots, où près de 60 000 volatiles viennent hiverner chaque année.

L'ÎLE CALLOT

Elle décoiffe

En face de Carantec, ce petit bout du monde est accessible à marée basse par une chaussée (praticable par les voitures à mi-marée) ou par le banc de sable naturel de la passe aux Moutons. Deux heures suffisent pour parcourir ses petites criques et découvrir sa végétation typique du littoral finistérien (ajoncs, fougères, bruyères, chardons bleus et pins maritimes). Mais vous pouvez rester plus longtemps – surveillez toutefois l'heure de la marée si vous ne souhaitez pas y passer la nuit. L'essentiel de l'île est dévolu à l'agriculture (choux, artichauts, pommes de terre, échalotes), mais on y trouve aussi une poignée d'habitations.

Les plus belles randonnées

VERS LA POINTE DE PEN-AL-LANN

2h30 à pied. Pour tous.

Cette belle promenade s'effectue sur le sentier côtier donnant sur la baie de Morlaix. Empruntez la rue du Port pour rejoindre la plate-forme rocheuse de la Chaise-du-Curé, d'où vous aurez une belle vue sur les environs (jusqu'à Roscoff!). Continuez sur le sentier qui croise les plages du Kerlen et du Penker. Vous apprécierez le côté sauvage de la pointe du Cosmeur avant d'arriver à celle de Pen-al-Lann, qui marque le goulet d'entrée de la baie de Morlaix. Descendez jusqu'au sentier côtier pour jouir du panorama sur la côte et les nombreux îlots, dont celui qui accueille le château du Taureau. Au retour, vous pourrez faire une halte au parc Claude-Goude, pour son impressionnante collection d'arbres et d'arbustes, avant de rejoindre la plage du Kerlen par la rue de Crantok.

Nos meilleures adresses

Restaurants

LE RUFFÉ

Cuisine du terroir

1 bis r. Yves-Collet - Brest - ✆ 02 98 46 07 70 - www.le-ruffe.com - fermé dim. soir et lun. - formule 19 € (déj. sem.), menu 29,90 €.

Situé en plein centre-ville, ce restaurant propose une excellente cuisine entre terre et mer, élaborée à partir des produits du terroir. Le patron affiche une démarche volontariste de soutien à l'agriculture locale.

L'IMAGINAIRE

Cuisine créative

23 r. Fautras - Brest - ✆ 02 98 43 30 13 - www.restaurant-imaginaire.fr - fermé 6-27 août, 1re quinz. janv., merc. soir, dim. soir et lun. - formule 22 €, menu 27 (déj. sem.)/38/65 €.

Cette adresse relookée du centre-ville invite, par une baie vitrée, à observer les cuisiniers à l'œuvre. Cuisine du marché, souvent inventive, comme le laisse espérer le nom du restaurant. On se laisse porter par le menu, en 4 ou 7 plats, proposé par le chef. Belle carte de vins, souvent peu connus.

LE CRABE MARTEAU

Poissons et fruits de mer

8 quai de la Douane - ✆ 02 98 33 38 57 - www.

crabemarteau.fr - fermé dim. - 23 € le crabe.
C'est armé d'un marteau qu'on déguste ici la pêche de la nuit. Grands tabliers et nappes en papier journal donnent le ton. Et vlan! Sans complexe, on se régale d'une pièce de tourteau, qui affiche entre 800 g et 1 kg, accompagnée de pommes de terre de Guipavas.

HINOKI
Cuisine japonaise
6 r. des Onze-Martyrs - Brest - ✆ 02 98 43 23 68 - www.sushinoki.fr - fermé midi et dim.-lun. - 60/85 €.
Un vrai restaurant japonais à Brest! Le chef, Xavier Pensec, est breton mais s'est formé à Tokyo. Il cuisine l'essentiel de ses sushis et makis à partir de la pêche locale pour obtenir des poissons de première fraîcheur : le résultat est épuré, précis et élégant. Une adresse que les initiés s'échangent sous le manteau.

TY KORN
Poissons et fruits de mer
Ouessant - Lampaul - ✆ 02 98 48 87 33 - fermé 3 sem. janv. et 3 sem. nov. et dim.-lun.- 15/48 €.
La meilleure adresse de l'île : accueil, ambiance et qualité, tout y est. Déco amusante en proue de bateau, avec la mer des deux côtés (peinte à la fresque par beau temps et par tempête). Spécialité de fruits de mer et poissons de ligne.

L'ÉCUME DES JOURS
Cuisine moderne
Quai d'Auxerre - Roscoff - ✆ 02 98 61 22 83 - www.ecume-roscoff.fr - fermé 15 nov.-15 déc., mar.-merc. sf juil.-août - formule 23 €, menu 29/59 € - carte 46/74 €.
Une cuisine régionale soignée dans cette agréable maison d'armateur, en face du port. Vue sur la mer, pierres apparentes et deux terrasses pour les beaux jours.

✿ **RACKHAM**
Cuisine moderne
27 pl. Lacaze-Duthiers - Roscoff - ✆ 02 98 61 24 95 - fermé janv., dim.-lun. et mar. midi - formule 25 €, menu 48/88 € - carte 62/89 €.
La grande salle lumineuse, avec ses baies vitrées tournées vers la mer et la jetée : le cadre est parfait pour profiter de la cuisine d'un jeune chef très en forme! Ses assiettes sont fines et inspirées, toujours au service du goût : un travail de très grande qualité.

✿ **LA POMME D'API**
Cuisine créative
49 r. Verderel - St-Pol-de-Léon - ✆ 02 98 69 04 36 - www.aubergelapommedapi.com - fermé 2 sem. mars, dim. soir et lun. soir sept.-juin et lun. midi - menu 25 € (déj. sem.), 49/105 € - carte 80/95 €.
Si la maison conserve tout le cachet de ses murs anciens (1535) et de sa cheminée, la cuisine joue résolument la carte des recettes d'aujourd'hui et de la fraîcheur. Les assiettes, fines et inventives, mettent en valeur les meilleurs produits du terroir breton, le tout au rythme des saisons : cette Pomme séduit!

L'HERMINE
Cuisine bretonne
35 r. Ange-de-Guernisac - Morlaix - ✆ 02 98 88 10 91 - www.restaurantmorlaix.com - fermé dim. - 11/30 €.
Tables en bois ciré et objets campagnards composent le décor de cette sympathique crêperie. Goûtez aux spécialités de galettes aux algues fraîches.

LE BAINS DOUCHES
Cuisine traditionnelle
45 allée du Poan-Ben - Morlaix - ✆ 02 98 63 83 83 - fermé 2 sem. Pâques et Toussaint, lun. soir, sam. midi et dim. - formules déj. 14,80/17,80 € - 24,50/28,50 €.
Franchissez la passerelle qui enjambe le Jarlot pour accéder à ce restaurant original, installé dans les murs des anciens bains municipaux (1904). Intérieur façon bistrot parisien, avec carrelages et verrière

© M. Bilbao/age fotostock

Paniers de pêcheurs.

rescapés de l'ancienne structure. La cuisine, traditionnelle, est fameuse.

LE VIADUC
Cuisine traditionnelle
3 rampe Ste-Mélaine - Morlaix - ✆ 02 98 63 24 21 - www.le-viaduc.com - fermé dim. soir et lun. (sf juil.-août) - formule 16,50 €, menu 22 € (déj. sem.), 27/70 €.
Spécialités de viandes, charcuteries de tradition, *kig ha farz* et huîtres de Carantec sont au programme !

LE CABESTAN
Cuisine classique
Port de Carantec - ✆ 02 98 67 01 87 - fermé lun., dim. soir et janv. - 18/40 €.
On vient ici pour déguster des plats de type brasserie, orientés produits de la mer. De l'étage, beau panorama sur l'île Callot.

Activités

CARANTEC NAUTISME
Plage du Kelenn - Carantec- ✆ 02 98 67 01 12 - www.carantecnautisme.com - juil.-août : 9h-19h ; reste de l'année : se rens.
Point de départ pour des sorties nautiques en tout genre (dériveur, catamaran, planche à voile, kayak, paddle...) au cœur de la superbe baie de Morlaix. Location, cours particuliers et stages. École de plongée.

BREIZH KAYAK ÉVASION
Plage de Molène - ✆ 06 56 74 65 84 - juil.-août - 1 à 3h : 15/35 € (enf. 15 €).
Pour une découverte au ras des flots de l'île de Molène, à côté d'Ouessant. Sorties autour des îlots de Balaneg, Ledenez, Litiry, Béniguet et Triélen, où niche une colonie de phoques !

THALASSO DE ROSCOFF
16 r. Victor-Hugo - ✆ 02 98 29 20 00 - www.thalasso.com - 9h-19h45.
Près de la plage de Rockroum, allez tester le tout premier établissement de thalassothérapie fondé en 1899 par le médecin Louis-Eugène Bagot. Enveloppement d'algues, douches, jets, et surtout massages « palper-rouler »... Formules avec hébergement possible.

ALGOPLUS
ZA du Bloscon - ✆ 02 98 61 14 14 - www.algoplus-roscoff.fr - juil.-août : tlj sf w.-end 11h, 15h, 16h et 17h.
Monique Poulet et Michel Perzinsky, dans l'aventure de l'algue alimentaire depuis 1993 comme récoltants et transformateurs, ouvrent à la visite leur conserverie artisanale. Boutique au port.

DE LA BAIE DE DOUARNENEZ AUX MONTAGNES NOIRES

★★★

Ici, vous trouverez des paysages spectaculaires et vertigineux (la pointe du Raz, le Ménez-Hom), une nature et un littoral bien préservés, une culture locale à la fois dynamique et fière de ses traditions... Coups de cœur assurés !

Île de Sein - © M. Dozier/hemis.fr

L'incontournable – P.115

La pointe du Raz. Cet éperon rocheux qui s'avance dans l'océan fait partie des panoramas les plus spectaculaires de France.

L'original – P.124

Décoller en parapente du Ménez-Hom pour survoler le Finistère jusqu'à la baie de Douarnenez.

Les lieux à ne pas manquer

Douarnenez★

LE PORT-MUSÉE DE PORT-RHÛ ★★

Histoires d'eau

Pl. de l'Enfer - Douarnenez - 02 98 92 65 20 - fermé hiver, dates se rens. - 7,50 € (-18 ans 4,50 €).

Des dizaines de bateaux rares (pêche, cabotage, plaisance…) y sont conservés ou remis en état, comme autant de témoignages de la culture traditionnelle des gens de mer du monde entier. Quatre des neuf navires amarrés se visitent. Vous pouvez par exemple monter à bord du baliseur *Roi Gradlon* ou découvrir la machinerie du remorqueur à vapeur britannique *St-Denys.* Le musée continue à terre, où sont mises en valeur de belles embarcations premières (bateau-panier vietnamien, pirogues sculptées de Papouasie…). À l'étage du musée, on revient vers les embarcations bretonnes, à voile ou à rames.

LA CONSERVERIE LA POINTE DE PENMARC'H

Maquereau économie

15 bd de la France-Libre - Douarnenez - 02 98 11 07 07 - lun.-sam. 10h-13h, 14h-19h.

Tous les Bretons connaissent les raviolis de poisson, le foie de lotte, les filets de thon germon (le plus tendre) et les conserves de sardines ou de maquereaux de cette usine bientôt centenaire, fraîchement arrivée du port de Guilvinec où elle était implantée depuis 1920. Allez vous y convertir également ! Une boutique existe aussi à Pont-Aven.

LA CONSERVERIE KERBRIANT

Dans le secret des fourneaux

Parc d'activités Lannugat Nord - 32 r. Jean-Kervoalen - Douarnenez - 02 98 70 52 44 - visite en sais. : lun.-vend. 9h30 et 11h, apr.-midi sur réserv.

Dans cette conserverie familiale, l'accueil est très convivial et la visite très pédagogique. Vous pouvez assister à l'élaboration des spécialités, dans une ambiance à la bonne franquette : la soupe de poisson, la bisque de homard, les plats cuisinés à base de thon ou de maquereaux, etc. n'auront plus de secrets pour vous. Et si ce travail de préparation vous met l'eau à la bouche, vous pouvez les acheter à la fin de la visite.

Dans la baie de Douarnenez

MÉNEZ-HOM ★★★

Le Finistère à 360°

Avec 330 m d'altitude, le Ménez-Hom est l'un des reliefs bretons les plus élevés. Il prolonge l'extrémité occidentale des montagnes Noires, occupant une position clé à l'entrée de la presqu'île de Crozon, sur laquelle il offre une vue exceptionnelle. De son sommet,vous pourrez embrasser du regard une bonne partie du Finistère : la baie de Douarnenez jusqu'à la pointe du Raz, la presqu'île de Crozon, Brest et sa rade, le beau méandre de la vallée de l'Aulne, les monts d'Arrée, la montagne St-Michel et sa chapelle, la vallée de la Doufine… De nombreux sentiers de randonnée passent autour du mont. Pour les plus aventureux, possibilité d'y faire du parapente ou de l'ULM (voir p. 124).

LOCRONAN ★★

Décor d'époque

Jadis prospère grâce à l'industrie de la toile à voile, Locronan l'est encore aujourd'hui grâce aux touristes, attirés par son architecture postmédiévale et ses fameux *kouign-amann* (irrésistibles gâteaux feuilletés au beurre). Mais ce sont les pardons, appelés ici troménies, qui font encore venir le plus de visiteurs. Commencez la visite de ce gros village par la belle place centrale, bordée de solides maisons Renaissance en granit. On trouve d'autres demeures anciennes tout aussi bien conservées dans les paisibles rues avoisinantes. L'église St-Ronan (15e s.) et la chapelle du Pénity (16e s.), deux édifices accolés qui communiquent, sont également des chefs-d'œuvre de construction en granit. Grand parking à l'entrée pour éviter que les automobiles ne viennent polluer ce décor de cinéma.

© E. Berthier/hemis.fr

LA PRESQU'ÎLE DE CROZON ★★★

Extrême occident

À l'extrémité de la Bretagne, cette fameuse presqu'île étend ses bras en forme de croix face au grand large, séparant la rade de Brest de la baie de Douarnenez. Sur les plateaux de bruyère, on est fasciné par l'à-pic vertigineux des falaises, le mouvement de la houle, la couleur de l'eau et la violence des lames qui viennent se briser sur les récifs – notamment sur la pointe de Pen-Hir, tout au bout, avec son à-pic de 70 m. Sur le bras sud, le cap de la Chèvre offre une jolie vue sur la pointe du Raz. Arrêtez-vous dans l'anse de Morgat, notamment pour y visiter ses profondes grottes. Côté nord, la pointe des Espagnols domine la rade et le goulet de Brest. Protégé par la pointe du Grand-Gouin, le port de Camaret abrite bateaux récents et vieux rafiots.

INSOLITE

LA PRESQU'ÎLE PAR LES FLOTS

Camaret - ✆ 02 98 27 93 60 (OT) - juin-août ; pêche en oct.

Pourquoi ne pas découvrir la presqu'île de Crozon de la mer? À Camaret, la Belle Étoile, *un fier deux-mâts aux voiles rouges, réplique des langoustiers des années 1930, propose des sorties (demi-journée, journée...), mais également des campagnes de pêche au thon, avec participation aux manœuvres, dans la tradition des thoniers à voile.*

Le cap Sizun, le Pays bigouden, le Pays glazik

LA RÉSERVE DU CAP SIZUN ★

Havre de plumes

Entre Douarnenez et la pointe du Raz, ce site magnifique et sauvage domine la mer de 30 à 60 m.

La réserve abrite des milliers d'oiseaux de mer (guillemots de Troïl, cormorans huppés, goélands, mouettes tridactyles, pétrels fulmars, grands corbeaux, craves à bec rouge...) et vous pourrez voir leurs nichées au flanc des falaises, presque à portée de main, si vous y allez pendant la période de reproduction (printemps, début d'été). Créée en 1958 pour la protection des oiseaux de mer, cette réserve offre en outre un exemple représentatif de la végétation des landes et des falaises littorales. Un circuit de visite et la présence d'animateurs permettent de faire connaissance avec l'écologie de ces milieux pendant la période estivale.

L'ÎLE DE SEIN

Un fragment de terre sur l'Atlantique

Dép. d'Audierne (☎ 02 98 70 70 70) ou de Brest (☎ 02 98 80 80 80) - se rens. pour les horaires.

Cette mince crêpe posée sur les vagues serpente sur l'océan comme un S inversé, dont la largeur varie de 30 à 500 m. Elle émerge à peine de la mer, puisque son altitude moyenne est de 1,50 m (et son point culminant ne dépasse pas 9 m). Et reçoit de plein fouet le déferlement des (nombreuses) tempêtes. Les maisons sont resserrées, regroupées autour du port afin de faire front aux violentes bourrasques et aux embruns.
En été, la lumière est exceptionnelle et le rythme de l'île vous donne l'impression d'être en dehors du monde pendant quelques heures ou quelques jours.

© M. Lange/imageBROKER/age fotostock

LA POINTE DU RAZ ★★★

Phare ouest

Cet éperon rocheux qui s'enfonce dans le terrible raz de Sein est la carte postale de Bretagne la plus vendue ! À l'extrémité, le panorama, aussi majestueux que tourmenté, est époustouflant. On distingue l'île de Sein, au-delà de laquelle on aperçoit par temps clair le phare d'Ar-Men. Le sentier côtier suit le bord de gouffres vertigineux. Le plus spectaculaire est l'Enfer de Plogoff, falaise de plus de 70 m, déchiquetée par les lames, qui se prolonge en mer par une chaîne de récifs dont le dernier porte le phare de la Vieille, ultime avancée dans le raz de Sein. De la pointe du Raz, vous pouvez vous rendre à pied à la pointe du Van, en longeant l'austère baie des Trépassés. Le paysage est tout aussi grandiose mais plus sévère.

LE CONSEIL DE MARIE-PIERRE L'AOT

« Faire du surf... avec l'École de surf de Bretagne à la baie des Trépassés. C'est le top du top. Comme c'est une péninsule, il y a toujours des vagues et les moniteurs connaissent des coins secrets... qu'on ne dit pas ! »

© E. Berthier/hemis.fr

Canal de Nantes à Brest.

LA POINTE DE BRÉZELLEC ★

Falaises breizh

La côte extrêmement découpée du cap Sizun offre de multiples points de vue. De la plate-forme rocheuse de la pointe de Brézellec, on a un panorama magnifique sur les falaises escarpées qui se développent sur une longueur exceptionnelle en Bretagne : au loin, la pointe de St-Mathieu ; en face, la presqu'île de Crozon ; à gauche, la pointe du Van et le phare de Tévennec.

AUDIERNE ★ ET SON AQUASHOW ★

La Bretagne en H2O

Rte du Goyen (dir. Douarnenez) - ✆ 02 98 70 03 03 - avr.-sept. : 10h-19h - 12 € (-12 ans 8 €).

Vous trouverez des quais animés et des ruelles à flanc de colline dans ce port de pêche et de plaisance situé sur l'estuaire du Goyen. C'est au bord de cette rivière que sont agencés les vingt bassins de l'Aquashow, qui présentent de manière didactique la faune aquatique bretonne : le cours d'eau sert de fil conducteur à la présentation du biotope, du simple ruisseau d'eau douce jusqu'à l'océan (bars, dorades, requins côtiers). Certains animaux sont de taille impressionnante : congres de 2 m, homards de 6 kg, araignée japonaise de 1,50 m… Dans le bassin tactile, vous pouvez effleurer les raies. À voir aussi : un spectacle en 3D sur le monde des requins et la reconstitution d'une épave du 17e s., où s'accrochent mollusques et crustacés.

LE CALVAIRE DE TRONOËN ★★

La Passion des vieilles pierres

Le calvaire et la chapelle de Tronoën se dressent en bordure de la baie d'Audierne, dans un paysage sauvage de dunes et d'herbes jaunes. Le calvaire (1450-1460) déroule deux frises présentant l'enfance et la Passion du Christ, à travers cent personnages traités de manière vivante, intense, avec beaucoup de détails que l'on distingue malgré les épreuves du temps et l'envahissement du lichen. La chapelle, bâtie au 15e s. également, présente un fin clocher ajouré, encadré de tourelles. Ses portes s'ouvrent sur la façade sud, agréablement décorée, face au calvaire. En saison, vous admirerez aussi les spectaculaires monochromes des champs de tulipes plantés aux alentours, jusqu'à la pointe de la Torche.

N.-D.-DU-CRANN ★

Les Illuminations

Spézet - rte de Roudouallec - de mi-mai à fin sept. : 14h-17h30 ; reste de l'année : sur demande à la mairie au ✆ 02 98 93 80 03.

C'est une chapelle discrète, bâtie dans un nid de verdure au cœur des montagnes Noires. À l'intérieur, elle possède une splendide série de hauts vitraux polychromes du 16e s. qui valent absolument le coup d'œil. Une anecdote ? On raconte qu'au 19e s. un amateur parisien voulut faire leur acquisition en proposant une somme rondelette au curé, mais que celui-ci demeura incorruptible (les Bretons ont du cran). Le programme le plus important (12 panneaux) orne le chœur et illustre la Passion du Christ.

LE CANAL DE NANTES À BREST ★★

Canal historique

Première « autoroute » de Bretagne, le canal de Nantes à Brest est mis en service en 1842, après trente ans de travaux exécutés par des forçats et des prisonniers de guerre. Il devient un axe commercial majeur, alors que les voies terrestres de l'époque sont constituées de chemins creux embourbés par temps de pluie. Mais le chemin de fer, puis la construction du barrage hydroélectrique de Guerlédan, en 1923, mettent fin à cette route fluviale. Aujourd'hui réaménagé, le canal est devenu un bucolique chemin de randonnée. Entre Kergoat et Châteaulin, vous pouvez parcourir les 73 km de canal à vélo (7h), en bateau (Aulne Loisirs Plaisance, Châteauneuf-du-Faou, ✆ 02 98 73 28 63) ou à pied (comptez 2 à 3 j.). Sur le canal même, on peut pratiquer le kayak ou louer des péniches.

LES ÂNES SONT DANS LE PRÉ

Ânes de Bretagne

Carhaix - Le Pellem - ✆ 02 98 99 44 21.

© E. Berthier/hemis.fr

LE CHÂTEAU DE TRÉVAREZ ★

Château rose

St-Goazec - ✆ 02 98 26 82 79 - 6 € (-18 ans, 1 €).

Ce fut l'un des derniers grands châteaux à voir le jour en France. Construit entre 1893 et 1907, il intègre les éléments de confort les plus modernes de l'époque (chauffage central par canalisations d'eau chaude, électricité, ascenseur…). Son architecture est éclectique, alliant le style victorien au néogothique, et ses murs mêlent granit de Kersanton et brique, lui donnant un surprenant aspect rose. Tout autour, dans le parc de 85 ha qui domine la vallée de l'Aulne, vous pourrez effectuer d'agréables promenades à travers bois. Vous admirerez les camélias en avril, les azalées et les rhododendrons en mai, les hortensias en juillet… Boutique et goûter breton complètent la visite.

Depuis quinze ans, Gabriel Kieffer accueille des visiteurs dans sa ferme du Pellem, à Carhaix, où il met une dizaine d'ânes à la disposition du public. Randonnées accompagnées d'ânes bâtés avec des explications sur le comportement de ces doux équidés aux grandes oreilles, initiation à la topographie, promenades d'une demi-journée, d'une journée, de trois jours ou d'une semaine… De multiples possibilités vous sont offertes le long du canal de Nantes à Brest ou ailleurs. Il existe une formule avec hébergement inclus. Sortez les ânes de leur pré !

PLEYBEN ★★

Les experts (du granit)

La grande curiosité de cette localité est son magnifique enclos paroissial. L'édifice, élevé entre le 15ᵉ et le 17ᵉ s., démontre une impressionnante maîtrise architecturale sur un matériau difficile à travailler : le granit. Son calvaire, le plus imposant de Bretagne, comporte un énorme piédestal aux portes triomphales qui met en valeur les personnages de la plate-forme. L'église, en granit également, est dominée par deux clochers de styles différents : une tour Renaissance, couronnée par un dôme à lanternons, et une flèche gothique.

QUIMERCH ★

Nid d'aigle

Ce bourg, rattaché à la commune de Pont-de-Buis en 1965, culmine à 278 mètres. Il domine le bassin de Châteaulin et la baie de Douarnenez, mais aussi la rade de Brest au nord-ouest et le plateau du Léon. De la table d'orientation, vous distinguerez le Ménez-Hom, la forêt du Cranou et la presqu'île de Plougastel. L'enclos paroissial, en partie en ruine, abrite un ossuaire et un if plus de quatre fois centenaire.

© F. Chartron/hemis.fr

HUELGOAT ET SES BALADES FÉERIQUES ★★

Une forêt merveilleuse

Sous-bois, lacs, vallées, ruisseaux et chaos de rochers s'ajustent à merveille dans cette forêt des monts d'Arrée pour former l'un des plus beaux sites de la Bretagne intérieure. Au chaos du Moulin, vous vous enfoncerez dans un spectaculaire amoncellement de blocs granitiques. En vous engouffrant dans la grotte du Diable (par une étroite échelle de fer), vous entendrez le bruit de la rivière sous les rochers. Et tentez de faire osciller la Roche tremblante, un énorme bloc de 100 tonnes : en vous adossant en un point précis, c'est possible ! Dans cet enchevêtrement minéral et végétal, les légendes locales sont tenaces – vous verrez le lit du roi Arthur, creusé dans la pierre. Allez, on vous fait une confidence : la forêt de Huelgoat nous a bien plus charmés que la forêt de Paimpont / Brocéliande.

LA FORÊT DU CRANOU ★

De la fuite dans les futaies

Traversée par la sinueuse D42, cette grande forêt (600 ha) du parc naturel d'Armorique présente de belles futaies de chênes et de hêtres, ainsi que des sous-bois d'ifs et de houx. Les observateurs de la vie sauvage verront qu'elle abrite de nombreuses espèces animales. De là, on peut facilement monter sur le Pen-ar-hoat, petit mont de 210 m, qui offre une belle vue sur les landes alentour.

© B. Rieger/hemis.fr

L'éperon du Roc Trévezel, dans les monts d'Arrée.

INSOLITE

LA MONTAGNE ST-MICHEL ★

Ce sommet de la chaîne des monts d'Arrée s'élève à 380 m d'altitude. Une chapelle (17e s.) y est édifiée, donnant au panorama un côté insolite et touchant. Au pied de la montagne, vous pourrez vous imprégner de l'ambiance d'un marais tourbeux, le Yeun Elez. En hiver, la brume le rend si lugubre que la légende bretonne y situa le Youdig, ce gouffre formant l'entrée de l'enfer! Au-delà, le lac créé par le barrage de St-Michel fait partie de la centrale thermique (gaz) des monts d'Arrée, à Brennilis. À droite du lac, sur la pointe rocheuse, un alignement mégalithique est appelé la Noce de pierre.

LE ROC TRÉVEZEL ★★

Roc star

Avec ses 384 m d'altitude, le roc Trévezel est un des points culminants de la chaîne des monts d'Arrée. Cette crête entourée de landes offre un point de vue remarquable sur les paysages environnants, dans un paysage presque montagneux! Au nord, vous verrez le plateau du Léon (par temps clair, on distingue même la flèche du Kreisker de St-Pol-de-Léon). À l'ouest, la rade de Brest. Vers le sud, la montagne St-Michel et, au-delà, la ligne de forêts des Montagnes Noires. Non loin de là, à Commana, les moulins de Kerouat abritent l'écomusée des monts d'Arrée, consacré à la vie rurale.

BRÉNNILIS ET SES SORTIES NATURE

Tourbière' tour

Réserve du Venec - ✆ 02 98 79 71 98 - se rens. pour les horaires - 4,50 € (-12 ans gratuit).

Créée en 1993, sur 77 ha, la réserve naturelle du Venec protège une zone essentiellement humide dont le cœur se compose d'une tourbière à sphaignes (mousse des marais qui produit la tourbe). Vous pourrez découvrir cette zone protégée à la Maison des castors et de la réserve naturelle du Venec, qui présente et met en valeur ce milieu fragile et spécifique, à deux pas de l'ancienne centrale nucléaire (en cours de démantèlement depuis 1985). Exposition sur la population de castors, la faune et la flore. Munissez-vous de bottes et de vêtements appropriés à des sorties tout terrain.

Les plus beaux circuits

Les enclos paroissiaux ★★★

Témoignant de la ferveur religieuse et de la prospérité des ports bretons, du 15e au 17e s., ils séduisent par l'élégance de leurs portes triomphales, la profusion de détails des calvaires et la splendeur de leurs églises.
Quittez Morlaix par la N 12 vers l'ouest, puis suivez la D 118.

ST-THÉGONNEC ★★

La part des anges

Derrière sa porte triomphale du 16e s., couronnée de lanternons superposés, la chapelle funéraire (fin 17e s.) recèle de nombreuses pièces d'orfèvrerie, dont une croix processionnelle en vermeil. Le calvaire (1610), quant à lui, fait, conformément à la tradition, revivre les scènes de la Passion. Remarquez les anges qui recueillent le sang s'écoulant des plaies du Christ. Avant d'entrer dans l'église, observez son porche, orné d'une statue de saint Thégonnec – un moine, originaire du pays de Galles, venu s'installer en Armorique au 6e s. À l'intérieur de l'église, la chaire (1683) est l'un des chefs-d'œuvre de la sculpture bretonne. Sur le médaillon du dossier, Dieu donne à Moïse les Tables de la Loi.

LAMPAUL-GUIMILIAU ★★

Retables illustrés

Levez les yeux sur la flèche de la tour-clocher de l'église (16e s.) : elle a été tronquée par la foudre en 1809. À l'intérieur, on est surpris par la belle poutre de gloire (6e s). qui traverse la nef, avec notamment des sculptures de douze sibylles (prêtresses d'Apollon qui auraient annoncé la venue d'un Sauveur). Sur le bas-côté droit, un bénitier représente deux diables se débattant dans l'eau bénite. Mais ce qui frappe le plus dans cette église, c'est certainement la présence de six retables magnifiquement illustrés. La plus belle scène représentée, sur la gauche, rappelle l'épisode de la chute des anges (une scène inspirée de Rubens) que domine un saint Michel terrassant le dragon.

© j-wildman/iStock

GUIMILIAU ★★

Péplum breton

Avec plus de 200 personnages sculptés, le calvaire de Guimiliau (1581-1588) est un véritable péplum ! Sous une grande croix portant la Vierge, saint Jean, saint Pierre et saint Yves, défilent 25 scènes de la Passion, toutes très expressives. Les personnages de la frise, de facture plutôt naïve, évoquent la vie de Jésus. L'intérieur du porche de l'église offre un bel exemple de décoration fréquente en Bretagne : au-dessous des statues des apôtres, la frise inclut rosaces, tresses et scènes de l'Ancien Testament.

LA MARTYRE ★

S'offrir la Martyre

Entre Landerneau et les monts d'Arrée, l'enclos paroissial de la commune de La Martyre est le plus ancien du Léon. Il s'ouvre par une porte triomphale surmontée d'une balustrade flamboyante. L'ossuaire (1619), adossé au porche et au clocher, est orné d'une curieuse cariatide et de motifs évoquant la mort. L'église (14e-16e s.) est éclairée par un bel ensemble de vitraux représentant la Passion, la Crucifixion et la Résurrection.

SIZUN ★

Caverne d'Ali Baba

L'église de cet enclos paroissial, remaniée aux 17e et 18e s., est reliée à la sacristie, petit édifice isolé de la fin du 17e s. À l'intérieur, la voûte lambrissée offre une belle ornementation : une sablière sculptée d'anges présentant les instruments de la Passion, des entraits en forme de caïmans… Son trésor d'art religieux est le plus important de Bretagne, avec des ciboires, des ostensoirs, des reliquaires et des statues.

Les plus belles randonnées

VERS LA POINTE DE DINAN ★★★

La vue de château

Presqu'île de Crozon - circuit de 6 km (comptez 2h AR). Quittez Crozon à l'ouest par D 308.

Laissez la voiture au parking et suivez le chemin à gauche pendant environ 500 m. Du bord de la falaise, laissez-vous saisir par le panorama : à gauche, le cap de la Chèvre, la côte de la Cornouaille et la pointe du Raz ; à droite, la pointe de Pen-Hir et les Tas-de-Pois (hérissement de rocs qui émergent des flots). En face, l'Amérique ! Si vous longez la falaise par la droite, vous aurez aussi une belle vue sur le « château » de Dinan, surprenante masse rocheuse reliée à la pointe par une arche naturelle. Vous pouvez vous y rendre en empruntant le sentier qui passe sur l'arche (30mn à pied AR en terrain rocailleux).

LE SENTIER DES PLOMARC'H ★

Sur les hauteurs de Douarnenez

Douarnenez - comptez 2h30 AR à pied au départ de la ville. Accès par la rue des Plomarc'h.

La pointe de Dinan.

Ce sentier à flanc de pente offre des vues pittoresques sur Douarnenez. Après les maisonnettes de Plomarc'h Pella et leur lavoir traditionnel, un site archéologique comporte les vestiges d'un bâtiment de 34 m de long, où l'on produisait, à l'époque gallo-romaine, des salaisons de poissons ainsi que du garum (une sauce relevée, issue de la macération des viscères et du sang des poissons, auxquels on ajoutait du sel et des herbes très odorantes). Le sentier rejoint ensuite la plage du Ris, d'où vous aurez une belle vue sur le vieux port.

Nos meilleures adresses

Restaurants

SAVEURS ET MARÉES

Poissons et fruits de mer

52 bd de la Plage - Morgat - 02 98 26 23 18 - www.saveurs-et-maree.com - fermé 15 janv.-15 fév., dim. soir et lun. hors sais. - formule 17 €, menu 23 € (déj.sem.), 32/58 € - carte 30/49 €.

En salle ou en terrasse, l'ambiance est chaleureuse et l'accueil sympathique dans ce restaurant de la presqu'île de Crozon. Produits de la mer frais et goûteux. Un bémol : les assiettes ne sont pas toujours très copieuses.

LE MUTIN GOURMAND

Cuisine moderne

Pl. de l'Église - Crozon - 02 98 27 06 51 - www.lemutingourmand.fr - fermé 3 sem. de fin fév. à déb. mars, 3 sem. de fin oct. à déb. nov., dim. soir, lun. et mar. midi hors sais. - formule 18 €, menu 29/72 € - carte 48/77 €.

Pas de mutinerie en vue parmi la clientèle de ce restaurant, qui occupe les locaux de l'ancienne poste de Crozon. On cuisine de bons produits frais de saison, avec quelques touches exotiques : tartare de thon rouge, citron confit et coriandre ; porc fermier de Landévennec… Avec un beau choix de vins !

HOSTELLERIE DE LA MER

Cuisine moderne

11 quai du Fret - Crozon - 02 98 27 61 90 - www.hostelleriedelamer.com - fermé janv., sam. midi, dim. soir et lun. sf juil.-août - formule 19 €, menu 29/76 € - carte 41/71 €.

Le chef propose une cuisine bien en phase avec l'époque, mariant à merveille le poisson de la pêche locale et le terroir breton, à l'image de cette royale de fenouil du Léon aux langoustines… Les cuissons sont précises et magnifient des produits bien choisis !

LE MENHIR

Cuisine traditionnelle

Lieu-dit Kerrest - Plage de Cante - Plozévet - 02 98 91 46 97 - www.restaurant-menhir.fr - fermé lun. et mar. soir selon sais. - menu 16/23/29 €.

Cette bonne table traditionnelle est située sur la route du vent solaire, près du menhir des Droits de l'homme de Plozévet auquel il doit son nom. De grandes baies vitrées donnent sur la plage et la mer.

L'IROISE

Poissons et fruits de mer

8 quai Camille-Pelletan - Audierne - 02 98 70 15 80 - www.restaurantliroise.com - fermé 16 janv.-17 fév., 11-21 nov., dim. soir et mar. sf juil.-août et lun. - formule 16 €, menu 33/52 € - carte 42/100 €.

Elle est engageante, cette maison sur les quais. Et ses promesses se confirment quand on y entre. On n'est pas déçu par la cuisine raffinée, relevée d'épices douces et de parfums d'ailleurs.

COMPTOIR DES VOYAGEURS

Cuisine moderne

Pl. de l'Église - Locronan - 02 98 91 70 74 - www.comptoir-des-voyageurs.fr - fermé 10 janv.-10 fév., lun.-mar. hors sais., lun. soir de mai à oct. - formule 17 € - menu 21 (déj.), 29/40/51 € - carte 14/34 €.

Dans cette belle maison ancienne, en plein cœur de Locronan, la cuisine traditionnelle est revisitée par un jeune chef qui s'amuse à magnifier les saveurs locales. À suivre…

QUAI 29
Cuisine traditionnelle
11 quai du Petit-Port - Douarnenez - ✆ 09 81 92 96 22 - fermé oct.-mars, mar. soir hors sais. et merc. - formule 15 €, menu 19 (déj. sem.)/23/35 € - carte 25/45 €.
Bien protégé par la baie vitrée, on nargue la tempête devant tapas, fruits de mer et formule à la plancha – ou bien on rêve devant les couleurs de l'océan au soleil couchant.

L'INSOLITE
Cuisine moderne
Hôtel de France, 4 r. Jean-Jaurès - Douarnenez - ✆ 02 98 92 00 02 - www.lafrance-dz.com - fermé 1 sem. fév., 4-21 nov., 23-30 déc., dim. soir et lun. - formule 16 €, menu 20 (déj. sem.)/38/70 € - carte 44/97 €.
Insolite, cet espuma de pâté Hénaff. Insolite, ces chips de vitelote massala tandoori… Ici, le terroir flirte avec les épices et les inventions originales. La faute aux deux jeunes chefs, passionnés et formés dans de belles maisons. Une adresse à découvrir.

© Dutton Colin/Sime/Photononstop
Araignées de mer.

LA BAIE DES TRÉPASSÉS
Poissons et fruits de mer
Plogoff - ✆ 02 98 70 61 34 - www.hotelfinistere.com - fermé de mi-nov. à mi-fév. - menu 25/65 €.
Installé dans un hôtel à la Pointe du Raz, ce restaurant gastronomique avec vue panoramique sur la mer vous sert des produits frais provenant des producteurs et des pêcheurs locaux. Dans ce décor de bout du monde, vous dégusterez du bar de ligne (pêché juste en face, dans le raz de Sein), des plateaux de fruits de mer ou des brochettes de coquilles saint-jacques.

Activités

ÉCOLE DE PÊCHE
Châteauneuf-du-Faou - Salle de Penn-ar-Pont - ✆ 06 50 32 19 00 - sam. 14h-18h - horaires variables, se rens. - 8 €.
Vous aimeriez remonter un saumon au moins une fois dans votre vie? Cette école, ouverte aux petits comme aux grands, vous donne les bases pour pêcher ces princes des mers (qui viennent frayer dans les rivières locales), mais aussi truites, brochets et autres gros poissons.

ÉCOLE DE LUTTE BRETONNE - TI AR GOUREN
Ti Ar Gouren - imp. du Gouren - Le Poullic - Berrien (près de Huelgoat) - ✆ 02 98 99 03 80 - www.tiargouren.fr - horaires variables, se rens.
Au cœur du Finistère, cette Maison de la lutte et des sports bretons vous offre la possibilité de faire des stages d'initiation au *gouren* (impressionnante lutte bretonne traditionnelle) et à d'autres jeux traditionnels d'adresse.

PARAPENTE AU MÉNEZ-HOM

Breugnou - Plomodiern - ✆ 02 98 81 50 27 ou 06 80 32 47 34 - www.vol-libre-menez-hom.com - fermé oct.-mars.

Amateurs de sensations (très) fortes, vous pouvez survoler le Finistère jusqu'à la baie de Douarnenez en décollant des pentes d'un des plus hauts sommets bretons. Cette école de vol libre propose tous types de prestations (parapente, deltaplane, débutants, confirmés...), que l'on ait ou non son matériel.

CENTRE NAUTIQUE CAP-SIZUN

Plage de Ste-Évette - Esquibien - ✆ 02 98 70 21 69 - www.voile-capsizun.com - fermé 20 déc.-20 fév. - été : 9h-19h ; reste de l'année : 9h-12h, 14h-17h.

Installé dans la baie d'Audierne, site plutôt bien protégé, ce centre nautique propose un grand nombre d'activités : Optimist, catamaran, 420, Booxy, Laser, Habitable First class 8, planche à voile. Pratique de loisirs, sportive ou école (stages pour petits – dès 4 ans – et grands).

LA BÉCANE

42 av. de la Gare - Douarnenez - ✆ 02 98 74 20 07 - 11 €/j., 50 €/sem., réserv. obligatoire en été.

Vous avez une passion pour la petite reine ? Trouvez votre bonheur en allant frapper chez ce loueur de cycles qui propose VTT et vélos de tourisme en parfait état, à quelques minutes des plages de Tréboul. Un excellent moyen de locomotion pour visiter la région.

CENTRE NAUTIQUE DE DOUARNENEZ

Port de Tréboul - ✆ 02 98 74 13 79 - se rens. pour les horaires.

Ici, vous pouvez louer pour une heure (ou plus) un catamaran, un dériveur, une planche à voile ou un kayak, et bénéficier de cours particuliers sur un large choix de supports. Le centre propose aussi des balades à bord d'une chaloupe sardinière des années 1920 (juil.-août - env. 30 € (enf. 21 €).

Stand-up paddle.

© P. Shirley/Gallery Stock/Photononstop

THALASSO DOUARNENEZ

7 rue des Prof.-Curie - Tréboul-Plage - ✆ 02 52 56 00 11 - www.centre-nautique-douarnenez.fr.

Vous apprécierez notamment l'agréable piscine tournée vers la baie de Douarnenez dans ce centre de thalasso qui propose des cures de plusieurs jours, des forfaits à la demi-journée ou des soins à la carte.

SURFER À LA TORCHE

Plomeur, La Torche - ✆ 02 98 58 53 80 - mars-déc. - stages dès 8 ans.

Le surf, ce n'est pas si difficile ! Dans cette sympathique école, vous apprendrez à tenir debout sur la planche et, très vite, à glisser sur les puissants rouleaux de cette vaste plage de sable blanc. L'ESB (École de surf de Bretagne) propose aussi du char à voile et des remontées de l'Odet en stand-up paddle, ainsi que du surf à la baie des Trépassés (ESB d'Audierne - ✆ 02 98 10 14 58 - www.esb-audierne.com).

QUIMPER ET LA CÔTE SUD

★★

C'est une région plutôt douce, faite de vallées arborées, de sublimes rivières, de belles plages orientées au sud et de villages traditionnels. À mi-chemin entre la Bretagne intérieure et la mer, vous trouverez ici une riche variété d'ambiances et de paysages.

Quimper - © Ph. Turpin/Photononstop

L'incontournable – P.129

Le village de Pont-Aven, rendu célèbre par les nombreux peintres venus s'y ressourcer à partir de la fin du 19ᵉ s.

L'original – P.128

Descente de l'Odet en kayak ou en stand-up paddle.

Les lieux à ne pas manquer

Quimper ★★

LE VIEUX QUIMPER ★★

Sous l'œil du roi Gradlon

Cet agréable quartier commerçant, fait de rues piétonnes pavées et de maisons Renaissance, est dominé par les deux flèches de la cathédrale St-Corentin. Restauré superbement, l'édifice gothique flamboyant (13e-15e s.) a retrouvé ses couleurs d'origine et sa luminosité. Entre les flèches, notez la statue d'un personnage à cheval : Gradlon, roi de la légendaire ville d'Ys, figure incontournable de la Cornouaille. À l'intérieur, remarquez les teintes vives et très nuancées des vitraux : des bruns, des pourpres, des verts. Une des chapelles relate la légende de saint Corentin, premier évêque de Quimper (5e s.). En face de la cathédrale, le musée des Beaux-Arts, installé dans un palais à l'italienne bâti en 1867, expose des œuvres résolument modernes.

MANOIR DE KINKIZ

Pommes pommes' graal

75 chemin du Quinquis - ☎ 02 98 90 20 57 - www.kinkiz-terroir.bzh - 9h30-12h30, 14h-18h30 - fermé dim. et j. fériés.

Cette cidrerie familiale perpétue un savoir-faire issu d'une tradition héritée de cinq générations. Venez découvrir les chais et les produits à dix minutes au sud de Quimper. Au programme : visite des vergers et description des étapes de fabrication. *Last but not least,* dégustation gratuite de cidre, pommeau AOC et eaux-de-vie de cidre. Juste à côté, à la distillerie artisanale du Plessis, allez goûter aux originaux apéritifs aux algues. Le site propose également une visite de sa distillerie, couplée à celle du musée de l'Alambic.

© P. Hauser/hemis.fr

LES ÎLES DE GLÉNAN ★

Lagon tropical

À 15 km du continent - accès avec les vedettes de l'Odet - ☎ 02 98 57 00 58 - dép. de Bénodet, Loctudy, Port-la-Forêt, Beg-Meil ou Concarneau.

Composé d'une dizaine d'îlots, cet archipel est célèbre pour la clarté de ses eaux. Les bateaux accostent sur l'île St-Nicolas, qui abrite le Centre international de plongée, un bar, un grand vivier à crustacés (restauration possible, sur réserv.) et un gîte d'étape. Vous ne trouverez pas d'autre hôtel et le camping sauvage y est interdit : le site est classé, plusieurs plantes sont protégées, ainsi que les espaces de nidification des oiseaux marins et les fonds sous-marins. Les plages de l'archipel surprennent par leur blancheur, qu'elles doivent à la décomposition d'une algue calcaire, le maërl (pensez à la crème solaire, forte réverbération), et les eaux turquoise vous donneront l'impression d'être au milieu d'un lagon tahitien. Certaines îles sont occupées par le Centre nautique des Glénans (avec un s), première école de voile d'Europe.

Le long de la côte

LE MANOIR DE KÉRAZAN ★

Tout pour l'art

À 3 km au sud de Pont-l'Abbé, rte de Loctudy - ☎ 09 65 19 61 57 - www.kerazan.fr - juil.-août : 11h-18h - visite guidée (45mn) - fermé lun. - 7 € (-15 ans 5 €).

Situé dans un grand parc adossé à la rivière de Pont-l'Abbé, le manoir se compose d'un corps de logis reconstruit au 18e s. et d'une aile en retour d'équerre du 16e s. Il n'est plus habité mais les pièces, restées abondamment décorées et richement meublées, témoignent du cadre luxueux qu'avaient créé les Astor (une famille de grands amateurs d'art, engagée dans le développement de la région) au 19e s. La demeure recèle des boiseries Louis XV, des panneaux peints, une bibliothèque, une collection de peintures et de dessins se rapportant à la Bretagne (du 16e au 20e s.), ainsi que de nombreuses œuvres du peintre et céramiste Alfred Beau (1829-1907). De là, allez profiter du soleil (ou des embruns) sur les plages plutôt bien protégées de Loctudy.

BÉNODET

Côte d'Azur

Sa longue promenade aménagée, sa côte abritée, ses plages de sable blond orientées au sud et son casino pourraient lui donner des airs de Côte d'Azur bretonne. On trouve assurément un côté méridional à cette paisible cité balnéaire, entièrement tournée vers l'océan, idéalement située à l'entrée de l'estuaire de l'Odet. De nombreuses structures permettent de prendre des cours de voile ou de louer une embarcation (dériveur, catamaran, planche à voile). Ne manquez pas de traverser l'estuaire pour aller visiter le charmant port de Ste-Marine, en face, ni, surtout, de remonter l'Odet jusqu'à Quimper, l'une de nos plus belles balades à vous conseiller.

LA VILLE CLOSE DE CONCARNEAU ★★

Ville enserrée

Concarneau attire autant pour le spectacle de sa vie maritime que par la qualité de ses plages. Mais vous serez d'abord séduit par sa ville close, enserrée dans des remparts de granit édifiés au Moyen Âge (élevés au 14e s., reconstruits au 16e s. et complétés par Vauban au 17e s.) sur un îlot relié à la terre par deux petits ponts. À travers les meurtrières, vue sur l'arrière-port, sa flotte de pêche et la tour neuve. Allez aussi vous promener dans les rues commerçantes, bien animées en période estivale. Vous pourrez enfin aller vous faire une idée du métier (toujours difficile) des marins pêcheurs en allant visiter le musée de la Pêche, qui présente l'évolution de leurs conditions de travail, depuis les méthodes ancestrales jusqu'aux techniques les plus contemporaines.

LA CONSERVERIE COURTIN

Zone de confits

Zone de Kerouel - Trégunc (8 km de Concarneau) - ☎ 02 98 97 01 80 - 9h-19h (20h juin-août) - fermé dim.

Cette maison fondée en 1893 vous ouvre ses portes tous les jours, pour des visites libres (on voit les ateliers en activité la semaine) et des dégustations gratuites. Véritable institution, la conserverie est réputée pour ses excellents confits de saint-jacques. Elle prépare aussi, de façon artisanale, soupes, rillettes, mousses, bisque et cotriade estampillée La Concarnoise.

INSOLITE

SANTA MARIA

Pêche en mer

Concarneau - 06 62 88 00 87 - www.santamariapeche.com - sam. - 37 € la demi-journée - Pêche aux gros : 100 €/j.

C'est le moment d'enfiler votre ciré jaune! Embarquez à bord du Santa-Maria, *un ancien sardinier qui n'a rien perdu de sa prestance. En compagnie de deux marins pêcheurs professionnels, qui connaissent toutes les ficelles du métier, vous passerez une mémorable journée sur les eaux de la baie de Concarneau et au large des îles de Glénan. N'oubliez pas le panier pour ramener votre pêche miraculeuse (congres, requins, dorades, raies, bars, tacauds, maquereaux…).*

QUIMPERLÉ ★

Petit Quimper

La ville a conservé bon nombre de ses maisons médiévales et jouit d'un emplacement idéal pour partir à la découverte des forêts mitoyennes et du littoral tout proche. Son centre est bâti autour de l'église Ste-Croix, qui vous surprendra par son architecture cruciforme et circulaire, inspirée du Saint-Sépulcre de Jérusalem. Élevée à la fin du 11e s., elle a dû être réédifiée en 1862, quand son clocher s'est effondré. En sortant de l'église, marchez dans la rue Ellé jusqu'au Pont fleuri (15e s.), qui donnait accès à l'une des trois portes de la ville fortifiée. Revenez sur vos pas et engagez-vous à droite dans la rue Brémond-d'Ars, avec ses imposantes ruines de l'église St-Colomban et ses maisons à colombages.

LES HUÎTRIÈRES DU CHÂTEAU DE BELON

Affaire familiale

Riec-sur-Belon, port (rive droite) - 02 98 06 41 43 - https://belon.bzh/huitrieres/ - fermé 2e quinz. déc. (sf vente) et 1er janv. - 10h-18h30.

Vous pourrez visiter une affaire familiale qui date de 1864, et notamment ses parcs à huîtres (selon marées). Dégustation face au Belon et vente directe de bourriches.

Les plus beaux circuits

LA DESCENTE DE L'ODET ★★

À la courbe du fleuve

En vedette, kayak ou stand-up paddle. Rens. à l'OT de Quimper ou aux Vedettes de l'Odet - 02 98 57 00 58 - www.vedettes-odet.com.

Ce n'est pas pour rien que l'Odet est surnommé la « plus belle rivière de France ». À la sortie de Quimper, le paisible cours d'eau s'élargit tant qu'il prend l'allure d'un lac, avant de se faufiler dans la superbe vallée des Vire-Court. Là, laissez-vous envoûter par ses charmants méandres, sinuant entre de hautes falaises boisées. Le long des 20 km de descente, défilent une quinzaine de châteaux et manoirs (19e et 20e s.). L'arrivée dans l'estuaire de Bénodet est grandiose : vous passerez sous l'imposant pont de

HUÎTRES BELON

BELON, VOUS AVEZ DIT BELON

Saviez-vous que l'appellation vient du nom de ce fleuve côtier dont l'estuaire est envahi par la mer ? Vivant à l'état sauvage dans ce mélange d'eau douce et d'eau de mer qui lui donne cette saveur de noisette caractéristique, l'huître belon *(ostrea edulis)*, plate, ronde, à la chair ferme et blanche, a donné son nom à l'ensemble des huîtres plates bretonnes depuis le début de son exploitation en parcs, dans les années 1860.

Cornouaille (1972), long de 620 m et haut de 70 m. Pour les kayakistes, l'Odet est soumis à l'influence des marées : il est parfois plus facile de le remonter à partir de Bénodet jusqu'à Quimper, en suivant l'avancée de la marée, que de descendre son cours.

© Ph. Renault/hemis.fr

PONT-AVEN ★

L'Aven artistique

Niché au bord de l'Aven, ce bourg fut le havre de Paul Gauguin, qui s'y lia avec d'autres peintres comme Émile Bernard ou Maurice Denis, attirés par la modicité et l'exceptionnelle lumière des lieux. Ainsi naquit l'école de Pont-Aven, aventure d'une dizaine d'années, de 1886 à 1894, qui fit connaître au monde entier ce discret village. Aujourd'hui essaimé de galeries d'art, le lieu est toujours aussi attirant – même si le prix des auberges a nettement augmenté. Vous aurez envie de vous promener sur les rives de l'Aven, qui coule parmi les rochers ou les vestiges des moulins, et de suivre les méandres de la rivière jusqu'au bois d'Amour. De nombreuses promenades sont possibles – vous retrouverez certainement, au hasard d'un chemin ou devant une chapelle du 16e s., des paysages déjà vus en peinture. Le nouveau musée de Pont-Aven vous dévoilera ainsi plus d'un siècle de création artistique liée à la ville, à partir de l'arrivée des premiers peintres américains – précurseurs – dans les années 1860, jusqu'à l'influence de l'école de Pont-Aven répercutée au 20e s.

LA VOIE VERTE QUIMPER PONT-L'ABBÉ ★

Tunnel vert

Rens. aux OT de Quimper et Pont-L'Abbé - www.voiesvertes.com.

Descendez en douceur vers la mer en empruntant cette ancienne voie de chemin de fer transformée en agréable sentier bordé de fougères. Vous marcherez sur 12 km de chemins creux, sous une voûte de branches (chênes, châtaigniers, noisetiers), vous longerez des ruisseaux et aurez quelques superbes points de vue sur la campagne bigoudène. Le parcours est praticable à pied ou en VTT. Seul inconvénient : il ne commence qu'à 6 km du centre de Quimper. Mais un accès est jalonné à partir de l'office du tourisme.

Nos meilleures adresses

Restaurants

AUBERGE DE TI-COZ

Cuisine moderne

4 Hent-Koz - Ty-Sanquer - Quimper - www.restaurantticoz.com - fermé dim. soir et lun. sf j. fériés - formule 26 €, menu 33/60 € - carte 70 €.

Comme un rêve de Bretagne : une charmante auberge en pierre, à la fois rustique, moderne et élégante. Le chef y prépare une savoureuse cuisine, qui fait la part belle aux meilleurs produits du terroir breton. En ancien sommelier passionné, il accompagne ses recettes d'une belle carte des vins (plus de 450 références).

L'AMBROISIE
Cuisine moderne
49 r. Élie-Fréron - Quimper - ✆ 02 98 95 00 02 - www.ambroisie-quimper.com - fermé 22 janv.-4 fév., dim.-lun. - menu 25 € (déj. sem.)/48/65 €.
Ce restaurant de poche à la fois sobre et original sert une cuisine bretonne centrée sur des produits locaux de première fraîcheur (saint-jacques fraîches au turbot de la baie d'Audierne, lotte en croûte d'épices…).

ALLIUM
Cuisine créative
88 bd de Créac'h-Gwen - Quimper - ✆ 02 98 10 11 48 - www.restaurant-allium.com - fermé 1 sem. fév., 25 juin-8 juil., dim.-lun. - menu 28 € (déj. sem.), 55/95 €.
Avec l'aide des internautes (sous la forme d'un financement participatif), Frédérique et Lionel Hénaff ont créé ici le restaurant de leurs rêves. La cuisine inventive du chef démontre qu'il n'a rien perdu de son savoir-faire ; elle s'accompagne d'une belle sélection de vins de petits propriétaires, sélectionnés par madame.

LES VIVIERS - CHEZ CASTRIC
Poissons et fruits de mer
Île St-Nicolas - Glénan - ✆ 02 98 50 68 90 - fermé oct.-avr. - menu 19/24/50 €.
Bar ouvert à toute heure et restauration sur réservation. Tenu depuis plus de 40 ans par les Castric, une famille de pêcheurs, et située sur un archipel inhabité, cette auberge sert des produits frais, souvent puisés dans leur vivier qui héberge, entre autres, de magnifiques homards bleus.

LE FLAVEUR
Cuisine moderne
4 r. Duquesne - Concarneau - ✆ 02 98 60 43 47 - fermé 1 sem. fin nov., 2 sem. janv., sam. midi, dim. soir et lun. - formule 17 €, menu 20 € (déj. sem.), 28/53 € - carte 44/103 €.
Ce restaurant se niche dans une petite rue calme, légèrement en retrait du port de plaisance et de la ville close. Aux commandes, le jeune chef fait preuve d'une inventivité rafraîchissante, à l'image de ce lieu jaune, écume iodée, cromesquis d'huître et pamplemousse marin…

L'AMIRAL
Poissons et fruits de mer
1 av. P.-Guégin - Concarneau - ✆ 02 98 60 55 23 - fermé 1re quinz. mars, 3 sem.nov., dim. soir et lun. sf juil.-août -

Pêche au filet.

formule 18 €, menu 21 € (sem.), 31/47 € - carte 33/62 €.
Cet établissement, tout en boiseries sombres et allusions marines élégantes, propose les grands classiques d'une cuisine de la mer. Il a bien mérité ses galons d'amiral.

LE NAUTILE
Poissons et fruits de mer
Plage des Sables-Blancs - Concarneau - ✆ 02 98 50 10 12 - www.hotel-les-sables-blancs.com - formule 18 €, menu 22/40 €.
On dirait un vaisseau prêt à s'élancer sur l'océan ! À l'intérieur, tout respire cette élégance marine qui évoque les croisières des années 1930. La mer est également dans l'assiette, avec des produits de belle fraîcheur (araignée, lieu jaune, etc.), cuits avec précision et présentés avec soin.

AU PETIT BOUCHON
Cuisine du terroir
17 r. Émile-Bernard - Pont-Aven - ✆ 02 98 09 16 56 - www.aupetitbouchon.29sud.com - fermé 2 sem. fin oct., mar. soir et merc. (sf juin-sept.) - 24/31,50 €.
Préparés et présentés avec soin, les plats privilégient les produits du terroir : cassolette de saint-jacques, huîtres chaudes, joues de porc… Un bon rapport qualité/prix.

SUR LE PONT…
Cuisine moderne
11 pl. Paul-Gauguin - Pont-Aven - ✆ 02 98 06 16 16 - www.surlepont-pontaven.fr - fermé 2 sem. nov., dim. soir, mar. soir hors sais. et merc. - formule 26 €, menu 33 € - carte 47 €.
Ce restau branché propose une attrayante cuisine déclinant le poisson à toutes les sauces - surtout si elles sont originales.

LA TAUPINIÈRE
Poissons et fruits de mer
Rte de Concarneau - Croissant St-André - ✆ 02 98 06 03 12 - fermé 19-28 mars, 2-25 oct. lun.-mar. - menu 55/95 € - carte 82/100 €.
Cette chaumière est une institution pour de nombreux habitués qui ne se lassent pas de sa cuisine iodée, soignée et de première fraîcheur (le chef fait son marché à Concarneau chaque matin). La « demoiselle des mers » – langoustine) – est l'une des vedettes de la carte…

LE BISTRO DE LA TOUR
Cuisine traditionnelle
2 r. Dom-Morice - Quimperlé - ✆ 02 98 39 29 58 - www.bistrodelatour.fr - fermé dim. (sf juil.-août) et sam. midi, 1 sem. déb. janv., 1 sem. mars, 2 sem. juin-juil. et 1 sem. déb. oct. - formule 25 € (déj. sem.), menu 38,50/58,50 € bc - 45 €.
Ce bistrot rétro et cossu sert de généreux petits plats, oscillant entre tradition et terroir. Une halte toujours agréable avec, en plus, une belle carte des vins. Épicerie fine attenante.

Activités

LES VEDETTES AVEN-BELON
Sur le port de Moëlan-sur-Mer - ✆ 02 98 71 14 59 - www.vedettes-aven-belon.com - 13,50 € (-12 ans 7 €) cicuit AR Pont-Aven, Aven maritime (1h45) ; autres circuits : 11,50/16,50 €.
Plusieurs circuits vous sont proposés au départ de Pont-Aven et de Port-Belon pour sillonner le splendide estuaire de l'Aven ou celui du Belon. Se rens. sur les horaires qui changent selon les marées. Comptez une à deux heures par circuit.

CAPITAINE NÉMO
Vieux Port de Bénodet - ✆ 02 98 57 00 58 - www.vedettes-odet.com - 49 €(4-12 ans 25 €, -4 ans 7 €).
Séquence découverte. Glissez-vous dans la peau du héros de *Vingt mille lieues sous les mers*. Et partez à la découverte des fonds sous-marins de l'archipel des Glénan, lors d'une croisière à vision sous-marine.

NOLWENN CORRE
LE FINISTÈRE DANS LE SANG

© Nicolas LE MEN

Le restaurant

HOSTELLERIE DE LA POINTE ST-MATHIEU

Vieilles pierres, cheminée monumentale et poutres se marient admirablement avec un mobilier franchement contemporain. Saint-jacques, ormeaux, homard, foie gras de Bretagne : la chef met en valeur toute la noblesse du terroir. Avec, en prime, un chariot d'une quinzaine de desserts, qui clôt le repas en beauté !

→ 7 pl. St-Tanguy - Le Conquet - ✆ 02 98 89 00 19 - www.pointe-saint-mathieu.com - fermé de mi-nov. à déb.déc., mar. midi, dim. soir et lun. - formule 26 €, menu 34/78 € - carte 52/101 €.

→ ***Très liée à ses producteurs, Nolwenn Corre incarne la troisième génération d'une famille d'hôteliers-restaurateurs. Elle aime le Finistère… Beurre demi-sel, sarrasin, algues, langoustines et poissons forment la colonne vertébrale de sa cuisine.***

J'ai passé ma vie à manger. En feuilletant les albums photos de mon enfance, ma mère me dit toujours qu'il est difficile de trouver une photo sur laquelle je ne sois pas en train de manger ! J'ai deux grands-mères qui cuisinent à la perfection et se sont beaucoup occupé de mon frère et moi. Je passais des après-midi entiers à faire de la pâtisserie pour m'occuper. J'ai toujours voulu être cheffe. À 13 ans, je savais que je voulais mettre mes pas dans ceux de mes grands-parents, Émile et Francine Corre. Ils ont fait le pari fou de monter un petit restaurant au bout du monde, à la pointe St-Mathieu, où il n'y avait ni route, ni eau courante (juste un puits dans la cour, qui est sous la cuisine aujourd'hui). La salle de restaurant occupait celle de l'ancien tribunal de l'abbaye. En octobre 1954 l'*Hostellerie de la Pointe St-Mathieu* est née. Mon grand-père a pris les rênes de la cuisine et ma grand-mère a officié en salle durant 30 ans. Mon père s'est mis

© Nicolas LE MEN

© Nicolas LE MEN

à la cuisine lorsque mon grand-père est tombé malade. Et quand ma grand-mère a pris sa retraite, ma mère, institutrice, a rejoint son mari. Aujourd'hui, c'est au tour de mon frère et moi de reprendre le flambeau. On souhaite conserver l'esprit de la maison inchangé depuis 60 ans : une cuisine de terroir avec des produits locaux de qualité, un accueil familial et chaleureux.
Mon mentor s'appelle Jean-Luc l'Hourre. J'ai éprouvé un véritable coup de foudre professionnel lors de l'ouverture en 2007 de son *Auberge des Abers*. Plus tard, chez Yannick Alleno au *Meurice*, j'ai découvert une cuisine de palace, très française et traditionnelle (au meilleur sens du terme). Aujourd'hui, le Finistère et ses produits fondent la ligne éditoriale de ma cuisine et notamment les traditions bretonnes du beurre et du sarrasin. Le point de départ d'une recette est toujours un produit, un coup de cœur qui entraîne la recherche sur des alliances et des accords. À chaque fois, l'arrivée des produits de saison provoque une véritable euphorie en cuisine, comme les coquilles saint-jacques par exemple. C'est toujours un plaisir d'aller trois fois par semaine à la ferme de Jean-Marc pour cueillir ses légumes, parler de la pluie et du beau temps… Je cuisine aussi le lieu *ikejimé* de Loic Coïz qui arrive sur mon plan de travail une heure à peine après que le bateau soit rentré au port. Le plat qui me tient particulièrement à cœur, c'est mon artichaut violet à la barigoule et ses langoustines servies sous une anchoïade légère : alliance de deux produits phares du Finistère.

« …une cuisine de terroir avec des produits locaux de qualité, un accueil familial et chaleureux. »

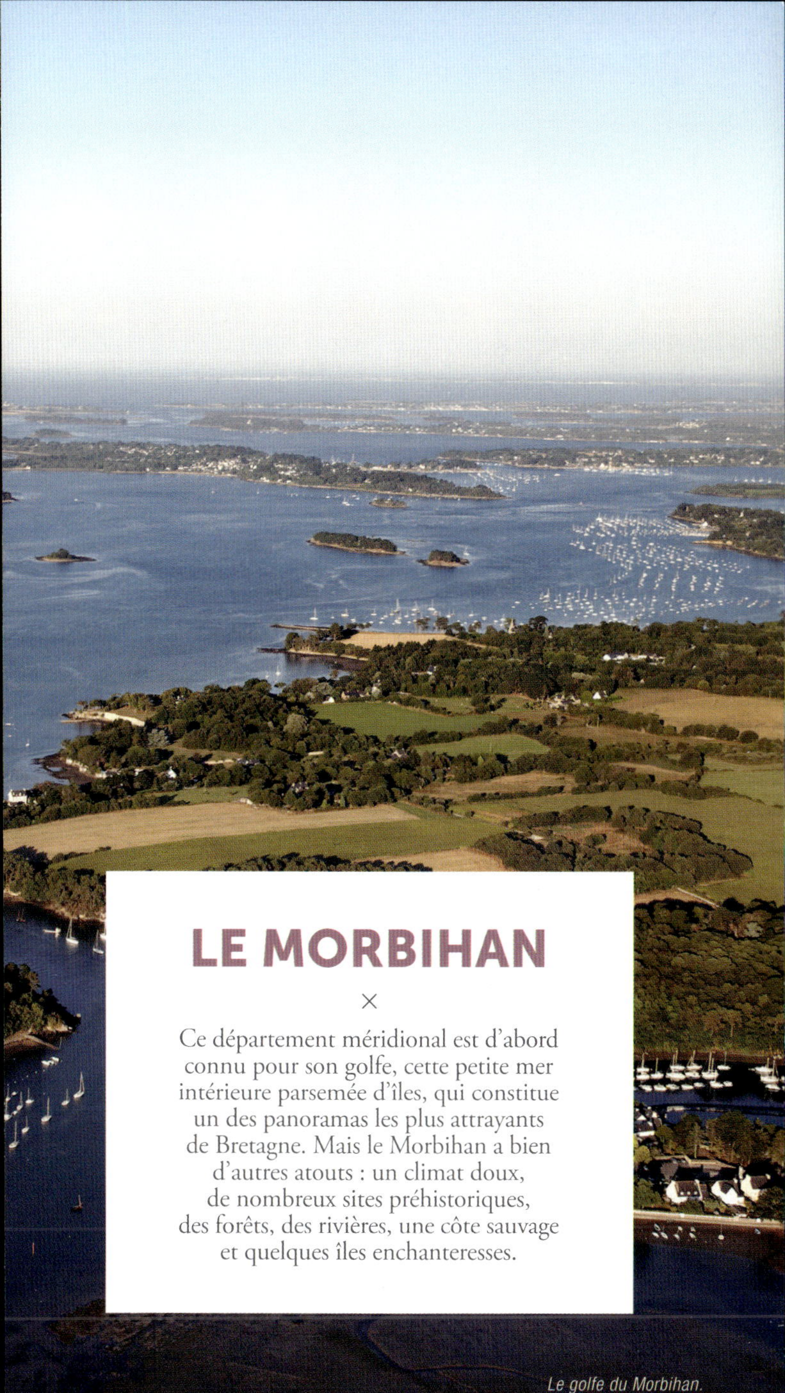

LE MORBIHAN

Ce département méridional est d'abord connu pour son golfe, cette petite mer intérieure parsemée d'îles, qui constitue un des panoramas les plus attrayants de Bretagne. Mais le Morbihan a bien d'autres atouts : un climat doux, de nombreux sites préhistoriques, des forêts, des rivières, une côte sauvage et quelques îles enchanteresses.

Le golfe du Morbihan.

© Cyril Dennery

→ **Artisan d'art, passionné par les plantes sauvages de la presqu'île de Quiberon, Cyril Dennery est un potier et céramiste prisé des chefs bretons. Tour de force, les émaux de ses pièces de vaisselle sont le plus souvent fabriqués à partir de l'environnement naturel des chefs…**

CYRIL DENNERY
LE CÉRAMISTE DES CHEFS

« *La poterie, ça été un coup de foudre immédiat, aussi bien avec ce que j'appelle la vie de la terre, qu'avec la technique du tournage* », explique Cyril Dennery. Après des études d'architecture, il est devenu le céramiste attitré des chefs bretons, d'Hervé Bourdon (*Le Petit Hôtel du Grand Large* à Portivy) à Julien Lemarié (*IMA* à Rennes).

« *La presqu'île de Quiberon fut mon seul port d'attache durant toute mon enfance. Je me sens bien en Bretagne, j'aime notamment son climat tempéré.* » Sur cette terre de contes et de légendes, Cyril a tout de l'elfe aux talents multiples, gratifié d'une « *véritable connexion tellurique* ». En attendant ses premiers clients, il se mue en un fin connaisseur des plantes sauvages de la presqu'île de Quiberon. Aujourd'hui, il emmène volontiers des groupes de touristes à la découverte de ce patrimoine naturel « *à côté duquel on passe tous les jours* ».

« Je me sens bien en Bretagne, j'aime notamment son climat tempéré. »

© Cyril Dennery

© Cyril Dennery

Hervé Bourdon est le premier chef à lui demander de cuire des assiettes. « *Je voulais travailler avec des matières naturelles et locales les plus proches possibles de l'environnement du chef... J'ai fabriqué des émaux à partir de cendres d'une essence d'arbre – le cyprès de Lambert – qui croît à proximité du restaurant. La vase et les huîtres récoltées dans la baie de Quiberon sont aussi transformées en émaux.* »
Aux yeux de Cyril, la terre glaise des poteries et la terre nourricière de son jardin ne font qu'un...

Carnet intime

BALADES

• Même si je connais la côte sauvage de Quiberon depuis toujours ou presque, elle demeure un endroit magique pour moi.

• Allez découvrir la chapelle Ste-Barbe, au Faouët. C'est l'une des plus belles chapelles de Bretagne, construite à flanc de falaise dans une anfractuosité rocheuse.

ADRESSE GOURMANDE

• Karine et Bruno Guérin - Kerourin - 56160 Ploerdut - ✆ 02 97 28 97 57. J'apprécie particulièrement les fromages de Bruno et Karine Guérin, de la ferme Kerourin, qui élèvent des vaches pie noire et des chèvres des fossés, deux espèces bretonnes.

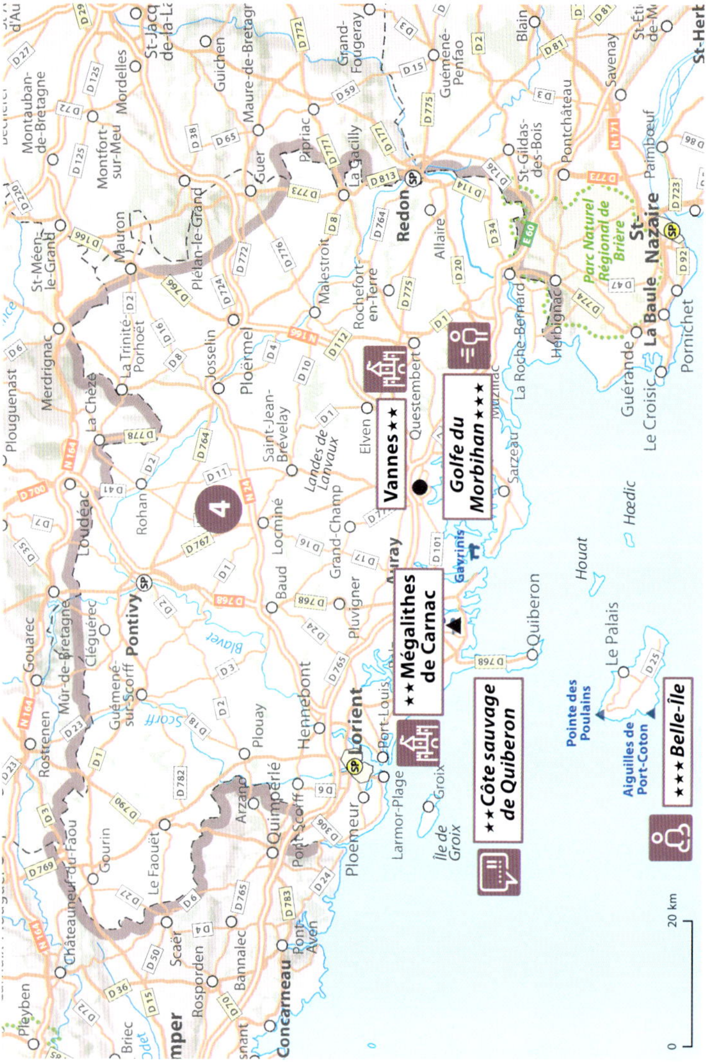

★★ Mégalithes de Carnac
Vannes ★★
Golfe du Morbihan ★★★
★★ Côte sauvage de Quiberon
★★★ Belle-Île
Pointe des Poulains
Aiguilles de Port-Coton
Gavrinis
Parc Naturel Régional de Brière
Lorient
Pontivy
Redon
St-Nazaire
La Baule
Concarneau
Auray
Quiberon
Le Palais
Houat
Hœdic
Île de Groix
Ploërmel
Josselin
Loudéac
Quimperlé
Hennebont
Le Croisic
Guérande
Sarzeau
Elven
Malestroit
Rochefort-en-Terre
0
20 km

LE MORBIHAN

Top 5

1.
LES MÉGALITHES DE CARNAC

2.
LA CÔTE SAUVAGE SUR LA PRESQU'ÎLE DE QUIBERON

3.
BELLE-ÎLE

4.
LE GOLFE DU MORBIHAN EN BATEAU

5.
LA VIEILLE VILLE DE VANNES

Les grands rendez-vous

MAI
→ La Semaine du golfe (années impaires)

JUIN-SEPTEMBRE
→ Festival Photo La Gacilly

JUILLET
→ Festival Jazz en ville à Vannes
→ Grand pardon de Ste-Anne-d'Auray

AOÛT
→ Festival interceltique de Lorient
→ Les Musicales du Golfe

VANNES, AURAY ET L'EST DU MORBIHAN

★★

La capitale du Morbihan est une cité agréable et ses alentours offrent mille perspectives de balades et de découvertes. L'arrière-pays, moins réputé que le littoral mais tout aussi pittoresque, mérite qu'on s'y arrête.

Vannes - © N. Thibaut/Photononstop

L'incontournable – P.141

Avec ses maisons à colombages, sa culture gastronomique et son ouverture sur le golfe, Vannes marie idéalement douceur de vivre et air iodé.

L'original – P.143

Rochefort-en-Terre et ses environs.

Les lieux à ne pas manquer

Vannes ★★

LA VIEILLE VILLE ★★

Flâner dans les ruelles médiévales

Bâtie en amphithéâtre au fond du golfe, Vannes est la plus douce des villes bretonnes. De la place Gambetta, face au port, passez la porte St-Vincent et déambulez dans les rues piétonnes de la vieille ville. C'est aussi de là que vous monterez sur les remparts (13e-17e s.) qui dominent le ruisseau de la Marle et courent jusqu'à la cathédrale St-Pierre, la place Henri-IV (entourée de jolies maisons à colombages) et le musée des Beaux-Arts (La Cohue). En redescendant au port par la rue des Halles, on passe devant la Maison de Vannes, surprenante demeure médiévale ornée de bustes en granit aux visages hilares. Juste après, la place des Lices (nommée ainsi en raison des tournois qui s'y déroulèrent en 1532 pour célébrer l'union entre la Bretagne et la France) accueille un grand marché le mercredi et le samedi matin.

LA BALADE SUR LE PORT ★

Un avant-goût du golfe

Laissez derrière vous les bâtiments d'architecture contemporaine du quai Éric-Tabarly, dont le kiosque culturel et l'office de tourisme, pour vous engager sur la promenade de la Rabine vers le sud. Après avoir franchi l'estuaire du Vincin, vous arriverez sur la presqu'île de Conleau (30mn à pied). De la plage, belle vue sur l'île de Boëdic. On peut s'embarquer pour l'île d'Arz à partir du port de Conleau.

LES PÂTISSERIES CARTRON

Des menhirs à croquer

15 r. St-Vincent - ✆ 02 97 47 30 34 - www.cartron-gourmandises.com - lun.-sam. 9h-19h, dim. 8h-13h, 15h30-19h.

Fini les visites, envie d'une pause ? Succombez au tonkinois (meringue et chocolat), au menhir de Carnac (praliné noisette enrobé de chocolat au lait) ou encore aux caramels au beurre salé au sel de Guérande de ce salon de thé vannetais.

LA BRASSERIE MOR BRAZ

Bière iodée

4 r. Ampère - ZA St-Léonard 56450 Theix - ✆ 02 97 42 53 53 - www.brasserie-morbraz.com - boutique 9h-12h30, 14h30-19h (fermé w.-end hors sais.).

En Bretagne on n'a pas de vignes, mais on a des idées. Michelle et Thierry Bernard fabriquent de la bière 100 % naturelle à partir de l'eau de mer puisée au large de l'île de Groix (à 15 m de profondeur) puis filtrée. Une visite de la brasserie (1h) suivie d'une dégustation sont proposées (jeu. 17h30, tarifs se rens.).

Le port de Vannes.

© F. Guiziouf/hemis.fr

Auray ★

ST-GOUSTAN ★

Un port historique

Au fond d'une ria qui prolonge le golfe du Morbihan, St-Goustan, le port d'Auray, vous invite à musarder entre ses belles demeures du 16e s. et ses jolis jardins clos. Au hasard des ruelles pavées et pentues, vous trouverez plusieurs vestiges qui évoquent encore sa grande époque (3e port breton au 17e s.). Notamment une plaque au n° 8 du quai Benjamin-Franklin, rappelant que le père fondateur des États-Unis débarqua ici en 1776, avant de se rendre à la cour de Versailles pour y négocier un traité avec la France, en pleine guerre d'Indépendance américaine.

AU RÉGAL BRETON

Plaisirs sucrés

17 r. du Belzic - ✆ 02 97 24 22 75 - www.auregalbreton.fr - lun.-vend. 9h-13h, 14h-19h, sam. 9h-19h - fermé dim.

Envie de douceurs ? Pointez le bout de votre nez dans cette pâtisserie-chocolaterie où vous trouverez toutes les spécialités qui font la réputation de cette enseigne depuis cinquante ans : fars, *kouign-amann*, gâteaux bretons et… *kof-amann* (brioche, pruneaux, noisettes et amandes caramélisées).

PROMENADE DU LOC'H ★

Plongée sur le Loc'h

En descendant vers le port par la rampe, on profite d'une très jolie vue sur le port, le quartier de St-Goustan et la rivière du Loc'h que franchit un vieux pont de pierre.

LA BASILIQUE STE-ANNE-D'AURAY ★

Légende dorée

À 6 km au nord par D 17.

La Bretagne est une terre de croyances. En 1623, Yves Nicolazic voit apparaître sainte Anne (mère de Marie, grand-mère de Jésus), qui lui demande de bâtir une chapelle sur un de ses champs. Une première église est élevée, remplacée à la fin du 19e s. par cette basilique de style néo-Renaissance devenue la capitale spirituelle de la Bretagne. On y trouve de multiples objets ayant trait au culte de sainte Anne. Le double Scala Sancta (« escalier saint ») de l'ancienne porte d'entrée est encore gravis à genoux par les pèlerins le 7 mars, en commémoration de cette apparition. D'autres sites peuvent être visités autour de la basilique, dont le musée de Cire de l'historial Ste-Anne et la maison de Nicolazic.

Au nord de Vannes

JOSSELIN ★★

La vie de château

La cité impressionne, avec ses maisons médiévales à flanc de coteau et surtout l'imposant château des Rohan, qui se mire dans les eaux silencieuses de l'Oust. C'est un des plus beaux châteaux de l'ouest de la France, avec ses donjons du 16e s., des mâchicoulis en granit et des décorations à profusion. Seul le rez-de-chaussée se visite, le reste de l'édifice étant occupé par la famille de Rohan. Envie de continuer la visite ? Un musée de Poupées est installé dans les anciennes écuries : 600 poupées provenant de la collection Rohan (du 17e au 20e s.) avec leurs accessoires et leurs costumes.

LE DOMAINE DE KERGUÉHENNEC ★

Un haut lieu de l'art contemporain

À 10 km à l'est de Locminé. ✆ 02 97 60 31 84 - www.kerguehennec.fr - parc de sculptures 8h-21h ; lieux

d'exposition merc.-sam. 14h-18h, dim.11h-13h et 14h-18h (sf été, tlj 11h-13h et 14h-19h) - gratuit.
C'est un espace à la fois précieux et majestueux, propice à la méditation et à la contemplation, où la création contemporaine dialogue avec le patrimoine architectural. Dans l'immense parc de sculptures qui entoure un château du 18e s., vous vous promènerez au pied de pièces monumentales exposées sous les chênes et les séquoias centenaires. Vous serez surpris de voir combien les formes abstraites de ces sculptures modernes s'ordonnent harmonieusement avec la végétation et les vieilles pierres. Des expositions saisonnières sont également présentées dans le château.

© Ch. Lehenaff/Photononstop

LA FORTERESSE DE LARGOËT ★

Vertige de l'histoire

15 km au nord-est de Vannes - ✆ 02 97 53 35 96 - www.largoet.com - 5,50 € (-10 ans gratuit).

Amateurs de panache et de mystère, les vestiges de cet imposant ensemble fortifié sont faits pour vous. Dans un vallon entouré d'une vaste forêt, vous verrez surgir deux tours colossales au terme d'une marche de 800 m. Le châtelet d'entrée du 15e s. est encore bien conservé, ainsi qu'un impressionnant donjon octogonal de 45 m de haut.

À l'est de Vannes

LA ROCHE-BERNARD

Un belvédère sur la Vilaine

À l'extrême sud-est du Morbihan, cette charmante commune s'étage joliment sur la butte de la Garenne qui domine la Vilaine. Vous trouverez de sympathiques buvettes sur le quai de ce port fluvial, longtemps prospère grâce au commerce du sel (point de départ d'agréables excursions sur le fleuve). Après la sortie ouest de la ville, on peut grimper sur le pont du Morbihan (260 marches), haut de 50 m, pour admirer la vue sur la vieille ville, la campagne boisée et le port de plaisance.

ROCHEFORT-EN-TERRE ★

La Bretagne pittoresque

Bâti sur un promontoire dominant la vallée du Gueuzon, ce bourg occupe un site magnifique, 20 km au nord de La Roche-Bernard. On admire les ruelles fleuries, les places pavées, les demeures médiévales, les façades à colombages et les ateliers d'artisans de cette cité belle comme une carte postale. Pendant l'été, à la tombée de la nuit, une mise en lumière soignée met en valeur les détails architecturaux. Tout autour, le paysage se compose au fil des rochers, des bois, des ravins, des vergers… Difficile de ne pas succomber à l'atmosphère paisible de cet endroit enchanteur.

MARCHÉ DE QUESTEMBERT

Mangez local!

Des fruits, des fromages, du pain, de la charcuterie, des légumes, de la viande, des œufs… Tous les lundis matin (8h-13h), les fous de fooding trouveront leur bonheur dans les vieilles halles (16e s. et 17e s.) de cette cité accueillante, en bordure du pays vannetais. Grande foire régionale chaque 1er lundi du mois.

INSOLITE

BALADES À DOS D'ÂNE

Le Tay - ✆ 02 99 08 04 25 - www.closdutay.com - 23/25 € la demi-journée, 35-40 € la journée.

Une manière originale de découvrir la vallée de l'Aff et de parcourir les nombreux sentiers qui sillonnent les alentours de La Gacilly.

Nos meilleures adresses

Restaurants

L'ANNEXE

Cuisine moderne

18 r. Émile-Burgault - Vannes - ✆ 02 97 42 58 85 - fermé 2 sem. fin juin, 2 sem. fin janv., 1 sem. déb. nov., lun.-dim. - formule 23 €, menu 33/62 € - carte 45/69 €.

Élise et David, deux jeunes professionnels pleins d'allant, tiennent les rênes de cette maison conviviale. La cuisine met l'accent sur la fraîcheur des produits, majoritairement issus de producteurs locaux, dont le nom est même fièrement affiché à la carte. Beaux accords mets et vins.

LES REMPARTS

Cuisine moderne

6 r. Alexandre-le-Pontois - Vannes - ✆ 07 88 17 06 20 - fermé sam. midi,

© Ph. Blanchot/ hemis.fr

LA GACILLY ★

Photo synthèse

Vous serez surpris par le dynamisme de cette cité très photogénique. Une trentaine d'artisans (fileur de verre, sculpteur, tourneur sur bois…) travaillent et exposent dans les rues bordées de maisons en pierre, aux fenêtres fleuries en été. La Gacilly est aussi la ville de naissance d'Yves Rocher (1930-2009), pionnier de la cosmétique, qui y a développé sa passion pour les plantes. Dans le jardin botanique, planté à La Croix-des-Archers (direction Guer), on peut découvrir plus de 1 000 espèces classées en fonction de leur utilisation : cosmétique, parfums, condiments, industrie, tisanes… Enfin, la commune accueille du 3 juin au 30 septembre un grand festival de photo en plein-air, Photo La Gacilly, axé sur les rapports entre l'homme et son environnement. Un excellent prétexte pour aller visiter ce village de caractère.

dim.-lun. - formule 14 €, menu 27/38 € - carte 31/48 €.
Face aux remparts du château, la cuisine bistronomique a trouvé un fer de lance ! Anthony Evin met à l'honneur les produits du marché et les vins de petits producteurs locaux : sa cuisine est un joli panaché d'inspiration, de fraîcheur et de fine simplicité.

LA TÊTE EN L'AIR
Cuisine moderne
43 r. Fontaine - Vannes - ✆ 02 97 67 31 13 - www.lateteenlair-vannes.fr - fermé sam. midi, mar.-merc. - formule (déj. sem.) 19 €/24 € - menus 32/65 €
L'ancien Boudoir est aujourd'hui le fief d'un jeune couple dynamique et accueillant, qui a bel et bien la tête… sur les épaules. Les assiettes sont modernes en diable, soignées et pleines de saveurs, à l'ardoise le midi et déclinées, midi et soir, dans un menu à l'aveugle en 3, 5 ou 7 temps. Vu le prix, il serait vraiment dommage de se priver.

ROSCANVEC
17 r. des Halles - Vannes - ✆ 02 97 47 15 96 - fermé dim. soir et lun. - formule 25 €, menu 30 € (déj. sem.), 54/90 € - carte 65/100 €.
Dans cette chaleureuse maison à colombages, la carte est inventive, avec une attention particulière et subtile pour les épices. Des quelques tables du rez-de-chaussée, les plus curieux pourront assister en direct au travail sur les fourneaux. La salle principale se trouve à l'étage.

LE MÉDAILLON
Cuisine traditionnelle
10 r. Bouruet-Aubertot - 56610 Arradon - ✆ 02 97 44 77 28 - lemedaillon.chez-alice.fr - fermé dim. soir, mar. soir et merc. (sf juil.-août), 24-26 déc. - menu 18,40/27,50/38 € - 35/54 €.
Aux portes du village, un ancien bar reconverti en restaurant, avec poutres apparentes et murs de pierre. En été, on profite du jardin terrasse pour déguster la cuisine raffinée.

CLOSERIE DE KERDRAIN
Cuisine moderne
26 r. L.-Billet - Auray - ✆ 02 97 56 61 27 - www.lacloseriedekerdrain.com - fermé 10 j. en mars, 1 sem. oct., 2 sem. janv., dim. soir, lun. et mar. hors sais. - formule 28 €, menu 45/78 € - carte 56/97 €.
C'est un charmant petit manoir breton, niché dans un jardin. Le chef y cultive ses herbes et ses fleurs, qu'il réutilise ensuite dans l'assiette, accompagnée de bien beaux flacons. Une véranda et une terrasse vous accueillent en même temps que les premières chaleurs d'été.

TERRE-MER
Cuisine moderne
16 r. du Jeu-de-Paume - Auray - ✆ 02 97 56 63 60 - www.restaurant-terre-mer.fr - fermé 1 sem. juin, 2 sem. oct., 23 déc.-4 janv., sam. midi, dim. soir et lun. - formule 25 €, menu 29 € (déj. sem.), 42/115 €.
Après un joli parcours international, Anthony Jehanno a repris l'adresse en 2010, avec son épouse, Anne-Sophie. Le duo excelle à en faire une table aussi agréable que gourmande. Dans cette charmante maison de granit, la terre épouse la mer – et uniquement pour le meilleur !

AUBERGE DES DEUX MAGOTS
Cuisine moderne
1 pl. du Bouffay - La Roche-Bernard - ✆ 02 99 90 60 75 - www.aubergedesdeuxmagots.fr - fermé dim. soir et lun. - formule 18 €, menu 23 € (déj. sem.), 32/70 €.
Deux anciens du domaine de la Bretesche (Missillac) ont repris cette ancienne auberge. Ils y proposent une cuisine soignée, parfumée et sagement créative, à des prix défiant toute concurrence.

Fraîcheur, saveurs : une renaissance appétissante !

L'AUBERGE BRETONNE

Cuisine moderne

2 pl. Du Guesclin - La Roche-Bernard - ✆ 02 99 90 60 28 - www.auberge-bretonne.com - fermé vac.Toussaint, de printemps, dim. sf midi juil.-août et lun. - formule 19 €, menu 28/50 €.

Dans cette auberge traditionnelle, la généreuse cuisine de saison envoûte bien des gourmands. À cela s'ajoute le joli décor de la salle, donnant sur un petit jardin où poussent des herbes aromatiques. Attrayant !

LES ENFANTS GÂT'THÉS

Cuisine du terroir

24 r. Lafayette - La Gacilly - ✆ 02 99 08 23 01 - www.lesenfantsgatthes.fr - fermé le soir sf vend. et sam. - menus 15,50/29/39 €.

À côté des ateliers d'artisans du village, cette ancienne maison rénovée fait largement appel aux productions locales (viandes bio) pour sa carte. Également salon de thé et épicerie fine (thés, confitures, etc.).

✿ DOMAINE DE ROCHEVILAINE

Poissons et fruits de mer

Pointe de Pen-Lan (18 km à l'ouest de La Roche-Bernard) - Muzillac - ✆ 02 97 41 61 61 - www.domainerochevilaine.com - menu 44 € (déj. sem.) 79/140 € - carte 80/95 €.

Envie de saveurs iodées, de fruits de mer savoureux, de poisson encore nimbé de l'écume de la marée ? Cette table est tout indiquée, qui fait un sacerdoce de respecter le produit, au-dessus de tout. Vue sur les flots.

LE PÉLICAN

Cuisine traditionnelle

Pl. des Halles - Rochefort-en-Terre - ✆ 02 97 43 38 48 - www.hotel-pelican-rochefort.com - fermé 2 sem. fév., dim. soir, merc. soir et lun. - 20/48 €.

La cuisine traditionnelle de ce restaurant de caractère (poutres apparentes, cheminée monumentale, meubles en bois sculpté) est saupoudrée d'épices, à vous en faire perdre la tête !

Activités

LAC AU DUC

Entre Vannes et Rennes. 56800 Taupont - dép. parking de l'hôtel du Roi Arthur (4h de balade)

Sur les berges de ce lac artificiel, le circuit des hortensias (3 km) chemine dans un labyrinthe de pétales aux tons roses, bleus ou blancs (mai-oct.).

PROMENADES SUR LA VILAINE

La Roche-Bernard - ✆ 02 97 45 02 81 - www.vedettesjaunes.com - avr.-oct. : dép. du barrage d'Arzal ou de La Roche-Bernard apr.-midi (1h30) - 13,50 € (-11 ans 7 €).

Profitez des sinuosités boisées de la Vilaine à bord des vedettes qui circulent toute l'année. Du vieux port de La Roche-Bernard, un sentier de randonnée peut vous conduire au barrage (10 km).

PARC DE BRANFÉRÉ

À 30mn à l'est de Vannes - ✆ 02 97 42 94 66 - www.branfere.com - juil.-sept. : 9h30-19h30 ; avr.-juin : 10h-18h30 ; reste de l'année : se rens. - fermé nov.-janv. - 20,50 € (-12 ans 14 €).

Deux mille animaux en semi-liberté, au plus près de leur biotope naturel, c'est le pari de cette ferme pour enfants, parc de loisirs et centre d'éducation à l'environnement (École Nicolas Hulot). On peut aussi y découvrir des animaux de la savane africaine (oryx, girafe, gnou, grand koudou…).

TIRE-BOUCHON

D'Auray à Quiberon. 10 AR quotidiens juil.-août - 3,50 €/trajet (-12 ans gratuit).

Évitez l'encombrement du trafic automobile sur l'étroite bande de terre qui dessert la presqu'île de Quiberon en empruntant ce petit train estival (28 km, 9 arrêts).

AUTOUR DU GOLFE DU MORBIHAN

★★★

Le Morbihan (« petite mer » en breton) tire son nom du site exceptionnel que constitue le golfe, avec son chapelet d'îles, ses vestiges préhistoriques fort bien conservés ou encore sa faune et sa flore exceptionnelles. Une pure invitation au voyage.

Le golfe du Morbihan - © B. Stichelbaut/hemis.fr

L'incontournable – P.149
Les alignements de mégalithes, vieux de 5 000 ou 6 000 ans, à Carnac ou à Locmariaquer.

L'original – P.157
Embarquer sur le forban du Bono pour un tour du golfe.

© J. Loic/Photononstop

Sortie en kayak dans le golfe.

Les lieux à ne pas manquer

Golfe du Morbihan ★★★

LE TOUR DU GOLFE EN BATEAU ★★★

Robinsonades armoricaines

Dép. du golfe : Vannes, Locmariaquer, Auray, Le Bono, Larmor-Baden ou Port-Navalo. Hors golfe : Port-Haliguen sur la presqu'île de Quiberon. Adresses des compagnies sur www.tourisme-vannes.com/voir-faire/croisieres. Voir aussi : www.parc-golfe-morbihan.bzh.

Le golfe du Morbihan offre un panorama exceptionnel, parsemé d'une quarantaine d'îles minuscules et de deux plus grandes, dont l'île d'Arz. Avec ses marais, ses prés et ses criques, Arz (5 km de long sur 3 de large) a conservé son côté sauvage.

L'ÎLE-AUX-MOINES ★

Sainte île

Ancienne propriété des moines de Redon, l'île est la plus grande et la plus peuplée (la plus visitée, aussi) du golfe. Sa végétation luxuriante vous frappera : camélias, mimosas, hortensias, palmiers, eucalyptus poussent au milieu des villas balnéaires du 19ᵉ s. et des modestes maisons de pêcheurs, des fontaines, des chapelles et des vestiges mégalithiques.

LA POINTE DE KERPENHIR ★

La porte du paradis

À l'entrée ouest du golfe du Morbihan, face au charmant village de Port-Navalo. Vous serez d'abord saisi par le panorama, magnifique, puis intrigué par l'impressionnant mouvement des marées. Le golfe se vide et se remplit par ce goulet qui ne fait que 1 km de large, à une vitesse pouvant atteindre 9 nœuds (4 m/s), ce qui en fait le deuxième courant le plus fort d'Europe. Juste à côté, la plage de St-Pierre, très sauvage, offre de belles vues vers Carnac et Belle-Île.

NSOLITE

DÉCOUVRIR LE GOLFE EN KAYAK

Kayak Varec'h - 70, rue bois-bas 56870 Baden - ✆ 06 03 32 35 67 - www.bretagne-kayak.fr. Ou www.parc-golfe-morbihan.bzh.

Laissez-vous porter par la vague grâce au kayak de mer, léger, silencieux, facilement maniable et permettant d'accoster sur les grèves de toutes les îles (à l'exception des réserves naturelles).

Un moyen privilégié de découvrir le golfe. Mais attention, le fort courant provoqué par les marées montantes et descendantes peut vous amener plus loin que prévu. Renseignez-vous!

L'ENSEMBLE MÉGALITHIQUE DE LOCMARIAQUER ★★

Une sorcière bien-aimée

Rte de Kerlogonan - ✆ 02 97 57 37 59 - www.site-megalithique-locmariaquer.fr - mai-août : 10h-19h (18h mai-juin) ; reste de l'année : 10h-12h30, 14h-17h15 - 6 € (-18 ans 5 €). Réduction dès le 2e site visité (Carnac, les cairns du Petit-Mont et de Gavrinis, musée de Préhistoire) avec le Pass des Mégalithes.

Ces imposants blocs de granit, vieux de 5 000 ou 6 000 ans, vont faire voguer très loin votre imagination. Le Men-er-Hroeg (la « pierre de la sorcière »), aujourd'hui brisé, atteignait 20 m de haut. Le dolmen de la Table des Marchands est recouvert par une dalle longue de 7 m, dont le poids est estimé à 65 t. Vous trouverez d'autres pierres dans le village de Locmariaquer, tel le dolmen de Mané-Rethual, allée couverte de 15 m de long.

© Hiroshi Higuchi/age fotostock

LES MÉGALITHES DE CARNAC ★★

Un méga-site préhistorique

Maison des mégalithes - ✆ 02 97 52 29 81 - www.menhirs-carnac.fr - juil.-août : 9h-19h ; avr.-sept. : 9h30-18h ; reste de l'année : 10h-13h, 14h-17h - 6 € (-18 ans gratuit).

Un lieu unique ! Dans un périmètre réduit, vous avez accès à l'essentiel des monuments mégalithiques de Bretagne : alignements, dolmens, menhirs, tumulus… En été, vous devrez passer par la Maison des mégalithes (qui organise des visites guidées) pour avoir l'autorisation de circuler au milieu des vestiges. Pour vous donner un ordre d'idée : les alignements du Menec (3 000 av. J.-C.) s'étendent sur une longueur de 1 160 m, avec 1 099 menhirs disposés sur 11 files. Sur le tumulus St-Michel, long de 125 m et haut de 12 m, une chapelle a été bâtie, ainsi qu'une table d'orientation offrant une vue magnifique sur la région des mégalithes, la côte et les îles.

LE MUSÉE DE PRÉHISTOIRE JAMES MILN / ZACHARIE LE ROUZIC ★★

Le temps retrouvé

Carnac - ✆ 02 97 52 22 04 - 6 € (6-17 ans 3 €).

Si vous n'êtes pas déjà passionné de préhistoire, vous le deviendrez dans ce musée mondialement connu. Ses collections rassemblent des pièces exceptionnelles allant du Paléolithique inférieur (600 000 av. J.-C.) jusqu'au début du Moyen Âge. On y apprend, par exemple, l'origine des mégalithes au Néolithique (de 5 000 à 2 000 av. J.-C.), quand l'homme s'est sédentarisé en devenant agriculteur et éleveur.

FUMAGE ARTISANAL D'ARZON

23 r. Centrale - 56370 Sarzeau - ✆ 02 97 41 86 76 - www.fumage-arzon.fr - 9h-12h30, 16h-19h (seult matin mars et oct.-nov.) - fermé de déb.

janv. à mi-fév. et dim.-lun.
Patrick Chauchard a développé une gamme de produits à base de saumon fumé dont les fameuses rillettes de saumon fumé et de nombreuses conserves de produits de la mer.

Quiberon ★

LA CÔTE SAUVAGE ★★

Le grand show de la nature

C'est un paysage grandiose et tourmenté, une succession de falaises déchiquetées où grottes et crevasses alternent avec de petites plages sur lesquelles les vagues se brisent en faisant éclater leur écume (baignade interdite à cause des lames de fond). Des stèles de granit jalonnent la petite départementale qui longe le littoral. Elles marquent l'emplacement de sites, tous pittoresques, que vous pourrez découvrir à pied : pointe du Percho, Port-Blanc, trou du Souffleur, pointe de Scouro, grotte de Kerniscob…

LE PETIT TRAIN

Cheval vapeur

02 97 24 06 29 - www.petittrain-quiberon.com - avr.-sept., 10h-18h dép. de la pl. Hoche à Quiberon, ttes les h. sf entre 12h-14h - 7,50 € (-12 ans 4,50 €).
Voici une façon ludique de découvrir Quiberon, de la pointe du Conguel à la Côte sauvage, en revenant par Port-Maria et sans se fatiguer.

LA QUIBERONNAISE

C'est dans la boîte

30 r. du Port-de-Pêche, 5 quai de Houat - Port-Maria - 02 97 50 12 54 - www.laquiberonnaise.fr - avr.-sept. : 10h-12h15, 15h15-

© J. Damase/Photononstop

HOUAT ET HOËDIC ★

Deux îles zen

Départs de Quiberon, Vannes et Port-Navalo.
Dans le prolongement de Belle-Île, les petites îles de Houat et Hoëdic sont deux écrins de douceur. Leurs nombreux sentiers vous invitent à découvrir une nature bien préservée. Houat (5 km sur 1,3 km) signifie « le canard ». Hautes falaises sur la côte et ruelles sinueuses dans le bourg. Derrière l'église, le sentier qui longe le cimetière vous emmène sur un belvédère offrant une splendide vue sur le port et la presqu'île de Rhuys. Hoëdic, plus petite (2,5 km sur 1 km), est « le caneton ». Nombreuses plages de sable blanc et deux lagunes d'eaux turquoise sur la côte est, tandis que dans la lande croissent des œillets sauvages, des figuiers, des tamaris et quelques cyprès. Amateurs de solitude : s'abstenir en période estivale.

LE MOT DE CYRIL DENNERY

« Je suis allé de nombreuses fois sur Houat à bord du petit voilier de mon père. Morceau détaché de la presqu'île de Quiberon, Houat, dont on fait le tour à pied, a beaucoup contribué à façonner mon imaginaire îlien. »

19h ; reste de l'année : tlj sf dim. et j. fériés 9h-12h, 14h-18h30, sam. 10h-12h, 14h30-18h30.
Dans cette usine presque centenaire, labellisée « Entreprise du Patrimoine vivant » les conserves sont préparées à la main en utilisant uniquement du poisson frais (sardines, thon, anchois). Une fois entré dans la boutique au décor rétro, vous en ressortirez forcément les bras chargés !

Belle-Île ★★★

LE PALAIS ★

De la découverte

Dynamique et convivial, le « Palais » comme la nomment les Bellilois, ou la « capitale » de la plus grande des îles bretonnes, offre de belles promesses de promenades. Au retour des marées, les derniers pêcheurs de l'île vendent leurs poissons directement sur le quai, qui pénètre jusqu'au cœur du bourg. L'occasion, le matin, d'aller vous approvisionner en produits locaux (légumes, fruits, viandes, fromages) au marché place de la République. Magnifique vue sur l'avant-port et la baie à partir des remparts.

LA CITADELLE VAUBAN ★

Place forte

02 97 31 85 54 - www.citadellevauban.com - juil.-août : 9h-19h ; avr.-juin et sept.-oct. : 9h30-18h ; reste de l'année : se rens. - 8,75 € (-10 ans gratuit).
Sa double enceinte et ses puissants bastions (17e s.) portent la marque de Vauban, et pourtant, la construction de la cidatelle est antérieure (1549) de plus d'un siècle à l'architecte militaire de Louis XIV. Le musée historique expose de nombreux documents sur l'histoire de l'île. À voir aussi : la poudrière circulaire, la salle des cartes, les cachots… Des bastions de la Mer et du Dauphin, points de vue remarquables sur le port et la côte nord. La citadelle accueille chaque année des manifestations artistiques dont un festival d'art lyrique.

LES GRANDS SABLES ★

Baignades historiques

Faire de l'histoire à la plage ? La plus vaste plage de Belle-Île (1,8 km de long) fait se côtoyer baigneurs et vestiges des fortifications élevées aux 17e et 18e s., pour contrer les tentatives de débarquement des Anglais et Hollandais.

LE JARDIN LA BOULAYE

Un air de paradis

Le Grand-Cosquet - 02 97 31 76 09 - sur RV - 9 € (-21 ans gratuit).
Nostalgiques du jardin d'Eden ? Venez vous ressourcer dans cet espace verdoyant réparti sur deux vallons. Les plantes indigènes y côtoient des espèces apportées (pins d'Alep, ginkgo biloba, etc.), un champ d'ajoncs tondus y forme un labyrinthe. Les fleurs

Les quais du Palais, à Belle-Île

(cistes, santolines, véroniques…) s'épanouissent sur des terrasses avec vue sur la mer. De ce havre, tout à la fois paysage et jardin, sauvage et domestiqué, se dégage une apaisante sensation de dépaysement.

COMPTOIR DE BELLE-ÎLE

Terre & mer

Quai Jacques-Le Blanc - Le Palais - 02 97 57 23 53 - www.comptoirdebelleile.fr - tlj sf lun.

Il règne un bel esprit convivial et passionné dans cette épicerie de premier choix, où tout est produit localement, très souvent en bio, selon des recettes artisanales. Terrine de homard et cognac, rillettes de porc au fromage de chèvre, rillettes de thon blanc fumé, chouchen, etc.

SAUZON ★

Méditations marines

Impressionnante dentelle rocheuse entrecoupée d'anses sablonneuses. Vous apprécierez d'autant plus la tranquillité de la côte ouest au petit port de Sauzon, havre de paix qui offre un panorama apaisant, avec sa ria qui s'avance loin dans les terres. Jolies maisons colorées à flanc de colline. De là, marchez 15mn pour arriver au décor du bout du monde de la pointe des Poulains.

PORT-DONNANT ★★

Flirtez avec les embruns

En posant les pieds dans le sable clair de cette majestueuse plage de sable encadrée de falaises, vous aurez l'impression d'évoluer dans une image d'Épinal bretonne. Le décor est à la fois rude et harmonieux, la mer souvent violente. En longeant la côte vers le sud, vous verrez surgir les Aiguilles de Port Coton, ces petits pics de granit sortant des flots, qui se coiffent d'écume blanche, pareille à du coton, les jours de tempête. Un des plus beaux spectacles de la

© saintho/iStock

LA POINTE DES POULAINS ★★ ET LE MUSÉE SARAH-BERNHARDT ★★

Monstre sacré

Musée : 02 97 31 63 29 - www.ccbi.fr /nature_pointe_poulains.html - 5 € (7-12 ans 3 €).

Ce site superbe au panorama grandiose, qui avait tant séduit Sarah Bernhardt, a été réaménagé par le Conservatoire du littoral. Des sentiers permettent de se promener jusqu'au phare, accessible uniquement à marée basse, ainsi qu'aux différents bâtiments dédiés à la tragédienne. Vous y découvrirez la personnalité extraordinaire et la biographie tumultueuse de ce « monstre sacré » (surnommée ainsi par Cocteau au début du 20e s.). Au fort de Sarah Bernhardt, où l'actrice avait installé sa demeure, le décor a été si bien recréé que l'on s'attendrait à la voir arriver en personne. Non loin, dans la villa des Cinq Parties du monde, une exposition ludique et un commentaire sur audioguide vous plongent dans la vie de la très grande tragédienne et sa relation avec l'île et ses habitants.

côte et probablement l'un des plus connus grâce aux tableaux de Claude Monet (à la fin du 19e s.) Visitez également le Grand phare, haut de 52 m : vue à 360° sur l'île, ses alentours et jusqu'à la côte continentale.

De Vannes à Locmariaquer ★

Voici une belle échappée pour découvrir la nature généreuse du golfe et son patrimoine mégalithique d'exception. Quittez Vannes par la D 101, puis, à 5 km, prenez à gauche vers la pointe d'Arradon.

LA POINTE D'ARRADON ★

Longue vue

De la pointe, profitez de la vue sur la « petite mer » et sur son chapelet d'îles, bien représentatif du golfe du Morbihan. L'ambiance y est paisible toute l'année, sauf pendant le pic touristique, du 14 juillet au 15 août.

LE CAIRN DE GAVRINIS ★★

Mise en pierre

Cale de Pen-Lannic - ✆ 02 97 57 19 38 - www.morbihan.fr/gavrinis - visite guidée sur réserv. (55mn) avr.-sept. : 9h30-12h30, 13h30-18h30 ; vac. de fév. et vac. de la Toussaint : tlj sf lun. 13h30-18h30 - 18 € (-18 ans 8 €)

De Larmor-Baden, on embarque pour la petite île de Gavrinis, où le cairn (6 m de haut et 50 m de diamètre) nous fait faire un bond dans le temps. S'il nous reste du temps, on visite l'îlot d'Er Lannic, qui porte deux cromlechs aujourd'hui à moitié immergés car le niveau de la mer a monté depuis le Néolithique.

LOCMARIAQUER

Embarquement immédiat

Terminus de l'autre côté de la rivière d'Auray, où le bourg de Locmariaquer (et ses mégalithes, à voir p. 149) est une agréable destination familiale et le point de départ de belles croisières autour du golfe. Liaisons quotidiennes vers la presqu'île de Rhuys.

La presqu'île de Rhuys ★

Langue de terre et de sable qui ferme le golfe au sud, la presqu'île vous fait découvrir les différents visages du golfe. Quittez Vannes par la N 165 vers Nantes. Après St-Léonard, prenez à droite la D 780.

Port du Crouesty.

© L. Lourdel/Photononstop

LE PORT DU CROUESTY

Toutes voiles dehors

Sur les côtes de bout de terre, qui protègent le golfe des fureurs de l'océan, se niche le complexe nautique du port du Crouesty, spot des amateurs de voile.

ST-GILDAS-DE-RHUYS ★

Histoire romane

Toujours côté océan, la plage du Goh'velin fait la joie de ceux qui se risqueront au fun board, au kite surf ou au catamaran. Mais ce village monastique fera aussi le bonheur des amateurs de vieilles pierres. Ses sites préhistoriques (tumulus de Tumiac, cairn du Petit-Mont) et son église (11e s.) feront défiler l'histoire sous vos yeux.

LE CHÂTEAU DE SUSCINIO ★

700 ans d'histoire

02 97 41 91 91 - www.suscinio.fr - avr.-sept. : 10h-19h ; fév.-mars et oct. : 14h-18h ; reste de l'année : 14h-17h - 7,50 € (-18 ans 2,50 €).

Résidence préférée des ducs de Bretagne, cet édifice en impose quand on le visite. On en ressort avec un beau témoignage de l'art décoratif médiéval.

Nos meilleures adresses

Restaurants

LES EMBRUNS

Cuisine traditionnelle

1 r. du Commerce - Île-aux-Moines - 02 97 26 30 86 - www.restaurantlesembruns.com - fermé 1er-20 oct., fév. et merc. sf juil.-août - menu 21/30 € - carte 27/40 €.

Par mer agitée, il n'est pas rare que ce restaurant soit balayé par les embruns ! Quoi de plus normal sur cette jolie île… où le plaisir des yeux s'allie au plaisir des papilles. Ici, pas de chichi, on savoure tourteaux, poissons frais, huîtres et fruits de mer dans une ambiance conviviale… Esprit insulaire oblige !

L'ANNEXE

Cuisine bretonne

3 quai de l'Yser - Le Palais - Belle-Île - 02 97 31 81 53 - fermé janv.-mars, merc. et jeu. midi sf juil.-août - carte 10/25 €.

Dans cet ancien café de marins datant des années 1950, le décor est resté retro ! On vient ici pour l'atmosphère conviviale et la qualité des crêpes, à l'instar de cette Palatine aux filets de sardines fraîches rôties, et concassé de tomate…

Château de Suscinio.

© Taillard/SoFoof/Ptononstop

Crêpes traditionnelles au beurre

CAFÉ DE LA CALE
Poissons et fruits de mer
Quai Guerveur - Sauzon - Belle-Île - ✆ 02 97 31 65 74 - fermé oct.-mars sf vac. scolaires fév. - formule 23 € - carte 21/53 €.
Dans cette ancienne sardinerie transformée en bistrot marin, on joue des coudes pour déguster poissons frétillants et coquillages, issus en partie de la pêche locale. À la carte, seule une viande subsiste : l'agneau de Belle-Île, élevé sur les prés salés.

ROZ AVEL
Cuisine moderne
R. du Lt-Riau - Sauzon - Belle-Île - ✆ 02 97 31 61 48 - fermé de mi-nov. à mi-mars (sf 15-31 déc.) et merc. - formule 25 €, menu 33/58 € - carte 46/65 €.
Dans cette maison de pays, le chef rend un bel hommage aux produits de la mer : ormeau snacké et rouelle de tête de veau, turbot en écaille de pomme de terre, crêpe soufflée au chouchen… De quoi en perdre le sens de l'orientation, s'il n'y avait le Roz Avel (rose des vents) !

LE MARIE GALANTE
Cuisine traditionnelle
Chemin des Aiguilles de Port-Coton - Bangor - Belle-Île - ✆ 02 97 31 80 92 - www.hotelgrandlarge.com - fermé de déb. nov. à mi-fév., lun. et mar. midi hors sais. - formule 22 €, menu 27 €(déj.), 35/57 € - carte 39/88 €.
Dans une élégante salle à manger, dotée d'une superbe vue sur la mer, on savoure une cuisine soignée aux accents marins : raviole de homard au jambon ibérique, daurade royale en croûte de sel aux algues… Terrasse exquise.

LE 180°
Cuisine créative
Port-Goulphar - Belle-Île - ✆ 02 97 31 84 21 - www.castel-clara.com - fermé de mi-nov.à mi-déc., dim.-lun. sf juil.-août et le midi - menu 59/140 € - 71/96 €.
À la barre de ce bateau, avec vue imprenable sur l'anse de Goulphar, le chef concocte des recettes créatives, avec les meilleurs produits de l'île, comme ce beau menu homard. Une traversée vivifiante, pleine d'embruns, de talent et de fraîcheur.

LA CÔTE
Cuisine créative
Impasse Er-Forn - Carnac - 2 km rte d'Auray - ✆ 02 97 52 02 80 - www.restaurant-la-cote.com - fermé de déb. janv. à mi-fév., dim. soir hors sais. et lun.-mar. - 26 € (déj. sem.), 39/83 €.
Une salle dédiée au vin, une autre plus contemporaine ouvrant sur un jardin japonisant : cette ferme proche du site mégalithique de Kermario vit avec son temps. De même la carte, qui allie bons produits et imagination.

LA CALYPSO
Poissons et fruits de mer
158 r. du Pô - Carnac - ✆ 02 97 52 06 14 - www.calypso-carnac.com - fermé de fin nov. à fin janv., dim. soir sf vac. scolaires et lun. - carte 39/79 €.
Une adresse authentique à souhait, face au parc à huîtres de la zone ostréicole. Poissons, coquillages et crustacés sont d'une grande fraîcheur

dans ce charmant bistrot marin.

LA CHAUMINE

Cuisine traditionnelle

79 r. de Port-Haliguen - Quiberon - 02 97 50 17 67 - www.restaurant-lachaumine.com - fermé de mi-nov. à mi-mars, dim. soir, mar. midi et lun. - formule 25 €, menu 32/52 € - carte 41/57 €.

Une demeure lumineuse qui cultive l'esprit du large, comme sa cuisine, très iodée et gourmande... Un refuge idéal après une balade sur la Côte Sauvage !

VILLA MARGOT

Cuisine moderne

7 r. de Port-Maria - Quiberon - 02 97 50 33 89 - www.villamargot.fr - fermé oct.-Pâques et mar. sf juil.-août - formule 19 €, menu 40/73 € - carte 52/92 €.

Une savoureuse cuisine de la mer que l'on déguste sur la terrasse, face à la mer, quasiment les pieds dans le sable... ou dans l'une des salles intérieures.

L'ARROSOIR

Poissons et fruits de mer

4 pl. Yvonne-Sarcey - La Trinité-sur-Mer - 02 97 30 13 58 - www.leshortensias.info - fermé mar. midi et merc. midi hors sais. - formule 18 €, menu 23 € (déj. sem.) - carte 35/60 €.

Difficile de résister à la terrasse en teck de ce restaurant, grande ouverte sur le chenal de la Trinité. À l'intérieur, un coquet décor de bistrot marin sert d'écrin à une jolie cuisine océane.

LE GAVRINIS

Cuisine moderne

1 r. de L'Île-Gavrinis - Baden - 02 97 57 00 82 - www.gavrinis.com - fermé 23 déc.-15 janv., dim. soir et lun. soir hors sais. - formule 18 €, menu 21 €(déj. sem.), 32/49 € - carte 42/63 €.

Dans un décor soigné où dominent le bois flotté et les teintes douces, l'enseigne rend hommage à l'île de Gavrinis toute proche. Il faut dire qu'ici, on cultive l'âme bretonne et la fierté d'un terroir riche et vivant : millefeuille de sardines et pissaladière ; poitrine de porc fermier confite et laquée... À savourer.

LA CHAUMIÈRE DE POMPER

Cuisine bretonne

Moulin de Pomper - 14 lieu-dit Kerhervé - 4 km par rte d'Arradon - Baden - 02 97 58 59 66 - www.lachaumieredepomper.fr - fermé mars, 1 sem. juin, 1 sem. oct. et dim.-lun. - carte 15/25 €

Réputée dans la région, cette crêperie propose des galettes avec une farine de blé noir bio mélangée avec 10 % de farine de froment, ainsi qu'une finesse de pâte et une cuisson les rendant davantage croustillantes que la moyenne... en breton, cela se nomme *kraz* ! Un conseil : optez pour les classiques, ce sont les meilleures... Belle carte de cidres.

LE KERSTÉPHANIE

Cuisine moderne

Sarzeau - www.lekerstephanie.fr - fermé mar.-merc. - formule 20 €, menu 28/60 €

Cette ancienne ferme en pierres, couverte de vigne vierge et entourée d'un parc, propose une cuisine actuelle, joliment inventive. Tourteau au citron vert et siphon d'avocat ; poisson de ligne, tomate et réglisse à l'huile de basilic... que l'on déguste, aux beaux jours, sur la terrasse ombragée.

LE VERT D'O

Cuisine moderne

94 r. Guernevé - St-Gildas-de-Rhuys - www.levertdo.fr - fermé janv., lun.-mar. et merc. oct.-mars - formule 20 €, menu 28/48 € - carte 45/65 €.

Installez-vous sur la belle terrasse avec vue sur la mer... et profitez d'une cuisine délicate et parfumée, mettant en valeur les produits locaux : riz au lait de tourteau et citron vert, crème à la seiche, cotriade de poissons et crustacés au safran de Bretagne. Coloré et goûteux.

Activités

LE FORBAN DU BONO

Mairie - 56400 Le Bono - 06 72 58 68 76 - www.forbandubono.net - réserv.
Le *Notre-Dame-de-Béquerel*, réplique d'un forban (bateau de pêche traditionnel) de 1912, embarque dix personnes pour une promenade dans le golfe et vers Quiberon.

CARNAC THALASSO

Av. de l'Atlantique - 06 97 52 53 54 - www.thalasso-carnac.com.
Ambiance feutrée, bâtiments rénovés et détente garantie pour découvrir l'hydrothérapie et l'algothérapie, tout en profitant de la plage.

CASTEL THALASSO BELLE-ÎLE

Bangor - Port-Goulphar - 02 97 31 84 21 - www.castel-clara.com - formules soins 88/107 €.
Bel environnement naturel au fond de l'anse de Goulphar. Cures de remise de forme, soins, massages.

MIRAMAR LA CIGALE THALASSO & SPA

Arzon - port du Crouesty - 02 97 53 49 00 - www.miramar-lacigale.com.
Faites-vous masser (hydrothérapie, aromathérapie, algothérapie, piscine et espace relaxation) pendant que les enfants sont bien occupés à l'espace nursery.

SORTIES NATURE GWEN MALLEJAC

Damgan - presqu'île de Rhuys - 06 82 18 34 36 - fermé nov.-janv. - horaires : se rens.
Un programme de passionnantes balades pédestres ou à vélo, pour découvrir la pêche à pied, les marais salants et les chantiers ostréicoles du golfe.

CONSERVERIE LA BELLE-ILOISE

ZA Plein-Ouest - Quiberon - 02 97 50 08 77 - www.labelleiloise.fr - visite guidée (45mn) - fermé dim.
Cette conserverie, fondée en 1932, présente les différentes étapes de fabrication de ses produits (films et reconstitutions). On observe le travail à la main des sardinières sur les lignes d'étripage ou d'emboîtage. La visite s'achève par une dégustation à la boutique (produits pour l'apéritif, sauces, soupes, sardines, maquereaux et thon).

FERME FROMAGÈRE DE SUSCINIO

Sarzeau - rte de Penvins - 06 60 73 59 12.
Vous y découvrirez le secret du fromage de lait de vache frotté au sel de St-Armel. Possibilité d'assister à la traite des vaches.

Produits de la Belle-îloise

LORIENT ET LE NORD DU MORBIHAN

★

Chaque été, le port de Lorient est en pleine effervescence grâce à son Festival interceltique. À proximité, les vallées du Scorff et du Blavet offrent de multiples possibilités de promenades.

Port-Louis © B. Sticheibaut/hemis.fr

L'incontournable – P.160

L'éperon granitique sur lequel est construite la ville de Port-Louis, sur l'embouchure du Blavet, face à l'océan.

L'original – P.160

Balades nature sur l'île de Groix.

Les lieux à ne pas manquer

Lorient ★

NOTRE-DAME-DE-VICTOIRE ★

Armé pour la paix

Construite en béton armé, après les bombardements de 1943-1944, l'église vous surprendra par la luminosité de la rotonde intérieure, éclairée par de petits vitraux jaunes et blancs. L'édifice s'élève sur la vaste place Alsace -Lorraine, elle aussi reconstruite après-guerre.

ENCLOS DU PORT

Vestiges d'une cité commerçante

Entrée par la porte Gabriel - ✆ 02 97 02 23 29 - http://patrimoine.lorient.fr - gratuit - visite libre.

Plongez dans le cœur historique de Lorient en visitant l'ancien enclos de la Compagnie des Indes. Vous y verrez notamment l'hôtel des ventes, dessiné en 1740 et reconstruit dans le style original. Plusieurs bâtiments ont été détruits pendant la guerre, mais certains ont résisté, comme les moulins de l'Amirauté (1677) ou la tour de la Découverte (1737), qui servait autrefois de sémaphore. Les courageux qui grimperont ses 225 marches auront une vue imprenable sur toute la rade.

LA BASE DE SOUS-MARINS ★

Le QG des submersibles

✆ 02 97 02 23 29 (contact pour la visite) - http://patrimoine.lorient.fr.

Les trois imposants blocs de béton qui composent la base de Keroman furent édifiés entre 1941 et 1943, pendant l'occupation allemande. Leurs multiples alvéoles pouvaient accueillir plusieurs dizaines de sous-marins. Cette base, devenue civile, accueille essentiellement des activités et des industries nautiques (catamarans, accastillage, mâts…).

LE SOUS-MARIN FLORE-S645 ★

Prince des abysses

✆ 02 97 65 52 87 - www.la-flore.fr - août : 10h-20h ; juil. : 10h-19h ; mai-juin et sept.-oct. : tlj sf lun. 10h-12h, 14h-18h ; reste de l'année : se rens. - 9 € (-18 ans 7 €).

Entrez dans les entrailles de ce redoutable bâtiment de 800 t aux proportions impressionnantes. Long de 58 m, large de 7 m et haut de 5 m, ce géant a parcouru 15 fois le tour de la terre entre 1963 et 1984. L'occasion pour petits et grands de découvrir le quotidien des sous-mariniers.

TOUR DAVIS – MUSÉE SOUS-MARIN ★

Sortie de secours

✆ 06 07 10 69 41 - juil.-août : 13h30-18h30 ; reste de l'année : se rens.- 5,50 € (-18 ans 3,50 €).

Construit en 1942 pour entraîner les sous-mariniers à l'évacuation des submersibles, ce simulateur a permis de former des générations de soldats du fond des océans. Des tuyaux, des coursives, des hublots, des sas… Ambiance *20 000 lieues sous les mers* !

CITÉ DE LA VOILE ÉRIC-TABARLY ★★

Dans la peau d'un skipper

✆ 02 97 65 56 56 - www.citevoile-tabarly.com - juil.-août : 10h-19h (18h vac. scol. hors juil.-août) ; reste de l'année : se rens. - fermé janv. - 12 € (-17 ans 9 €).

Dans le sillage du grand navigateur Éric Tabarly (1931-1998), ce vaste lieu est dédié à la conception des bateaux, à la plaisance, à la course au large et aux explorations scientifiques. Même si vous n'avez pas le pied marin, des simulateurs vous entraînent sur un voilier de compétition, avec embruns en prime. Pendant quelques minutes, vivez les émotions de Tabarly lui-même !

LE MOULIN LORIENT MARÉE

Pêches miraculeuses

Mag 78 - port de pêche - 02 97 37 30 00 - www.moulinmaree.com - fermé dim. - 8h-12h.

La faune du fond des mers, comme si vous y étiez. Du homard au bar, c'est ici que vous aurez le plus de chances de trouver des produits frais venus directement de l'océan (possibilité de passer commande pour les crustacés). Avec, en prime, une vivifiante odeur iodée.

Sur la côte

LA CITADELLE DE PORT-LOUIS ★★

Le port de l'Orient

Musée de la citadelle - 02 97 82 19 13 - musee.lorient.fr - mai-août : 10h-18h30 (18h sept.) ; oct.-avr. : tlj sf mar. 13h30-18h - 8 € (-26 ans gratuit).

À l'entrée de la rade de Lorient, cette impressionnante place forte fut construite entre la fin du 16e s. et le début du 17e s. Un parcours fléché emprunte le chemin de ronde et vous mène aux deux cours, à la crypte et aux musées, qui valent le détour. Le musée de la Compagnie des Indes retrace l'histoire de cette prestigieuse compagnie et évoque la fondation du port de Lorient, son essor au 18e s. et les comptoirs en Inde, en Afrique, en Chine... L'exposition permanente Trésors d'océans présente les objets découverts au cours d'une vie d'explorations, dans toutes les mers du globe, par l'archéologue sous-marin Franck Goddio. Au musée de la Marine, le pavillon de l'arsenal abrite entre autres de belles maquettes de navires de la Compagnie des Indes (corvettes, frégates, croiseurs, torpilleurs, etc.).

INSOLITE

OBSERVATOIRE DU PLANCTON

Bd de la Compagnie des Indes - Port-Louis - 02 97 82 21 40 - 6 € (6-17 ans 4,50 €).

L'océan dans une goutte d'eau. Ici, on peut observer au microscope la faune et la flore

© C. Boisvieux/ hemis.fr

ÎLE DE GROIX ★

Groix celtique

Voilà encore une île qui vous enchantera, tant par son climat que par son atmosphère, ses paysages ou ses légendes. Bien que de dimensions plus modestes que Belle-Île, Groix (7,5 km de long et 2 km de large) présente le même aspect géologique. Sa côte sauvage, tapissée d'ajoncs et de bruyères, se découpe en rocailles et en criques sablonneuses. Approchez-vous du trou de l'Enfer, profonde échancrure taillée dans la falaise, où la mer s'engouffre avec violence. Tout à l'ouest de l'île, la réserve naturelle François-Le Bail est un havre pour des milliers d'oiseaux marins, qui nichent dans les falaises des pointes de Pen-Men et de Biléric.

© Ph. Roy/ hemis.fr

Pêche à pied sur la plage de Port-Louis.

minuscules qui peuplent une goutte d'eau de mer. Surprenant.

ST-CADO ★

Un charmant présent

Sur la ria d'Étel, la paisible commune de St-Cado est reliée à la petite île du même nom par un pont de pierre qui servait autrefois d'accostage aux chaloupes sardinières. Vous y verrez, à fleur d'eau, une chapelle romane, une fontaine du 18e s., un calvaire du 19e s. et quelques maisons traditionnelles. Poursuivez le plaisir en vous perdant sur les petites routes qui bordent les multiples échancrures de la rivière d'Étel.

ZOO DE PONT-SCORFF ★

Un safari en Bretagne

02 97 32 60 86 - www.zoo-pont-scorff.com - 19,90 € (-12 ans 12,90 €).

Bienvenue dans la vie sauvage. Spécialisé dans la reproduction des félins (lions, tigres, panthères) et les grands mammifères (éléphants, rhinocéros noirs, girafes, hippopotames), le zoo rassemble plus de 600 animaux, tout en étant impliqué dans la conservation des espèces. De nombreuses animations pédagogiques y sont proposées.

DU FORT AU PORT

1664, QUATRE CHIFFRES, UNE VILLE

Richelieu installe la première Compagnie des Indes à Port-Louis (ainsi nommé en l'honneur de Louis XIII), sans grand succès. Quand Colbert fonde la seconde, en 1664, Lorient est créé pour la recevoir. Dès lors, Port-Louis périclite. La ville revit sous Louis-Philippe grâce à ses deux ports spécialisés dans la pêche à la sardine : celui de Locmalo dans l'anse du Gâvres et, face à Lorient, celui de la Pointe, aujourd'hui équipé de deux cents anneaux pour les bateaux de plaisance.

Dans les terres

PONTIVY

Napoléonville

Voilà une drôle de cité, à l'architecture à la fois médiévale et impériale. Le bourg s'est d'abord développé sous l'impulsion de la famille Rohan, avant que Napoléon Ier (qui la rebaptise même Napoléonville en 1804) décide d'en faire un grand centre de commerce. La vieille ville, aux rues étroites et capricieuses, contraste avec l'urbanisme plus géométrique créé sous l'Empire. Pontivy est aussi un bon point d'entrée pour rayonner à travers la vallée du Blavet, ponctuée de nombreuses chapelles et propice aux randonnées. Un itinéraire cyclable (le Vélodyssée) longe les bords du canal de Nantes à Brest. À partir de Pontivy, on peut ainsi relier Josselin, puis Redon. Pour vos emplettes, marché le lundi, sur la place Aristide-Briand.

© Rene Mattes/mauritius images/age fotostock

LE FAOUËT ET SES CHAPELLES ★

Étape autels

Chapelle St-Fiacre (2,5 km au sud) - ✆ 02 97 23 07 68 - juil.-août : 10h-12h30, 14h-19h ; reste de l'année : se rens.
Chapelle St-Barbe (3 km au nord) - ✆ 02 97 23 23 23 - juil.-août : 9h30-12h30, 14h-19h ; reste de l'année : se rens.

En vous arrêtant au bourg du Faouët, vous entrez dans une région pittoresque qui s'étend entre le Ster-Laer et l'Ellé, deux rivières issues des montagnes Noires. Dans la chapelle St-Fiacre (15e s.), observez les surprenantes statues du jubé : certaines personnifient le vol (un homme chipant des fruits sur un arbre), l'ivresse (un homme vomissant un renard), la luxure (un homme et une femme) ou la paresse (un sonneur breton). Mais, ne manquez pas la chapelle Ste-Barbe à laquelle on accède par un monumental escalier (voir photo ci-dessus). Bâtie à flanc de coteau, elle se loge dans une anfractuosité rocheuse et domine d'une centaine de mètres le vallon où coule l'Ellé.

LE MOT DE CYRIL DENNERY

« Ste-Barbe au Faouët, c'est l'une des plus belles chapelles de Bretagne... »

VILLAGE DE POUL-FETAN ★

Il était une fois en Bretagne...

✆ 02 97 39 51 74 - www.poulfetan.com - juil.-août : 10h30-19h ; avr.-juin et sept. : 11h-18h30 - 11,50 € (-15 ans 5,50 €).

On remonte le temps à Poul-Fetan. Ce hameau du 16e s. a été restauré avec ses chaumières, ses fermes, sa place centrale et la maison du Minour (le chef). Des animations l'investissent pendant l'été : les lavandières font « la buée », le boulanger s'active au fournil, la fermière baratte son beurre... Vous pouvez même prendre un repas breton à l'auberge !

N.-D.-DE-KERNASCLÉDEN ★★

Ainsi soient-ils

✆ 02 97 51 61 16 - 9h-19h.

Les fresques de cette église du 15e s. et le souci apporté jusqu'aux moindres détails dans sa construction justifient le détour par ce coin reculé de l'Argoat. Le fin clocher, les pinacles à fleurons et quelques délicates fioritures décorent l'édifice sans surcharge inutile. À l'intérieur, approchez-vous des voûtes pour découvrir les fresques représentant la vie du Christ.

Nos meilleures adresses

Restaurants

LE TIRE BOUCHON
Cuisine traditionnelle
45 r. Jules-Le-Grand - Lorient - 02 97 84 71 92 - restaurantalorient.com - fermé 2 sem. de fin juin à déb. juil., 1 sem. sept., 1 sem. janv., sam. midi, lun.-mar. - formule 16 €, menu 18 € (déj. sem.), 30/59 € - carte 39/67 €.
Dans ce Tire Bouchon, proche de l'arsenal, on ne fait pas que déboucher des bouteilles! Les gourmands viennent surtout ici pour se régaler d'une goûteuse cuisine de saison. Un bon moment à savourer dans une salle coquette à souhait : grande cheminée, poutres... Accueil souriant.

LE SABAYON
Cuisine moderne
26 bis r. Blanqui - Lorient - 02 97 21 19 79 - www.lesabayon.fr - fermé 6-23 août, merc. midi, sam. midi et dim. - formule 27 €, menu 31/60 € - carte 41/59 €.
Le chef lorientais David Vincent revisite ici la tradition au fil du marché et de son inspiration, avec de beaux jeux de textures et des saveurs qui tombent juste; son cabillaud et risotto de tomates confites, accompagné d'un jus de coquillages au porto blanc, en est un bon exemple... Service impeccable.

LE PIC
Cuisine traditionnelle
2 bd du Mar.-Franchet-d'Esperey - Lorient - 02 97 21 18 29 - fermé mer. soir, sam. midi et dim. - formule 14,50 € - menu 19 € (sem.), 27,80/37 € - carte 30/43 €.
Fraîcheur et qualité des produits, et sens du détail. La façade est rouge, le décor rétro (vitraux, miroirs, comptoir), l'ambiance bistrot et la cuisine traditionnelle.

LE JARDIN GOURMAND
Cuisine moderne
46 r. J.-Simon - Lorient - 02 97 64 17 24 - www.tropmad.com - fermé 1 sem. sept., vac. scol. Toussaint, merc.-jeu. hors sais., lun.-mar. et dim. soir - formule 28 € - menu 46 € (déj. sem.), 54/62 €.
Surprise : derrière la façade de granit s'épanouit un joli lieu contemporain, ouvert sur la verdure. C'est le repaire d'une jeune chef passionnée par les produits bretons

À St-Cado, la maison ostréicole de l'île de Nitchtarguer.

(poissons, andouille de Guéméné, saucisse de Molène...), auxquels elle consacre aussi des livres, en vente sur place. Belle initiation!

LE YATCHMAN
Poissons et fruits de mer
14 r. Poissonnière - Lorient - 02 97 21 31 91 - www.leyachtmanlorient.fr - fermé dim. - formule 18 € - menu 22 € (sem.), 32/43 € - carte 34/49 €.
Non loin du port, la salle joue la carte de l'épure et de l'intime. La cuisine, bien maîtrisée, vogue sur l'océan (goûtez la morue fraîche à l'aïoli).

L'AMPHITRYON
Poissons et fruits de mer
127 r. du Col.-Müller - Lorient - 02 97 83 34 04 - www.amphitryon-abadie.com - fermé dim. - 39/99 €.
Jean-Paul Abadie a laissé les clés de son restaurant à son fidèle sommelier, ainsi qu'au chef Olivier Beurné. Une carte courte et ludique, attentive aux beaux produits de la mer.

AVEL VROR
Cuisine moderne
25 r. de Locmalo - Port-Louis - 02 97 82 47 59 - www.restaurant-avel-vor.com - fermé 1 sem. juin, 2 sem. oct., 3 sem. janv., dim. soir et lun.-mar. - menu 31 € (sem.), 60/98 € - carte 70/100 €.
Homard bleu, turbot sauvage poché, crémeux acidulé et asperges vertes...
Un Avel Vor (« vent de mer » en breton) souffle sur cette table au cadre contemporain et raffiné. La cuisine, pleine de finesse, sublime les poissons fraîchement pêchés... Belle carte des vins.

LA TABLE D'EUX - LAURENT LE BERRIGAUD
Cuisine moderne
La Falaise - Guidel - 02 97 32 42 07 - www.laurentleberrigaud.com - fermé 2-15 janv. et merc. - formule 16 € - menu 20 € (déj. sem.), 28/40 € - carte 54/79 €.
Ce bistrot du front de mer, à l'esprit contemporain, est tenu par un jeune couple passionné – et cela se sent! Le chef propose une cuisine du marché dans un esprit locavore. On se régale par exemple d'une cocotte de saint-jacques et crème de cèpes. Enfin, l'accueil est chaleureux : décidément, une excellente adresse!

L'ART GOURMAND
Cuisine moderne
14 pl. de la Maison-des-Princes - Pont-Scorff - 02 97 32 65 08 - www.lartgourmand.com - fermé 1 sem. juil., 1 sem. vac. Toussaint, 3 sem. janv., dim. soir hors sais., mar. soir et merc. - formule 15 € - menu 17 € (déj. sem.), 24/30 € - carte 39/48 €.
Merlu rôti sauce aux épices douces, poire pochée, vin chaud, financier... Ce petit restaurant allie sens du détail et simplicité.

AU JARDIN DES SENS
Pl. du Calvaire - 56700 - Hennebont - 02 97 36 21 44 - fermé dim. soir et lun. - formule déj. 16,50 € - menu 19,50 € (sem.), 29,90/55,90 €.
Savoureuse cuisine, notamment inspirée par les produits des fournisseurs locaux. L'été, à la salle colorée, préférez la terrasse. Accueil souriant.

AL DENTE
Cuisine moderne
22 r. de Lourmel - 56300 - Pontivy - 02 97 25 85 24 - fermé 1 sem. fév., 2 sem. août, dim.-lun. - formule 14 € - menu 16 € (déj. sem.), 23/33 €.
Au programme : une cuisine italienne revisitée à la mode française, réalisée par un jeune chef pétri de talent.
Les assiettes sont soignées, goûteuses et gourmandes – souvent construites autour d'un produit italien –, les assaisonnements et les cuissons sont impeccables... et, cerise sur les pâtes, l'addition n'a rien de douloureux. Andiamo!

CRÊPERIE CHEZ SANDRINE
Cuisine bretonne
R. Maurice-Gouronc-Kerfuet - Île de Groix - ✆ 02 97 86 89 72 - fermé lun.-mar. - crêpe 6/11 € - réserv. été.
Une odeur sans pareille vous guidera vers cette authentique crêperie bretonne, au décor rustique, mais aux galettes fameuses.

Activités

FERME D'AUTRUCHES DE LA SAUDRAYE
Guidel - La Haye - ✆ 02 98 96 75 86 - www.ferme-autruches.com - visite de mi-avr. à fin oct. : 10h-19h - 4,50 € - fermé dim. hors vac. scol.
Des autruches en Bretagne ? Oui, pas moins de 1 500 autruches et émeus sur 40 ha. Vente de charcuteries d'autruche, plats cuisinés et produits dérivés (plumes, maroquinerie, objets de décoration).

CLUB NAUTIQUE DE BAUD
Base nautique de Pont-Augan - 56150 Baud (entre Lorient et Pontivy) - ✆ 02 97 51 10 83/39 13 62 (hors sais.) - www.baudcanoe.com - juil.-août : 10h-18h - 7 €/h, 12 €/matinée (1 pers.), 12 €/h, 22 €/matinée (2 pers.)
Location de canoës et de kayaks pour partir à la découverte de la rivière du Blavet.

KERGUELEN ÉQUITATION
1 r. des Pâturages - Kerguélen - ✆ 02 97 33 60 56 - www.kerguelen-equitation.fr. - fermé 1 sem. sept. - vac. scol. : 9h-12h, 14h-18h, w.-end 9h-12h ; reste de l'année : 9h-12h, 14h-19h, dim. 9h-12h, 14h-17h30.
Ce centre équestre, situé près des plages, propose des stages à la demi-journée, sur chevaux ou shetlands, et des balades.

BIKINI-BIKE
Île de Groix - Port-Tudy - ✆ 02 97 86 85 12 - www. bikini-bike.com - 8h30-19h30 (en sais.).
Ce loueur de vélos propose des VTT, des VTC et même des tandems, pour les amoureux. Possibilité d'atteler une remorque pour enfants. Vous trouverez d'autres loueurs (de voitures, de scooters, de kayaks) sur le port.

VÉLODYSSÉE
www.lavelodyssee.com.
L'itinéraire cyclable suit les bords du canal de Nantes à Brest. De Pontivy, on peut rallier Josselin puis Redon.

À Pontivy, cyclistes le long du canal de Nantes à Brest.

© E. Berthier/ hemis.fr

À la table de

HERVÉ BOURDON
À LA RECHERCHE DE LA VÉRITÉ DU GOÛT

© Georges Rouzeau/Michelin

→ À l'entrée de la presqu'île de Quiberon, Hervé Bourdon s'immerge dans son terroir maritime pour mieux en restituer la vérité. Son intransigeance passionnée est mise au service des produits naturels issus de son potager en permaculture.

Comme mes parents travaillaient énormément, mon frère et moi devions préparer nos repas à tour de rôle, seuls. Au bout d'un moment, on a conclu un accord : lui, il mettrait la table et moi, je ferais à manger car j'adorais ça ! Mon oncle, qui s'est beaucoup occupé de nous, cultivait son jardin potager, élevait des poules et des lapins. Chez lui, je m'endormais sous un chapelet de morilles en train de sécher…

Longtemps directeur de création dans la publicité, j'ai toujours été passionné par la cuisine : j'apprenais dans les livres des grands chefs et fréquentais leurs tables. Je me souviens des grands classiques de Joël Robuchon au *Jamin* – ses côtelettes d'agneaux, sa célèbre purée, une extraordinaire tarte feuilletée aux poivrons et aux tomates –, je me souviens d'une succulente pêche rôtie chez Michel Bras, d'un fabuleux dessert à la verveine et aux fruits rouges chez Olivier Roellinger, d'une addition astronomique chez Marc Veyrat (rires)…

Le restaurant

LE PETIT HÔTEL DU GRAND LARGE

Un étonnant bistrot marin, tenu par un chef autodidacte amoureux de la mer et approvisionné chaque jour par un ami pêcheur ! Le poisson est remarquable de qualité et de fraîcheur, et il est accompagné des herbes, fleurs et légumes du potager de la maison. Les chambres, joliment décorées, donnent sur le petit port.

→ 11 quai St-Ivy - Portivy - 02 97 30 91 61 - www.lepetithoteldugrandlarge.fr - fermé dim. soir, merc. sf le soir hors sais. et mar.- menu 40 € (déj. sem.), 60/95 €.

© Georges Rouzeau/Michelin

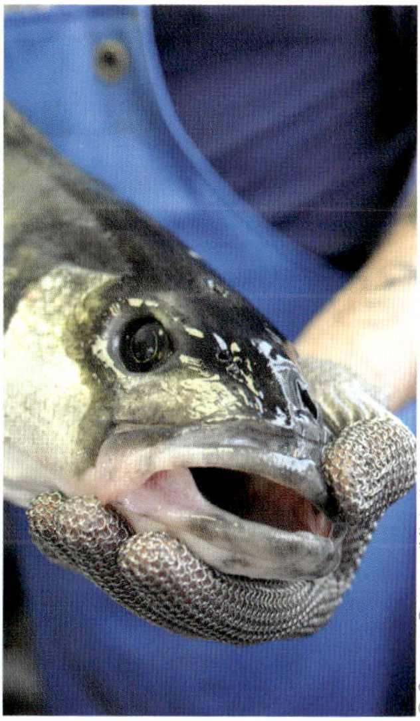

© Georges Rouzeau/Michelin

Ici, à Portivy, le rapport à la nature, à cet univers tellurique qui nous englobe, est extrêmement puissant. En vivant ici, j'ai fini par comprendre que, loin d'être un super prédateur, je faisais partie d'un tout. Dans cet environnement, tout suscite l'inspiration autour de moi ; il suffit de tourner la tête, à marée haute comme à marée basse, par grand vent ou par calme plat. Au *Petit Hôtel du grand large*, nous cherchons à transmettre à nos clients une expérience sensorielle globale, à leur faire comprendre ce que c'est que de vivre ici, ce qu'est la presqu'île de Quiberon et sa côte sauvage. Les parfums, les couleurs et les sons se répondent, comme dirait Baudelaire. Je fais une cuisine d'auteur, c'est-à-dire – paradoxalement – une cuisine de territoire, car le véritable auteur de ma cuisine s'appelle le biotope. Et il passe à travers moi. J'ai le devoir de me l'approprier le plus profondément possible et de le restituer avec le maximum de sincérité. Je cultive un potager en permaculture depuis 5 ans, et j'essaye de faire pousser ce qu'on ne trouve nulle part ailleurs, ou presque, comme les artichauts de la lagune de Venise, un légume sentinelle *Slowfood*. Une carotte qui pousse ici, au même titre qu'un cépage autochtone bien ancré dans son terroir, aura un goût unique… La vérité du goût, ce sont mes amis Bertrand et Lise Jouvet, viticulteurs à Montlouis-sur-Loire, qui me l'ont fait comprendre. Si j'atteins à cette vérité du goût, alors les gens viendront chez nous parce que nous sommes uniques. Je n'ai jamais cuisiné qu'à Portivy, et je ne cuisinerai jamais ailleurs.

« Nous cherchons à transmettre à nos clients une expérience sensorielle globale… »

NANTES ET SA RÉGION

×

Déguster dans un domaine du muscadet le matin, déjeuner dans le Vieux Nantes à midi, se baigner dans l'océan ou se promener en Brière l'après-midi, puis finir par une soirée festive à La Baule… La Loire-Atlantique est ouverte à tous les possibles, même en une seule journée!

Le pont de St-Nazaire à l'embouchure de la Loire.

© S. Bigot/Andia.fr

→ **Yoko, Julia et Caroline sont les visages de l'atelier Radar. Un atelier nantais, où illustration, sérigraphie et céramique se côtoient au gré des projets de ces trois jeunes femmes qui ont adopté Nantes comme terre de création.**

L'ATELIER RADAR
SOUFFLE DE CRÉATION NANTAIS

« *Nantes est une ville d'art. Illustration, design, architecture se côtoient et en font une vraie source d'inspiration.* » Créé il y a six ans, l'atelier Radar réunit trois créatrices – Yoko, Julia et Caroline – Nantaises d'adoption, passées par les Arts déco de Strasbourg et arrivées à Nantes un peu par hasard. « *Je voulais monter un atelier de sérigraphie, mais sans que ça soit le mien, explique Julia. Et en profiter pour mener des collaborations avec d'autres artistes.* » À l'atelier, les trois jeunes femmes font côtoyer au gré de leurs projets personnels illustrations et céramiques. Mais c'est aussi le lieu d'expérimentations communes tel leur journal Radar, qui cherchent autour d'un thème donné à s'écarter de l'affiche et de la carte postale.

Nantes s'est révélé pour elles un vrai lieu d'échange artistique. « *En arrivant ici, nous avons très vite rencontré d'autres associations. Nous avons participé*

« Il y a dans cette ville un je-ne-sais-quoi, une énergie créatrice entre les arts, très enrichissante. »

© Yoko Homareda

© S. Bigot/Andia.fr

à des événements d'art, tel le festival Kraft, qui regroupe design, graphisme, etc. Il y a dans cette ville un je-ne-sais-quoi, une énergie créatrice entre les arts, explique Caroline, *toutes ces rencontres sont très enrichissantes.* » Rencontre avec le public aussi car l'atelier de la rue Geoffroy-Drouet ouvre ses portes 1 journée pour un marché de Noël avec les ateliers voisins, Vide Cocagne et Sans Shérif. L'occasion de montrer leurs travaux, vendre des pièces et surtout discuter avec les habitants du quartier.

Carnet intime

BALADES PRIVILÉGIÉES

- Le marché de Talensac pour ses produits frais.
- Les bords de l'Erdre, où l'on passe de la ville à la campagne, avec de superbes points de vue.
- Le jardin des Plantes, une sensation d'espace au cœur de la ville. Et avec une terrasse très agréable pour déjeuner l'été.

RENDEZ-VOUS GOURMAND

- *Lamaccotte*, 63 r. de Bel-Air - ✆ 02 85 37 42 30. Un petit restaurant tout frais (2017) qui met le poisson en vedette.
- *Le Petit Boucot*, 3 r. Lekain - ✆ 02 53 97 04 04. Créatif et convivial.
- *Petit B*, 6 r. Louis-Blanc - ✆ 09 52 13 85 30. Pour faire une pause, un café-librairie, avec espace d'expo.

COINS LECTURE

- La librairie jeunesse *Les Enfants Terribles*, avec qui nous aimons beaucoup collaborer.

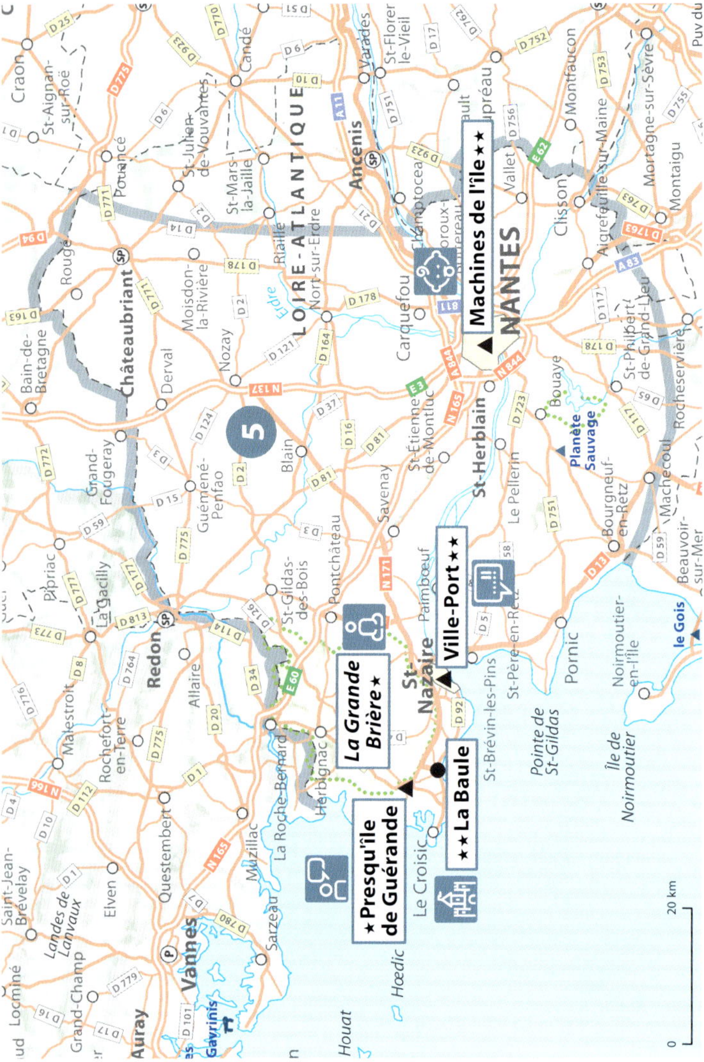

NANTES ET SA RÉGION

Top 5

SORTIR AVEC LES ENFANTS

1.
LES MACHINES DE L'ÎLE À NANTES

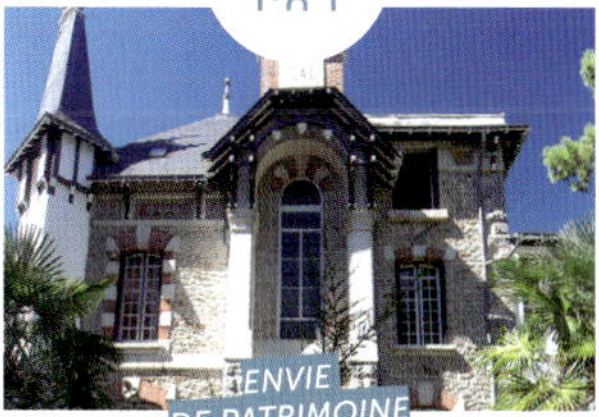

ENVIE DE PATRIMOINE

2.
LES VILLAS DE LA BAULE

ENVIE DE TERROIR

3.
LA PRESQU'ÎLE DE GUÉRANDE

ENVIE DE CALME

4.
LA GRANDE BRIÈRE

ENVIE D'ÊTRE SCOTCHÉ !

5.
LA VILLE-PORT DE SAINT-NAZAIRE

Les grands rendez-vous

JANVIER-FÉVRIER
→ La Folle journée à Nantes et St-Nazaire

MAI
→ Fête médiévale de Guérande

JUILLET-AOÛT
→ Écrivains en bord de mer à La Baule
→ Le Voyage à Nantes
→ Les Escales de St-Nazaire

SEPTEMBRE
→ Scopitone, festival des arts numériques à Nantes

DE NANTES À CHÂTEAUBRIANT

★★★

Une ville historique et bourgeoise qui s'ouvre au monde, à la culture et aux tendances, pas étonnant que Nantes attire chaque année des milliers de nouveaux habitants ! Ses environs ? Pleins de surprises, entre le vignoble du muscadet, l'estuaire de la Loire, l'élégante Clisson ou le château de Châteaubriant.

Le musée d'Arts, à Nantes, revu par le cabinet d'architectes britannique Stanton Williams - © R. Mattes/mauritius images/age fotostock

L'incontournable – P.175

Nantes, entre folies culturelles et quartiers historiques, une superbe capitale régionale !

L'original – P.182

Le domaine de la Garenne-Lemot, des airs d'Italie près de Clisson.

Les lieux à ne pas manquer

Nantes ★★★

LE CHÂTEAU DES DUCS DE BRETAGNE ★★

Palais royal

4 pl. Marc-Elder - ✆ 0 811 46 46 44 - www.chateaunantes.fr - juil.-août : 8h30-20h, sam. 9h-23h ; reste de l'année : 10h30-18h - 8 € (-18 ans 5 €) - accès à la cour, aux douves et remparts gratuit.

Quand votre père, accessoirement roi de France, entame la construction d'un somptueux château sur les bords de la Loire, dans la capitale de son duché, vous en prenez soin ! C'est ce qu'Anne, duchesse de Bretagne, reine de France et belle-mère de François Ier, a fait toute sa vie. Au cœur de Nantes, le château des ducs de Bretagne en impose, avec ses 500 m de chemin de ronde, ses sept tours et ses douves… Robuste vue de l'extérieur, l'enceinte se fait élégante à l'intérieur, avec sa résidence du 15e s. entre gothique flamboyant et Renaissance : « un lieu chargé d'histoire », dirait le cliché, où Henri IV rédigea son fameux édit de Nantes. Dans ces nobles murs, le musée d'Histoire de Nantes permet une plongée dans le passé de la cité, avec le grand mérite de ne rien omettre, y compris la sombre période du commerce triangulaire.

AUTOUR DU CHÂTEAU ★★

Pas à pas

Cathédrale - pl. St-Pierre ; Jardin des Plantes - pl. Charles-Leroux - ✆ 02 40 41 65 09 - 20 mars-22 oct. : 8h30-20h ; reste de l'année : se rens. Gratuit.

Après la visite du château, direction la cathédrale St-Pierre et St-Paul, dont l'étonnante homogénéité du style gothique n'évoque pas les longues années qu'a duré sa construction : 460 ans ! Elle marque le point de départ idéal d'une balade initiatique : comptez deux bonnes heures sans vous presser. S'il n'est plus en travaux (fin 2018), ne manquez pas le magnifique tombeau Renaissance du duc François II et de sa femme, en marbre de Carrare. De là, il faut passer la porte St-Pierre, vestige de l'enceinte gallo-romaine de la ville au 3e s., pour gagner la place Maréchal-Foch, qui porte mal son nom puisque c'est une statue de Louis XVI qui trône en son centre. En empruntant la rue Gambetta, vos pas vous mèneront enfin au jardin des Plantes pour un tour du monde végétal, de la Bretagne à l'Amérique. Ne soyez pas surpris d'y croiser Jules Verne, enfin son buste sculpté… L'écrivain est né à Nantes, et la ville lui rend souvent hommage.

LA CAVE ET CONFISERIE DU BEFFROI

Palais des délices

12 r. de la Paix - ✆ 02 40 47 04 12.

Ne vous attendez pas à une boutique contemporaine au design épuré. Comme un contre-pied à l'époque, celle-ci porte plutôt le charme de ces maisons à l'ancienne, de ces garde-manger foisonnants où les milliers de références sont casées au chausse-pied : impossible de faire l'inventaire de cette cave et épicerie fine. Du salé, du sucré, des spécialités d'ici, des trouvailles d'ailleurs, une sélection de vins intéressante et une gamme de spiritueux XXL, voilà juste une petite fenêtre ouverte sur les appétits de l'adresse.

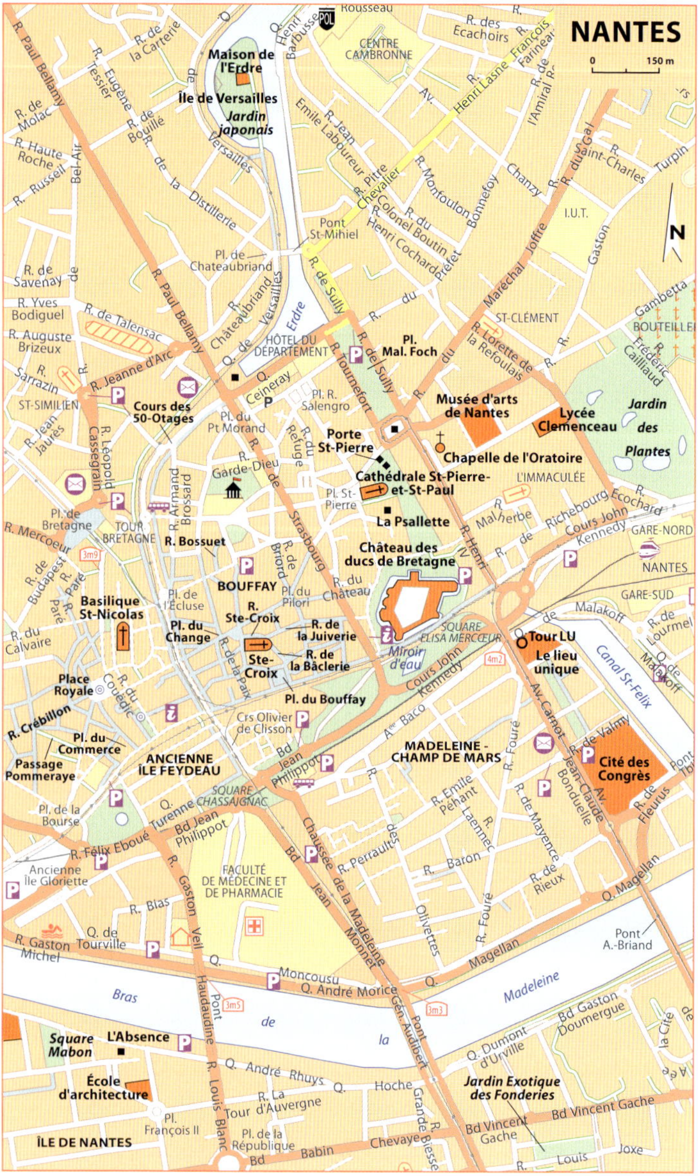
NANTES
0
150 m
N
Maison de l'Erdre
Île de Versailles
Jardin japonais
CENTRE CAMBRONNE
Pont St-Mihiel
Pl. de Chateaubriand
HÔTEL DU DÉPARTEMENT
Pl. Mal. Foch
ST-CLÉMENT
BOUTEILLERIE
Jardin des Plantes
Musée d'arts de Nantes
Lycée Clemenceau
Chapelle de l'Oratoire
L'IMMACULÉE
Porte St-Pierre
Cathédrale St-Pierre-et-St-Paul
Pl. St-Pierre
La Psallette
Château des ducs de Bretagne
GARE-NORD
NANTES
GARE-SUD
Cours des 50-Otages
ST-SIMILIEN
Pl. du Pt Morand
Pl. R. Salengro
Pl. de Bretagne
TOUR BRETAGNE
R. Bossuet
BOUFFAY
Pl. du Pilori
Pl. de l'Écluse
Basilique St-Nicolas
Pl. du Change
R. Ste-Croix
Ste-Croix
R. de la Juiverie
R. de la Bâclerie
Pl. du Bouffay
SQUARE ELISA MERCŒUR
Miroir d'eau
Tour LU
Le lieu unique
Canal St-Félix
Cité des Congrès
MADELEINE - CHAMP DE MARS
Place Royale
R. Crébillon
Pl. du Commerce
Passage Pommeraye
ANCIENNE ÎLE FEYDEAU
Crs Olivier de Clisson
SQUARE CHASSAIGNAC
Pl. de la Bourse
Ancienne Île Gloriette
FACULTÉ DE MÉDECINE ET DE PHARMACIE
Bras de la Madeleine
Pont A.-Briand
Square Mabon
L'Absence
École d'architecture
Pl. François II
Pl. de la République
ÎLE DE NANTES
Jardin Exotique des Fonderies
R. Paul Bellamy
R. de la Carterie
R. de Sully
R. Jean Jaurès
R. Mercœur
Cours John Kennedy
Bd Jean Philippot
Chaussée de la Madeleine
Q. André Morice
Q. Magellan
Bd Gaston Doumergue
Bd Vincent Gache
Bd Babin
Q. André Rhuys
R. Gaston Veil
Q. de Tourville
R. Félix Eboué
Av. Carnot
R. Henri IV
Pont Haudaudine
Pont Gén. Audibert
R. Louis Blanc
Q. Turenne
R. de Strasbourg
R. Maréchal Joffre
R. Gambetta
R. de Malakoff
3m9
4m2
3m5
3m3

L'ANCIENNE ÎLE FEYDEAU ★★

Mise à sec

Musarder dans le Vieux Nantes, c'est percer l'âme de la ville. Quittez les vieilles rues qui entourent Ste-Croix pour rejoindre l'île Feydeau, quartier né au début du 18e s. sous l'impulsion de l'intendant Feydeau de Brou, qui lui donnera son nom, et incorporée à la ville en 1926. L'aménagement du quai Turenne et du cours Franklin-Roosevelt, rendus piétons, les façades ornées de mascarons et de balcons galbés, les douves vertes… rendent bien plaisante cette balade au pied des anciens immeubles de négociants, enrichis par le commerce triangulaire.

LE QUARTIER GRASLIN ★

Passage obligé

La place du Commerce introduit à cet autre quartier emblématique, compris entre la place Royale et la place Graslin, avec les rues Scribe, de la Fosse, Crébillon, et la rue de Santeuil où s'ouvre le mythique passage Pommeraye, créé en 1843. C'est une galerie couverte sur trois niveaux, abritant des boutiques de luxe, mais surtout un monumental escalier central aux motifs finement ciselés, des statues et une somptueuse verrière…

L'ESCORTEUR D'ESCADRE MAILLÉ-BRÉZÉ

À l'abordage!

Quai de la Fosse - ✆ 09 79 18 33 51 - visite guidée uniquement - vac. scol. : 14h30-16h ; reste de l'année : à 15h, merc. et w.-end 14h30-16h - visite complète (1h30) : 9 € (4-11 ans 5 €, 12-25 ans 7 €).

Et si on montait à bord d'un bâtiment de guerre ? Mais pas n'importe lequel ! L'ancien escorteur d'escadre, le Maillé-Brézé. Mis en service en 1957, ce navire devenu monument

© J. Loïc/Photononstop

LE LIEU UNIQUE ★

LU mythique et branché

15 quai Ferdinand-Favre - ✆ 02 40 12 14 34 - www.lelieuunique.com - fermé lun.

Qui n'a jamais croqué ses 4 petites oreilles ? Souvenir ému en tête, on file voir l'endroit où est né le petit-beurre il y a bientôt 130 ans : l'usine LU. « LU », pour Jean-Romain Lefèvre et Pauline Utile, pâtissiers nantais dont le fils Louis a pris la suite et créé la biscuiterie au bord du canal St-Félix, en 1885. LU est devenu le lieu unique quand, en 1999, l'architecte Patrick Bouchain a réhabilité les 8 000 m^2 de l'usine. Depuis, les Nantais se pressent dans ce qui est devenu l'un des phares culturels de la ville. Car, en plus de la riche programmation de la scène nationale, entre danse, théâtre, arts plastiques, et musique, ce lieu unique, singulier et multiple abrite une librairie, une boutique d'objets design et d'œuvres d'artistes, un hammam et un bar-restaurant aux volumes impressionnants et aux allures postindustrielles.

© F. Guiziou / hemis.fr

L'escorteur d'escadre Maillé-Brézé, à quai.

historique est le premier musée naval à flot de cette importance. Les équipements de détection et d'armement, notamment anti-sous-marins, le poste de commandement, les espaces dédiés à la vie quotidienne de l'équipage… Comptez 1 heure environ de visite et une demi-heure de plus si vous allez voir les machines.

LE MUSÉE JULES-VERNE ★

Voyages extraordinaires

3 r. de l'Hermitage - 02 40 69 72 52 - juil.-août : 10h-19h ; reste de l'année : 14h-18h, sam. 10h-12h, 14h-18h - fermé mar. et j. fériés - 3 € (-18 ans gratuit).

Nombreux sont ceux qui ont vibré à la lecture des aventures de Philéas Fogg, du capitaine Némo ou encore de Michel Strogoff. Les héros imaginés par Jules Verne sont un peu des figures locales puisque l'écrivain est né à Nantes et y a vécu ses vingt premières années. Souvenirs, autographes, meubles, maquettes, objets personnels, portraits, bustes, l'exposition interactive permet d'explorer en profondeur l'univers de l'auteur. Passionnant pour les grands, amusant pour les enfants grâce à un jeu de piste spécialement conçu pour eux.

LE MUSÉE D'ARTS DE NANTES ★★

Tout est bon dans l'art

10 r. G.-Clemenceau - 02 51 17 45 00 - museedartsdenantes.nantesmetropole.fr - juil.-août : 10h-19h ; reste de l'année : 11h-19h - fermé mar. - 8 € (-18 ans gratuit).

Le vénérable musée des Beaux-Arts vient de renaître (2017) sous une nouvelle identité et dotée d'une extension moderne, *Le Cube*. Avec près d'un millier d'œuvres présentées (peinture européenne du 13e s. à nos jours), la visite pourrait donner le tournis… La muséographie, soignée, joue avec les murs de couleur, la lumière naturelle, l'architecture des bâtiments et des espaces « transversaux » où des œuvres d'époques différentes peuvent dialoguer. Primitifs italiens, Georges de La Tour, Courbet, Monet, Kandinsky, Dubuffet, Soulages… Il y a de quoi se régaler. D'autant que *Le Cube* héberge aussi une collection d'art contemporain qui, forcément, est en perpétuelle évolution.

L'ÎLE DE NANTES ★

Un vrai chantier

Tram n° 1.

Faisant face au quai de la Fosse, cette île improbable, occupée par les chantiers navals jusqu'en 1987, ne cesse d'accueillir, depuis 2007, toujours plus d'équipements culturels, comme les Machines de l'île, le Hangar à Bananes (galerie d'art...), et deux sites de La Fabrique laboratoire(s) artistique(s). Même un pôle d'enseignement professionnel, quartier de la Création, y prend forme. À l'extrémité ouest de l'île, on ne peut pas les rater : deux grues Titan des années 1950-1960 (43 et 47 m de hauteur), une grise et une jaune, marquent les extrémités de la promenade le long de la Loire, qui mène, en 10mn à pied, au Hangar à Bananes.

LES MACHINES DE L'ÎLE ★★

À dos d'éléphant

Île de Nantes - 08 10 12 12 25 - www.lesmachines-nantes.fr - horaires et tarifs des attractions sur site Internet - fermé de déb. janv. à déb. fév.

Elles s'éparpillent sur trois attractions. En premier lieu, une étrange monture qui permet de prendre de la hauteur ! Alors on se précipite. Car voir Nantes et ne pas se balader sur le dos du Grand Éléphant (12 m de haut) serait bien dommage ! Cette gigantesque machine en mouvement, qui barrit et crache de l'eau, est l'emblème d'un bestiaire mécanique, poétique et fantastique, que l'on doit à François Delarozière et Pierre Orefice – anciens de Royal de Luxe – doux rêveurs, un brin loufoques, imprégnés de l'univers de Jules Verne.
Pour en savoir plus, cap sur le site suivant, la Galerie des Machines, anciens ateliers de chaudronnerie des Chantiers de la Loire, où sont nées la Fourmi géante, la Chenille arpenteuse, la Taupe foreuse... et se prépare aujourd'hui le futur Arbre aux Hérons (objectif 2022 !). Pour finir, embarquez sur le magnifique Carrousel des Mondes marins, haut de 25 m. Place ici à des chevauchées fantastiques sur un calamar à rétropropulsion, un serpent des mers, un bernard-l'hermite, ou encore un poisson-coffre... Alors, prêts pour l'aventure ?

Une des deux grues Titan.

© R. Mattes/hemis.fr

LA VALLÉE DE L'ERDRE ★

L'autre rivière de Nantes

Maison de l'Erdre - 02 40 29 41 11 - 13h30-18h15 (17h15 nov.-janv.), merc., w.-end et j. fériés 9h15-12h15, 14h15-18h15 - fermé jeu. Bateaux nantais - quai de la Motte-Rouge - 02 40 14 51 14 - www.bateaux-nantais.fr.

On a tendance à associer Nantes à la Loire. Certes. Mais la ville est aussi très attachée à l'Erdre, « la plus belle des rivières de France », selon François Ier. Alors mettez le cap sur la Maison de l'Erdre de l'île de Versailles, puis montez à bord d'un bateau panoramique, pour découvrir l'autre cours d'eau local et ses doux rivages. Durée de la croisière ? Deux heures, de jour comme de nuit.

LE MARCHÉ DE TALENSAC

Le ventre de Nantes

Pl. de Talensac - tlj sf lun. 7h-13h.

Vous avez vu cette formidable marée en provenance des ports de l'île d'Yeu, du Croisic ou de la Turballe ? Et ses légumes de petits producteurs ? Sous et autour de la halle, où se pressent quelque 170 commerçants, Talensac est sans aucun doute l'un des marchés les plus appétissants du Grand Ouest. Comme tous les grands chefs nantais qui viennent se fournir ici, arriver dès potron-minet pour éviter le trop-plein…

LA FRIANDE

Douceurs locales

12 r. Paul-Bellamy - 02 40 20 14 68.

Interdiction de visiter la région sans goûter aux produits de son terroir ! Du petit-beurre aux berlingots

© J. Loic/Photononstop

LE VOYAGE À NANTES

Périple(s) insolite(s)

www.levoyageanantes.fr - Parcours permanent.

Nantes ne se contente pas d'être une ville culturelle. Elle casse les codes et se livre, depuis plusieurs années, à des expériences artistiques uniques. Le Voyage à Nantes en est l'exemple frappant, une expérience à vivre absolument. S'il est difficile de décrire le concept, entre parcours, exposition et happening, l'idée est détonante. Tous les acteurs de la ville contribuent à faire jaillir la culture hors les murs des musées et à la dégager de ses carcans habituels. De l'*Arbre à Basket* (a/LTA, 2012) au *Nid* (Jean Jullien, 2012) de la Tour de Bretagne, en passant par le *Péage sauvage* (Observatorium, 2012) de la Petite Amazonie ou *Le Poussin endormi* (Claude Ponti, 2014 - photo) au jardin des Plantes, le voyage comprend une trentaine d'étapes, à Nantes et dans l'estuaire de la Loire, que l'on part découvrir à pied, à vélo, en transport en commun, en bateau, au gré de ses envies et de la couleur du ciel.

LE CONSEIL DE L'ATELIER RADAR

« On aime le côté à la fois spectaculaire de ces expos à ciel ouvert mais aussi le fait de proposer aux habitants de s'approprier la rue, la ville. De l'art avec un grand A. »

nantais, en passant par le sel de Guérande, les caramels au beurre salé, les rigolettes nantaises ou le petit mouzillon, cette boutique a le chauvinisme chevillé à l'estomac !

LA FRAISERAIE

Une envie de fraises

13 r. de la Marne (en face des Galeries Lafayette) - ✆ 02 51 72 13 18 - www.lafraiseraie.com - 14h30-19h, sam. 10h30-19h, dim. 15h-19h.

Ces producteurs de fraises de Pornic déclinent le fruit en sorbets, sirops, confitures, rhums arrangés, etc. Autres adresses à Nantes (pl. de la Bourse et Île de Nantes), Pornic, La Baule, Noirmoutiers....

© Λεωνιδας/Fotolia.com

PARCOURS ARTISTIQUE « ESTUAIRE » ★★

Au fil de l'art

Accès à pied, à vélo, en voiture ou en bateau - gratuit.

Pas moins de 30 œuvres d'art contemporain, réparties sur 23 sites, jalonnent les berges de la Loire, entre Nantes et St-Nazaire (60 km). Cet insolite projet artistique, imaginé par Jean Blaise, le directeur du Voyage à Nantes, accompagne un projet politique : faire du « pôle métropolitain Nantes-St-Nazaire », créé en 2012, une réalité et animer les rives de l'estuaire. Dès 2007, des artistes français et internationaux sont venus le long de l'estuaire, pour interpréter le territoire, avec son histoire fluviale et industrielle, faire dialoguer le paysage avec l'art. Chaque œuvre a été conçue sur un site choisi au préalable, zone naturelle protégée ou bâtiment industriel. En photo, *Maison dans la Loire* du Français Jean-Luc Courcoult (fondateur de la compagnie Royal de Luxe), à Couëron.

TRENTEMOULT

L'Upper West Side nantais

Accès par Navibus - www.tan.fr (dép. de la station Gare Maritime, arrêt Trentemoult-Roquios).

À la fois si proche et si loin de la ville... Dépaysement assuré en débarquant à Trentemoult ! « Amarré » sur les bords de Loire, cet ancien village d'ouvriers et de pêcheurs, qui a gardé ses airs pittoresques, est aujourd'hui très prisé et ses petites maisons colorées bâties au creux de ruelles biscornues s'arrachent à prix d'or. Les pêcheurs de harengs, marins au long cours et autres cap-horniers ont disparu, reste le port de plaisance. L'idée ? Prendre le Navibus à Nantes, déambuler dans les allées du marché bio (le samedi), flâner au hasard des ruelles et puis filer s'attabler dans l'une des guinguettes des quais pour s'envoyer une assiette de friture et un petit verre de blanc.

Clisson et le vignoble nantais ★

LE CHÂTEAU D'OLIVIER DE CLISSON ★

Aux marches de la Bretagne

02 40 54 02 22 - mai-sept. : 10h30-18h - fermé mar. - 3 € (14-18 ans 2 €).

« La voilà la blanche hermine, vive la mouette et l'ajonc, la voilà la blanche hermine, vive Fougères et Clisson... » Il est fort probable que cette ritournelle vous trotte dans la tête en débarquant ici. Tout un symbole que cette chanson de Gilles Servat, où il évoque la Bretagne historique (et revendique sa réunification) quand Clisson et son château, aux portes du duché, le défendaient contre les seigneurs d'Anjou et du Poitou. C'est donc une forteresse médiévale qui se dresse sur un promontoire de granit, surplombant la Sèvre nantaise de toute sa splendeur. De nuit, l'impression de majesté est encore plus frappante. Bel exemple d'architecture militaire de défense, le château porte le nom du plus emblématique de ses seigneurs, le connétable et grand guerrier Olivier de Clisson.

© E. Berthier/hemis.fr

LA FORÊT DU GÂVRE ★

Promenons-nous dans les bois

Office de tourisme Blain - 02 40 87 15 11 - mar.-sam. 10h-12h, 14h-17h30. Musée Benoist-Maison de la Forêt - 02 40 51 25 14 - avr.-nov. Circuit de 13 km : dép. Blain, dir. nord-ouest par la D 15, rte de Guéméné-Penfao, tournez à droite vers Le Gâvre ; à la Maillardais, prenez à gauche.

Juste ouvrir les yeux et même les écarquiller tout au long de l'itinéraire qui traverse et pénètre les futaies, où chênes sessiles (dont le bois sert, entre autres, à la construction navale), hêtres et pins maritimes se déploient sur plus de 4 400 ha. Calme et plénitude ! Au Gâvre, s'arrêter au musée Benoist-Maison de la Forêt, qui met en scène la forêt locale, ses essences ainsi que les métiers du bois. Pour une balade à pied, ne partez pas à l'aveuglette : amateurs de légende ou pas, procurez-vous, auprès de l'office du tourisme de Blain, le livret de découverte qui permet de suivre le sentier du moine Guenaël. Sur les traces de ce personnage imaginaire, récits historiques et fables s'entrecroisent pour le plus grand plaisir des petits et des grands.

LE DOMAINE DE LA GARENNE-LEMOT ★

Un air d'Italie

Rte de Poitiers - 44190 Gétigné (sud-est Clisson) - parc : 02 40 54 75 85 - avr.-sept. : 9h-20h ; oct.-mars : 9h30-18h30 - gratuit ; maison du jardinier et villa Lemot - se rens. - visites guidées : 3 € (14-18 ans 2 €).

Niché dans un large méandre de la Sèvre nantaise, cet ensemble (parc, villa et maison du jardinier) rend hommage à l'architecture et aux paysages italiens du 19e s. C'est à cette époque que le sculpteur François-Frédéric Lemot acquiert le bois de la Garenne, alors réserve de chasse des seigneurs de Clisson, et le transforme petit à petit. La villa néo-palladienne, les bois et les jardins parsemés de fabriques et de statues, tout ici évoque un voyage en Italie empreint de douceur et de romantisme…

© J. Loic/Photononstop
Domaine de la Garenne-Lemot.

LE PALLET

Petite capitale du muscadet

Musée - 02 40 80 90 13 - www.vignoble-nantais.eu - de mi-juin à mi-sept. : 10h-18h (sf sam. juin et sept.) ; reste de l'année : se rens. -5 € (12-18 ans 2,50 €).

Le muscadet n'a pas forcément bonne réputation – à tort ! – et il faut absolument découvrir le vignoble et déguster ses crus. Étape obligée, Le Pallet. Situé au cœur de l'AOP muscadet sèvre-et-maine, ce village abrite le musée du Vignoble nantais, introduction parfaite à la connaissance du vin blanc local. Depuis la chapelle Saint-Michel, un sentier balisé vous guide au milieu des parcelles plantées du fameux cépage appelé le melon de Bourgogne. Pour les férus d'histoire et de littérature, sachez aussi que la jolie bourgade s'enorgueillit d'être la terre natale du célèbre Pierre Abélard, qui, avec Héloïse, forma un couple mythique au Moyen Âge.

LE CHÂTEAU DE GOULAINE ★

Château de Loire

02 40 54 91 42 - juil.-août : 10h45-19h ; reste de l'année : se rens. - 9 € (4-16 ans 5,50 €).

Là on retrouve un peu de Blois, ici un peu de Brézé, d'Azay-le-Rideau, et puis cette pierre de tuffeau si caractéristique. Pas d'erreur, Goulaine, même un peu éloigné de leur territoire, appartient à la grande famille des châteaux de la Loire. Après la visite, agréable et instructive, on découvre une exposition permanente, certes anachronique mais follement passionnante, d'affiches publicitaires, d'objets et autres meubles de la célèbre biscuiterie LU. Des jeux de découverte culinaire sont proposés aux enfants.

Au nord de Nantes

LA VALLÉE DES KORRIGANS - TÉPACAP!

Chiche!

Rte du Lac - lac de la Vallée Mabille - 44260 Savenay - 02 40 58 30 30 - juil.-août et vac. scol. Pâques : 10h-19h ; reste de l'année : se rens. - aire de jeux : 10,50 € (-3 ans gratuit) - accrobranche : 23,50 € (7-13 ans 23,50 €).

Cap ou pas cap ? Allez, cap ! On grimpe, on s'accroche, on glisse, on joue aux acrobates… Ce parc de loisirs de 2 ha propose 11 parcours dans les arbres, mais aussi une multitude de jeux de plein air (parcours d'orientation, tir à l'arc, paint ball…) et des séjours en tipis pour un dépaysement total. Bon à savoir : un espace est dédié aux enfants à partir de 3 ans.

LE CHÂTEAU DE CHÂTEAUBRIANT ★

Sentinelle sur la Chère

☏ 02 40 28 20 20 - château, visite guidée (1h) : mai-sept. : tlj sf lun. 11h, 14h30 et 16h ; reste de l'année (sf janv.) : w.-end 14h30 et 15h30 - jardins : mai-sept. 7h30-20h (18h reste de l'année), gratuit - 3 € (14-18 ans 2 €).

Une partie médiévale, une autre Renaissance, du schiste, du tuffeau et du grès… Malgré le mélange des genres et des matériaux, une belle harmonie et une grande solennité se dégagent lorsque l'on pénètre dans le parc du château et que l'on approche de l'édifice. Dressé sur son éminence rocheuse dominant la vallée de la Chère et Châteaubriant, ce château compte parmi les forteresses sentinelles des marches de Bretagne, avec Fougères, Ancenis, Vitré et Clisson. À ne pas rater, le balcon du palais seigneurial, d'où l'on domine le donjon, la cour d'honneur et les toits de la ville.

Nos meilleures adresses

Restaurants

CRÊPERIE HEB-KEN

Cuisine bretonne

5 r. de Guérande - ☏ 02 40 48 79 03 - www.heb-ken.fr - 11h45-23h - fermé dim. - 10/18 €.

Des galettes (plus de 200 crêpes différentes) de qualité à prix très raisonnables : une escale sympathique à prévoir au cours de vos flâneries entre la place Royale et la rue Crébillon.

L'INSTINCT GOURMAND

Cuisine traditionnelle

14 r. St-Léonard - Nantes - ☏ 02 40 47 41 64 - www.linstinctgourmand.com - fermé 1 sem. mai, 2 sem. de fin août à déb. sept., vac. de Noël, dim.-lun. et j. fériés - formule 15 €, menu 17 € (déj. sem.)/32 €.

Plutôt de bon goût, ce bistrot « sans étiquette » qui trace son sillon loin de tout formalisme : ici, la simplicité et la fraîcheur sont les seuls mots d'ordre. Le menu, présenté à l'ardoise, est réalisé chaque jour au gré du marché et réserve de savoureuses surprises… Pari gagnant.

LE RIVE GAUCHE

Cuisine moderne

10 Côte-St-Sébastien - Nantes - ☏ 02 40 34 38 52 - www.lerivegauche-restaurant.com - fermé 1er-5 janv., sam. midi, dim. midi et lun. - formule 21 €, menu 32/75 € - carte 45/59 €.

Direction la rive gauche de la Loire, au sud de l'île Beaulieu, où le fleuve prend des accents presque champêtres… Autre atout de cette ancienne guinguette : une terrasse sur l'arrière, face à la verdure d'un jardin ensoleillé. Au menu : une cuisine soignée, associée à un joli choix de vins du Val de Loire.

LA RAFFINERIE

Cuisine moderne

54 r. Fouré - Nantes - ☏ 02 40 74 81 05 - www.restaurantlaraffinerie.fr - fermé w.-end - menu 21 € (déj. sem.),31 € - carte 33/48 €.

Tables aux coudes à coudes, look de petit bistrot et cuisine ouverte face au public invitent à la curiosité. En guise d'acteur principal, un jeune chef talentueux épuise le terroir de sa région : poissons de criée, légumes de pleine terre, pigeonneaux… Percutant et raffiné !

LA CIGALE

Cuisine traditionnelle

4 pl. Graslin - Nantes - ☏ 02 51 84 94 94 - www.lacigale.com - formule 16 €, menu 19 € (déj. sem.), 31 € - carte 34/61 €.

Véritable institution que cette brasserie née en 1895, face à l'opéra : son décor classé (céramiques, miroirs) illustre toute l'ivresse ornementale du Modern Style. Pour un repas plein de superbe !

LES BOUTEILLES
Cuisine traditionnelle
11 r. de Bel-Air - Nantes - ✆ 02 40 08 27 65 - fermé 1 sem.fév., 3 sem. août, sam. midi et dim.-lun. - carte 30/60 €.
À deux pas du grand marché de Talensac, cet excellent bistrot à vin propose une cuisine du marché absolument remarquable. La cave ? Gargantuesque et extrêmement pointue, notamment sur la Bourgogne. Un pur régal.

LE 1
Cuisine moderne
Île de Nantes - 1 r. Olympe-de-Gouges (angle quai F.-Mitterrand) - Nantes - ✆ 02 40 08 28 00 - www.leun.fr - formule 16 €, menu 19/31 € - carte 32/81 €.
On peut être dans un nouveau quartier, arborer un décor très design, ludique et coloré, et faire honneur à la tradition : cabillaud sauce hollandaise, tartare de bœuf au couteau et frites maison, côte de bœuf sauce béarnaise, etc. Une belle brasserie d'aujourd'hui !

LA CANTINE DU VOYAGE
Cuisine du terroir
Île de Nantes - 21 quai des Antilles - ✆ 08 92 46 40 44 - fermé oct.-avr. - 10 € (13 € le soir).
Un menu unique à déguster sur de grandes tablées et sous une structure temporaire : poulet Label Rouge d'Ancenis, pommes de terre et crudités issues du potager attenant (qui se visite). Le lieu compte aussi un skate-park, une librairie, etc.

Le marché de Talensac, à Nantes

LA BONNE AUBERGE
Cuisine traditionnelle
1 av. Olivier-de-Clisson - Clisson - ✆ 02 40 54 01 90 - fermé dim. soir, lun.-mar. et merc. soir - formule 16 €, menu 23 €, carte 49/85 €.
Dans le cadre de cette maison bourgeoise, on déguste une cuisine du marché classique, confortablement attablé dans un décor chaleureux.

VILLA SAINT-ANTOINE
Cuisine moderne
8 r. St-Antoine - Clisson - ✆ 02 40 85 46 46 - www.hotel-villa-saint-antoine.com - formule 16 €, menu 22 € (déj. sem.), 25/42 € - carte 35/50 €.
Dans cette ancienne filature implantée sur les bords de la Sèvre nantaise, on s'accommode bien de cet intérieur de brasserie chic et de la partition du chef, goûteuse, gourmande et particulièrement soignée. Sans oublier, bien sûr, le service assuré par une jeune équipe dynamique…

DE SAINT-NAZAIRE À PORNIC

★

De Saint-Nazaire, mine de rien passionnante, à la Côte de Jade, qui tient son nom du vert soutenu de la mer, l'itinéraire louvoie joliment entre espaces naturels rares, plages de sable blond, falaises de schiste et adorables petits ports de pêche. Vous avez dit vacances ?

Pêcheries au carrelet à St-Nazaire - © J.-M. Barrere/hemis.fr

L'incontournable – P.187

Le port breton de Pornic, et le calme de sa délicieuse ria.

L'original – P.190

Escal'Atlantic, à Saint-Nazaire,
pour l'illusion d'un voyage en paquebot.

Les lieux à ne pas manquer

Pornic ★

LA VIEILLE VILLE ET LE PORT DE PÊCHE

Un port breton sur la Loire

Station balnéaire de la Belle Époque ? Petit port breton ? Cité médiévale ? Pornic est tout cela à la fois, et pour le moins étonnante. Une ambiance sereine flotte dans tous les recoins et les ruelles de la vieille ville, qui descendent en pente douce jusqu'au port. À voir, le château, dit « château de Barbe Bleue », blotti dans un écrin de verdure. Il faut aussi emprunter la promenade de la Terrasse, aménagée à l'emplacement des anciens remparts, puis doucement « dégringoler » vers le port de pêche, en guettant ces belles perspectives qui s'ouvrent sur les bateaux au mouillage. Pornic compte encore quelques chalutiers : à chaque retour de pêche, les marins-pêcheurs viennent débarquer leur prise du jour et s'amarrer au calme de la charmeuse ria au bord de laquelle s'est construit le village.

LA CORNICHE DE LA NOËVEILLARD ★

Un balcon sur l'océan

30mn à pied AR. Prenez le sentier qui longe la mer à partir de la plage du Château.

En contrebas, la plage du Château, juste avant que le canal de la Haute Perche ne croise l'océan. La balade commence ici, dans cette petite anse abritée. D'un côté, la mer. De l'autre, la verdure, où se nichent quelques très belles demeures. Peu à peu, le sentier prend de la hauteur au-dessus de falaises spectaculaires, dessinant un véritable balcon sur le large et révélant des panoramas exceptionnels. Bientôt, le grand port de plaisance puis la plage de la Noëveillard en adorable fin de parcours. Le moment de retirer ses chaussures de marche et d'aller plonger ses pieds dans le sable fin et frais de cette jolie petite baie.

ALLIANCE PORNIC

Thalasso les pieds dans l'eau

Plage de la Source - au sud du vieux fort de Pornic - ✆ 02 40 82 21 21 - www.thalassopornic.com - forfait spa : 9h-20h - 79/175 €/j - soins à la carte : 12h30-20h, w.-end 15h30-20h.

Une petite crique de sable au sud de la ville… L'ancien très bel emplacement du Casino des Flots est aujourd'hui occupé par un centre de thalassothérapie proposant des cures antistress, amincissement, jeune maman… et des journées avec soins à la carte. Spa, piscines d'eau de mer, sauna, hammam, bars, restaurants bio ou gastro, etc. Convaincu ?

LA FROMAGERIE LE CURÉ NANTAIS

Petit carré orangé

16 r. du Dr-Auguste-Guilmin - Pornic - ✆ 02 40 82 28 08 - www.curenantais.com - 9h-13h, 14h30-19h - visite guidée (1h) sur réserv. : mar.-vend. à 10h, 1 € (-6 ans gratuit).

Ne vous fiez pas à sa douce mine ni au sourire du curé dont le profil s'affiche sur l'étiquette, le Curé Nantais, en forme de petit carré orangé, est un fromage fort à la saveur prononcée. Ici, on assiste à sa fabrication, on apprend qu'il est affiné sur des planches d'épicéa et qu'il est lavé tous les 2 jours à l'eau salée et au muscadet, puis on visite une exposition racontant l'histoire de ce fromage imaginé par un curé de St-Julien-de-Concelles voilà 135 ans.

Autour de Pornic

L'ABBATIALE ST-PHILIBERT-DE-GRAND-LIEU ★

Aux temps des Carolingiens

2 pl. de l'Abbatiale - 02 40 78 73 88 - tlj sf lun. 10h30-12h30, 14h30-18h30 - fermé de fin déc. à fin janv. - 4 € (6-18 ans 2 €).

L'état de conservation de cet édifice est incroyable. On se frotte les yeux ! L'abbatiale est bien une église carolingienne du 9e s. Rarissime témoin de l'époque. De l'extérieur, l'impression est paisible, avec ce petit potager attenant, cette harmonie de pierres et de briques. À l'intérieur, les piliers imposants, les arcs en damier, la simplicité et la solennité du lieu imposent le silence. Ne ratez surtout pas, dans le chœur, la crypte de St-Philibert et son sarcophage en marbre.

© F. Leroy/hemis.fr

LA CÔTE DE JADE ★

Circuit de 44 km - comptez environ une journée. Sémaphore de la Pointe-St-Gildas : 02 40 21 01 21 - juil.-août : 10h-13h, 14h30-19h - reste de l'année : se rens.

Du vert clair pistache teinté de turquoise au vert-de-gris mâtiné de vert amande, la Côte de Jade porte bien son nom. De Pornic à St-Gildas, le rivage est dentelé de criques de sable et ponctué de carrelets, ces cabanes de pêcheurs sur pilotis typiques de la région. Sublime ! Halte à la pointe de St-Gildas pour admirer la vue, bien sûr, mais aussi découvrir quelques impressionnants blockhaus du Mur de l'Atlantique disséminés dans la lande. Des sentiers balisés mènent au sémaphore, devenu musée des Communications maritimes et des Techniques de surveillance des côtes. Le circuit se poursuit vers St-Michel-Chef-Chef, « terroir » de la biscuiterie à l'origine de la célèbre petite galette. Le point final de la balade ? La séduisante localité de St-Brévin-les-Pins et ses 8 km de plage : avant de s'allonger sur le sable blond, aller jeter un œil au dolmen de l'allée des Rossignols et au musée de la Marine.

LE LAC DE GRAND-LIEU

Exceptionnel écosystème

Maison du lac - 44830 Bouaye - 02 28 25 19 07 - juil.-août, vac. scol. Pâques et Toussaint : 10h-18h30 ; reste de l'année : se rens. - fermé lun. - 3 € (-6 ans gratuit).

Lorsqu'une douce brume matinale s'en mêle, l'atmosphère devient quasi mystérieuse, avec ces hautes herbes aquatiques qui se dressent sur les bords de ce lac naturel de plaine, le plus grand de France en hiver. On raconte d'ailleurs qu'il cache la ville engloutie d'Herbauges, dont on entend sonner les cloches le soir de Noël… Au-delà de la légende, l'endroit est une réserve naturelle nationale et une zone humide d'importance internationale, riche d'un écosystème exceptionnel entre algues, végétaux, mammifères, poissons, reptiles et batraciens. Et si vous passez par la Maison du lac, vous saurez tout, tout des 225 espèces d'oiseaux qui nichent ici ou ne font que passer le temps d'une migration.

PLANÈTE SAUVAGE ★

Les animaux du monde

La Chevalerie - 44710 Port-St-Père - 02 40 04 82 82 - de mi-juil. à fin août : 9h30-19h30 - reste de l'année : se rens. - fermé de fin nov. à déb. mars - 26 € (3-12 ans 21 €).

Au cœur de l'Afrique ? Au fin fond de la Mongolie ? Vingt mille lieues sous les mers ? Cet incroyable parc animalier, qui accueille près d'un millier de bestiaux (et 250 naissances par an), vous fait perdre vos repères ! Du crocodile au raton laveur, de la girafe au dauphin, tout le monde animal est là, mais pas dans n'importe quelles conditions, puisque réparti dans 5 univers : Temple de la Jungle, Chemin de Brousse, Cité Marine, Sentier des Incas et Piste Safari. Les enfants adorent !

INSOLITE

LE JARDIN ÉTOILÉ DE KINYA MARUYAMA

Parcours estuaire, près St-Nazaire (voir Nantes, p. 181) - quai Edmond-Libert - 44560 Paimbœuf - www.estuaire.info/fr/.

Un vaisseau fantôme ou un gros, très gros poisson échoué sur le rivage. Non loin de l'embouchure de la Loire, voilà une étrange structure à fleur d'eau. L'architecte japonais Kinya Maruyama a dessiné un jardin inspiré de la constellation de la Grande Ourse et des points cardinaux... C'était en 2007. Il est revenu plusieurs fois, planter et créer encore. Inattendu et magique.

St-Nazaire ★

LA BASE SOUS-MARINE ★

Port d'attaches

L'une des plus grosses de la Seconde Guerre mondiale, cette base, pièce phare du Mur de l'Atlantique, fut bâtie à l'emplacement de la gare transatlantique : 37 500 m² de béton armé, 300 m de long, 125 m de large. Indestructible.

© Antony Sejourne/iStock

LA VILLE-PORT ★★

Embarquement immédiat

Base sous-marine - bd de la Légion-d'Honneur - 02 28 54 06 40 - www.leportdetouslesvoyages.com - fermé janv.

St-Nazaire a souvent servi de décor au cinéma, et on le comprend, quel décor ! Son port a vécu mille vies et, en posant le pied sur ses quais, on est happé, attaché à lui pour la vie. Avec la construction de la base sous-marine allemande (1941), la ville s'est retrouvée coupée de son port, et les Nazairiens avaient fini par apprendre à vivre ainsi... jusqu'à la fin des années 1990. Le projet Ville-Port a alors fait renaître l'histoire transtlantique de la cité en lançant une reconquête de la base sous-marine, de ses alvéoles à ses terrasses. Les visites du Port de tous les Voyages englobent le parcours Escal'Atlantic, le sous-marin Espadon, les chantiers navals, l'Écomusée et mènent jusqu'à l'usine Airbus...

ESCAL' ATLANTIC ★★

Larguez les amarres

Fermé janv. - 14 € (4-14 ans 7 €).

Escal'Atlantic est née en 2000 de l'idée géniale de transformer près de 4 000 m² de la base sous-marine en un lieu dédié aux plus grands paquebots et voyages transatlantiques. La mise en scène brillante a fait le reste! Dès l'entrée, les conditions d'embarquement sont plus que réelles : ambiance, décor (200 objets de collection, dont certains issus du *Normandie* et du *France*), accueil de l'équipage… L'illusion est parfaite. Riche de 25 espaces interactifs, cette expérience passionnante s'achève par une animation spectaculaire (attention, les plus petits confondant effets spéciaux et réalité, peuvent être effrayés).

LES TERRASSES PANORAMIQUES ★★

Gros plan sur le port!

Accès par r. Henri-Gautier (rampe) ou de l'intérieur de la base (ascenseur derrière la billetterie de la Ville-Port).

Fascinant à hauteur des quais, le port de St-Nazaire l'est encore plus quand on grimpe sur le toit de la base. En introduction à la vue sur l'estuaire et le large : le bassin de Penhoët, l'un des plus grands d'Europe (22 ha), et ses trois formes dévolues à l'entretien des navires; la forme Joubert, qui accueille les paquebots prêts à la mise à l'eau; les impressionnants chantiers navals, où naissent de véritables « monstres » marins… De là-haut, on prend la gigantesque mesure des lieux!

INSOLITE

SOUS-MARIN ESPADON

Av. Forme-Écluse - fermé janv. - 10 € (4-14 ans 5 €).

Claustrophobes, s'abstenir. Sa longue silhouette noire émerge de l'ancienne écluse fortifiée du port. En pénétrant dans ce submersible qui fut le premier sous-marin français à naviguer sous les glaces polaires, on prend conscience du quotidien de ses 65 hommes d'équipage, au long de ses étroites coursives, dans la salle des torpilles ou au poste de commandement.

LE GRAND CAFÉ, CENTRE D'ART CONTEMPORAIN

Un grand café s'il vous plaît

Pl. des Quatre-Z'Horloges - St-Nazaire - ✆ 02 44 73 44 00 - www.grandcafe-saintnazaire.fr - mar.-dim. 14h-19h, merc. 11h-19h - entrée libre.

Fondé en 1864 par le père d'Aristide Briand, le Grand Café, situé entre la ville et le port, a trouvé une seconde vie depuis une dizaine d'années. Sous l'impulsion de la municipalité, il s'est mué en lieu culturel reconnu comme centre d'art contemporain par le ministère de la Culture. Expositions, résidences d'artistes, ateliers, conférences, projets « hors les murs »… Un endroit à voir, à vivre et à comprendre.

LA PLAGE DE M. HULOT

Sur les traces de Tati

St-Marc-sur-Mer.

En arrivant sur la plage de St-Marc (ne prononcez pas le « c »), on ne voit que sa grande silhouette dégingandée, mains sur les hanches, buste en avant, chapeau vissé sur la tête et pantalon trop court. Il ne manque que sa pipe (brisée peu après l'installation de la statue), mais c'est bien lui, tout en bronze : M. Hulot, le héros burlesque du cinéaste Jacques Tati. Celui-ci filma là, en 1951, dans l'hôtel voisin, son célèbre film *Les Vacances de*

M. Hulot. L'hôtel est toujours là, au bord de la très jolie plage. Fin juillet, celle-ci accueille le Farniente Festival : histoire de bronzer en musique !

Nos meilleures adresses

Restaurants

AUBERGE LA FONTAINE AUX BRETONS

Cuisine traditionnelle

Chemin des Noëlles - 3 km au sud-est de Pornic par rte de la Bernerie - ✆ 02 51 74 08 08 - fermé dim. soir et lun. nov.-mars - formule 18 €, menu 22 € (déj. sem.), 34/58 € - carte 36/57 €.

Une superbe salle à manger à la mode d'autrefois, pour une cuisine du terroir saine et savoureuse, concoctée avec de bons produits et les légumes bio du jardin. Cocotte de cochon vendéen aux aromates du potager, saint-jacques à la mousseline de céleri du jardin… Et une belle rôtissoire pour cuire les porcelets !

LA POISSONNERIE DU MÔLE

Poissons et fruits de mer

30 r. de la Marine - Pornic - ✆ 02 40 21 04 86 - www.la-poissonnerie-du-mole.fr - fermé merc. sf juil.-août et lun. - formule 22 €, menu 29 € (déj. sem.), 39/49 € - carte 43/50 €..

Ce restaurant est tout simplement installé dans l'ancienne poissonnerie des grands-parents du chef, derrière le port. On y sert… du poisson (mais pas que) travaillé avec une pointe d'originalité.

LE 16

Poissons et fruits de mer

16 bd de Verdun - St-Nazaire - ✆ 02 40 15 41 89 - www.restaurant-le-16.fr - formule déj. sem. 14,90/16,90 €, menu 25,50/29,90 €.

Cadre moderne et sobre, avec vue irrésistible sur le front de mer de St-Nazaire. Outre le panorama, on vient ici déguster une cuisine traditionnelle « revisitée » qui décline coquillages et crustacés, poissons et viandes grillées.

LE SABAYON

Cuisine traditionnelle

7 r. de la Paix-et-des-Arts - St-Nazaire - ✆ 02 40 01 88 21 - fermé 3 sem. août et dim.-lun. - menu 21/50 € - carte 33/62 €.

Des matières premières bien choisies, une main délicate au piano… Résultat ? Une cuisine délicieuse avec par exemple des noix de saint-jacques sautées à la fleur de sel de Guérande et des desserts maison au chocolat.

LA PLAGE DE MONSIEUR HULOT

Poissons et fruits de mer

Hôtel de la Plage - 37 r. du Cdt-Charcot - St-Marc-sur-Mer (8 km à l'ouest de St-Nazaire par D 92) - ✆ 02 40 91 76 17 - www.restaurant-plagehulot.com - formule 15/19 € (sf vac. scol.), menu 30 €.

Tati filma ici *Les Vacances de monsieur Hulot*. La grande bâtisse blanche appartient aujourd'hui à la chaîne Best Western, mais donne toujours directement sur la plage (ravissantes petites chambres - ✆ 02 40 91 99 01), avec brasserie et bar de plage, face aux flots…

Le Curé Nantais, un fromage affiné au Muscadet.

© Ph. Blanchot/ hemis.fr

ENTRE MER ET BRIÈRE

★

Une diversité incroyable, voilà ce que raconte ce coin-là de la Loire-Atlantique, entre l'atmosphère très zen et nature des marais salants et de la Grande Brière, les vieilles pierres de Guérande, Piriac la familiale, La Baule la chic, le port du Croisic ou la Côte sauvage de Batz-sur-Mer.

Guérande - © M. Viard/Photononstop

L'incontournable – P.193
Découvrir la fabrication du sel à Guérande.

L'original – P.199
Sillonner le marais de la Grande Brière au rythme du chaland.

Les lieux à ne pas manquer

Presqu'île de Guérande ★

GUÉRANDE ★

Remparts face à l'histoire

Son nom s'affiche sur toutes les tables de gastronomes, car Guérande est l'une des capitales françaises du sel. Mais, au-delà de la réputation de son or blanc, la ville attire aussi les foules pour sa petite cité médiévale ! Elle est en effet l'une des rares en France à avoir gardé l'intégralité de ses remparts, et dans un état de conservation unique. Faire le tour de la « muraille » (près de 1,5 km) en se promenant au bord des douves, visiter l'ancienne maison des gouverneurs au 1er étage de la porte St-Michel (accès aux remparts) et, bien sûr, entrer dans l'enceinte pour découvrir la magnifique collégiale St-Aubin, à vous de voir… Le mode d'emploi ? Éviter les heures de pointe, notamment en été, et ne surtout pas hésiter à s'aventurer dans les ruelles plus calmes que la rue St-Michel, où se concentrent la plupart des boutiques de souvenirs !

TERRE DE SEL

Au pays du sel

Lieu-dit Pradel - ✆ 02 40 62 08 80 - www.terredesel.com - 4 € (3-15 ans 2 €) - visite guidée : 9/11/13 € (enf. 4/6/8 €) - boutique très fournie.

Ils sont partout, composant une mosaïque extraordinaire et étendant leurs reflets irisés à fleur d'eau sur des kilomètres, de la Turballe au Croisic, de Batz à Careil. Pour tout savoir des marais salants de la presqu'île, direction Pradel. Un centre d'exposition renseigne sur cet univers, le travail des paludiers, l'écosystème des marais et le très ingénieux système d'irrigation qui permet d'alimenter les œillets où, l'été, se forment le sel et la fameuse fleur de sel. Pour en apprendre encore plus, profitez des sorties avec les paludiers et des découvertes ornithologiques.

PIRIAC-SUR-MER

Un port de carte postale

S'asseoir sur le muret de pierre devant l'église et contempler les petites barques au mouillage, la plage et plus loin à gauche la digue où sont amarrés les bateaux de pêche. Cinq, dix, quinze minutes… On ne voit pas le temps passer, tout est en mouvement et capte le regard. À une dizaine de kilomètres de La Baule et de son immense front de mer, Piriac-sur-Mer est son contraire : un village à taille humaine avec de délicieuses maisons de pierre et des ruelles pavées, un ravissant petit port de carte postale et des rochers pour aller taquiner la crevette ou le bigorneau… Le long de la côte découpée, un sentier mène jusqu'à la pointe du Castelli : une belle balade à faire au coucher du soleil, avant de venir boire un verre en terrasse sur le port.

INSOLITE

LA CHAMPAGNE, À CHEVAL SUR LA PLAGE

D 774 - 44350 St-Molf - ✆ 02 40 61 95 20 - www.equitationlachampagne.com - à partir de 25 €/pers.

Imaginez un peu : le soleil couchant chauffe encore le sable de la grande baie de La Baule et vous voilà chevauchant votre beau destrier dont les sabots clapotent dans les premières vagues... Vous ne rêvez pas, ce grand centre équestre propose des balades sur la plage, ainsi qu'au bord de la Vilaine, et même des sorties nocturnes en Brière. Fans d'équitation, allez-y au galop.

La Baule ★★

FRONT DE MER ★

Terrain de jeu estival

Sept, huit ou neuf kilomètres ? Peu importent les différentes mesures après tout, la plage de La Baule, classée parmi les plus belles baies au monde, est paraît-il l'une des plus longues d'Europe. Un immense croissant de sable blond qui fait le bonheur des touristes et des locaux, qui posent leurs serviettes entre restaurants de plage sans manières ou carrément branchés, installations nautiques et clubs pour enfants. Un terrain de jeu gigantesque pour les familles, les véliplanchistes, les joggeurs, les cavaliers ou les joueurs de badminton, et une vue à 180° sur le large, dont ont su profiter des générations entières de promoteurs : sur le front de mer, les rares maisons années 1930, qui subsistent d'un temps révolu, sont noyées dans la masse de hauts immeubles parfois peu gracieux. Alors, certains préfèrent à la plage de La Baule celle du Nau, au Pouliguen, préservée du bruit des automobiles, ou encore celle de Ste-Marguerite, à Pornichet.

LES VILLAS DE LA BAULE ★

L'autre La Baule

Comme des foules de touristes ne voient de Paris que les Champs-Élysées, certains visiteurs de La Baule se contentent d'une promenade sur son front de mer. Ici, il faut pourtant enlever ses œillères et s'aventurer en « coulisses », quitter « l'autoroute » pour emprunter des chemins buissonniers. Bien préservés de l'appétit insatiable des promoteurs, le quartier Benoît, celui du Casino et La Baule-les-Pins dévoilent des itinéraires passionnants. C'est là que La Baule déploie ses charmes et le plus élégant de son patrimoine architectural, ses villas de la fin du 19e s., des années 1920 et des années 1950, ses prouesses Belle Époque comme ses folies Art déco. Pour ne pas vous laisser partir à l'aveuglette, l'office du tourisme a d'ailleurs la bonne idée de mettre à disposition un plan gratuit qui décrit une balade d'une heure dans chacun des trois quartiers.

CONFISERIE MANUEL

Niniches d'exception

2-4 av. du Gén.-de-Gaulle - 02 40 60 20 66 - juil.-août : 9h30-13h, 14h30-0h ; reste de l'année : tlj sf jeu. 10h-12h30, 14h30-19h30 - fermé de mi-nov. à mi-fév.

Une file d'attente s'étire sur le trottoir à l'angle de l'avenue de Gaulle et du front de mer. Que se passe-t-il ? Qu'attendent ces gens ? Une gaufre, une glace ou une sucette – la fameuse Niniche que l'on prépare ici tous les jours de 10h à 12h. Depuis 1937, la réputation de la confiserie Manuel court bien au-delà des frontières bauloises, grâce à un savoir-faire inimitable et la qualité de ses matières premières, comme le sel de Guérande ou le beurre d'Échiré.

PORNICHET
Une station ultra-vivante

Longtemps à l'ombre de sa glorieuse voisine bauloise, Pornichet n'a aucun complexe à nourrir. L'ancien village de paludiers – il y a très longtemps! – est devenu une station balnéaire extrêmement courue. Et, vous l'aurez compris, sa vie ne s'arrête pas au farniente sur la belle plage Ste-Marguerite ni à une balade sur le front de mer – qui prolonge celui de La Baule –, où l'on s'arrête devant quelques jolies villas comme la très Art déco Ker Souveraine, aussi appelée la « villa Rose ».

© G. Labriet/Photononstop

Le port du Croisic.

Le Croisic ★

LE PORT
Le bout du bout de la presqu'île

Il y a des voies sans issue qui débouchent sur pas grand-chose, et des culs-de-sac qui réservent de merveilleuses surprises. Après Le Croisic, la route s'arrête... C'est la mer qui reprend ses droits. « Coincés » entre la Côte sauvage et les marais salants, le village et son port constitué de bassins protégés par de nobles jetées possèdent un charme fou. Sur les quais, avec vue sur la pointe Pen Bron, juste en face, les badauds déambulent de bars en poissonneries, de biscuiteries en coopérative maritime... Dans les ruelles du village, ils lèvent le nez sur le clocher de la tour-lanterne de N.-D.-de-Pitié, les belles façades de vieilles maisons de pierre ou jettent un œil à la carte de crêperies restées dans leur jus. Certains poussent un peu plus loin, au-delà du port de pêche, jusqu'au bout de la jetée du Tréhic pour prendre une grande bouffée d'iode : avec un peu de chance, c'est l'heure du retour au port pour les chalutiers escortés par des cohortes de goélands...

OCÉARIUM ★
1700 mètres cubes d'eau!

Av. de St-Goustan - 02 40 23 02 44 - www.ocearium-croisic.fr - juil.-août : 10h-20h - reste de l'année : se rens. - fermé de déb. janv. à mi-fév. - 14,50 € (3-12 ans 11,50 €).

Près de quatre mille animaux marins répartis dans 10 espaces dédiés (les Escales). De l'île d'Yeu aux Cyclades en passant par le lagon ou l'île Vancouver, bienvenue dans ce formidable univers ponctué de nombreux bassins et aquariums, et même d'un très spectaculaire tunnel. Des circuits sont dévolus aux enfants, qui partiront en quête d'un poisson mystérieux ou d'un coffre de pirates. À voir aussi, la salle de filtration de l'eau du bassin des requins.

LA CÔTE SAUVAGE ★
Terre d'embruns

Circuit de 30 km - comptez environ 2h.

S'il s'étend du Pouliguen au Croisic, certaines portions de ce littoral déchiqueté sont plus sauvages que d'autres, trop urbanisées. Ainsi, de la pointe de Pierre-Plate jusqu'à la baie du Dervin, en passant par La Govelle et ses plages de surfeurs, le sentier balisé révèle des points de vue assez épatants sur les falaises et le grand large. Quand le vent souffle, la houle et les vagues viennent s'écraser sur la côte, taillée comme de la dentelle fine, où, derrière chaque petite pointe rocheuse, la mer a creusé d'étonnantes petites criques. Quand le soleil se couche et que la mer est d'huile, le spectacle vaut aussi le détour…

BATZ-SUR-MER ★

La jolie Batz

Entre Le Croisic, à l'ouest, Le Pouliguen, à l'est, les marais salants au nord et l'océan au sud, Batz-sur-Mer a trouvé une bande de sable pour poser son village. En son centre, l'église St-Guénolé tout en style gothique flamboyant. Sa haute tour-clocher (60 m) se remarque de loin et, de son sommet surmonté d'un clocheton cantonné de pinacles, le panorama est époustouflant : par temps clair, on voit Belle-Île au nord-ouest et Noirmoutier au sud. En direction de la mer, on croise la chapelle N.-D.-du-Mûrier. Et les plages? Très aimables : Valentin pour le bain, La Govelle pour le surf et St-Michel en famille. Sans oublier toutes les criques qui jalonnent la Côte sauvage.

INSOLITE

LE MOULIN DE LA FALAISE

Rte du Croisic - Batz-sur-Mer - ✆ 02 40 23 92 36 - juil.-oct. : lun.-vend. 10h-12h, 14h-17h30 (aussi sam. juil.-août) - 3 €.

Visite assurée par le très accueillant meunier, Xavier Phulpin, qui continue d'y fabriquer de la farine de blé noir. Vous avez le droit d'en acheter!

Le plus beau circuit

Autour de la Grande Brière ★

Départ de St-Nazaire. Empruntez la N 171, vers Nantes, sortez à Montoir-de-Bretagne et prenez la D 50.

ST-MALO-DE-GUERSAC ET ROZÉ

Maison d'accueil de Rozé - ✆ 02 40 91 17 80 - de mi-avr. à fin sept. : 13h30-18h30. Réserve ornithologique Pierre Constant : ✆ 02 40 66 85 01 - avr.-oct. 10h-18h.

À St-Malo-de-Guersac, tout le monde grimpe car, du point culminant (13 m!) de la plus grande île de Brière, on saisit l'étendue du marais et on aperçoit Guérande et le Sillon de Bretagne. À peine plus au nord, le petit port de Rozé – d'où partaient les chalands vers Nantes, Vannes et La Rochelle pour livrer de la tourbe – abrite un des points Info du

Batz-sur-Mer.

parc naturel régional de Brière. Un excellent prélude à une escapade briéronne, comme la balade dans la réserve Pierre-Constant, parc de 26 ha jalonné de postes d'observation d'où, avec un brin de chance et de patience, le visiteur peut observer canards, hiboux, lièvres, belettes et hermines dans leur milieu naturel.

ÎLE DE FÉDRUN ★ ET ST-JOACHIM

Maison de la mariée - ✆ 02 40 91 65 91 - juil.-août : jeu.-dim. 14h-17h.

La haute flèche blanche de son église apparaît... Voilà St-Joachim, bourg posé sur les îles de Brécun et Pendilles. Tournez à gauche pour rejoindre, *via* deux ponts, l'île de Fédrun. La plus connue des îles de Brière est aussi la plus attachante : l'unique petite route sillonne dans un paysage singulier, composé de chaumières briéronnes et entouré de prairies marécageuses. Ambiance ultra-zen, parfait remède anti-stress. Au n° 130, une bâtisse typique abrite la Maison de la mariée : à découvrir, une riche collection de parures de mariage ornées de fleurs d'oranger en cire, spécialité de St-Joachim.

LA CHAPELLE-DES-MARAIS

Dans l'église N.-D. de Toutes-Aides (1862), on voue un culte à saint Corneille, protecteur des bêtes à cornes, dont on trouve la statue à droite du chœur.

CHÂTEAU DE RANROUËT

Rte. d'Herbignac - ✆ 02 40 88 96 17 - juil.-août : 10h-19h ; avr.-oct. : se rens. - fermé nov.-mars (sf vac. Toussaint) - 4 € (7-18 ans 3 €).

En plein marais briéron, on ne s'attend pas forcément à tomber sur les ruines d'une forteresse médiévale. Derrière une forêt de chênes majestueux, ce sont pourtant bien les vestiges du château de Ranrouët, ses tours rondes et ses douves que l'on devine. Dès l'entrée, en franchissant le petit pont de bois, on est propulsé au Moyen Âge, et les enfants, épées imaginaires en main, se prennent vite au jeu. Plusieurs

© Destination Bretagne Plein Sud

KERHINET ★

Hameau de St-Lyphard - Maison du Parc - ✆ 02 40 66 85 01 - www.parc-naturel-briere.com - juil.-août : 9h30-19h, dim. et j. fériés 10h-13h, 14h-18h ; reste de l'année : se rens.

Quelle bonne idée d'avoir restauré ce hameau qui rassemble 18 chaumières briéronnes, très caractéristiques avec leur chaume qui s'arrondit pour laisser la place aux fenêtres de l'étage. Auberge et lieux d'exposition, dont un modeste intérieur briéron vous y attendent. L'été, lors du marché de produits locaux, vous croiserez peut-être des « habitants » en habits d'époque... Installée dans une chaumière du village, la Maison du parc propose, entre autres, une sélection de livres thématiques sur la faune et la flore de la Brière. Pour les marcheurs, plusieurs sentiers de randonnée partent d'ici.

animations leur sont proposées : tir à l'arc, jeux traditionnels, etc.

HERBIGNAC ET LES FOSSÉS-BLANCS

Maison du tourisme et du patrimoine - 2 r. Pasteur - 02 40 19 90 01 - avr.-sept. : 10h-13h, 14h30-18h30, dim. 10h-13h (tlj en juil.-août) - gratuit.

Ici, à l'époque gallo-romaine, la poterie était reine. Herbignac a conservé ce patrimoine et en a fait sa richesse. À la Maison du tourisme et du patrimoine, on découvre la vie des paysans-potiers du coin et des expositions temporaires. À 3 km au nord-ouest (par la D 2), le dolmen de Riholo se dresse sur un petit promontoire. Revenir en arrière, vers Mayun, puis tourner à droite vers Les Fossés-Blancs, port le plus septentrional de la Brière, à l'extrémité du canal du Nord. L'occasion de suivre le sentier botanique ou, mieux, d'embarquer dans une barque filant à fleur d'eau du marais.

ST-LYPHARD ET LES DOLMENS DE KERBOURG ★

Allez, un petit effort, car, en haut des 135 marches du clocher de l'église colorée de St-Lyphard, se trouve un belvédère aménagé. Le panorama est grandiose : sur la Brière bien sûr, Guérande et ses marais salants, mais également sur l'estuaire de la Loire et l'embouchure de la Vilaine… Rien que ça ! Une fois redescendu sur le plancher des vaches, prenez la route de Guérande et, à 7 km, tournez à gauche. Près du moulin, on découvre les dolmens de Kerbourg, une allée couverte datant du néolithique moyen : ils formaient un ancien cairn dont subsistent le couloir et la chambre funéraire.

Nos meilleures adresses

Restaurants

LA TABLE DE LOÏC

Cuisine créative

1 av. du Marché - La Baule - 02 40 11 97 51 - www.latabledeloic.com - fermé lun., mar. et dim. soir - déj. 19 €/24 €, dîner 37/46 €.

À deux pas des Halles de la Baule, une épicerie fine extraordinaire, doublée d'une table drôlement maligne à inventer des petites merveilles avec le marché du jour.

L'ÉDEN BEACH

Poissons et fruits de mer

La Baule - 5 espl. Lucien-Barrière - 02 40 11 46 45 - www.hermitage-barriere.com - fermé nov.-mars et. en sem. 17 sept.-19 oct. - plat du jour 24 €, carte 36/85 €.

Une des tables du plus célèbre des hôtels de La Baule, dressée directement sur le sable ! Cuisine marine de haut niveau et vue géniale sur la baie.

CASTEL MARIE-LOUISE

Cuisine moderne

1 av. Andrieu - La Baule - 02 40 11 48 38 - www.castel-marie-louise.com - fermé midi sf juil.-août et sf dim. et j. fériés - menu 59/110 € - carte 78/158 €

Dans un sublime cadre Belle Époque, ou en terrasse sous les pins, on déguste une cuisine raffinée qui fait la part belle aux produits locaux et de saison : bar de ligne mariné au citron vert ; homard bleu rôti à l'huile de homard et vin jaune, etc.

LE SAINT-ALYS

Cuisine moderne

3 quai Hervé-Rielle - Le Croisic - 02 40 23 58 40 - fermé lun. juil.-août, dim. soir, mar. soir et merc. oct.-juin - menu 32/48 € - carte 46/61 €.

Face au port de plaisance, dans cette maison balayée par les vents, les papilles s'arriment aux bons petits plats du chef ! Ravioles de langoustines parfumées à l'estragon, carré d'agneau mi-fumé poêlé à l'ail rose, etc. Les présentations sont soignées et les saveurs tiennent le cap.

CRÊPERIE LACOMÈRE
Cuisine bretonne
18 r. Keroman - Piriac-sur-Mer - ✆ 02 40 23 53 63 - fermé lun.-mar. (sf juil.-août) - carte 12/30 €.
En terrasse ou dans la salle intérieure, un poil rustique mais conviviale, le personnel sera aux petits soins pour vous. Ici, on concocte de bonnes galettes et des recettes familiales toutes simples avec des produits à la fraîcheur irréprochable.

LA CABANE À HUÎTRES
Poissons et fruits de mer
Port de Kercabellec - 44420 Mesquer (10 km au nord de Guérande) - ✆ 02 40 91 37 83 - fermé lun.-mar. hors sais., lun. juil.-août - carte 15/30 €.
Les plateaux d'huîtres viennent directement du producteur. Palourdes farcies, pâtes aux fruits de mer et poissons du marché : autant de propositions alléchantes de la carte. À savourer sur la terrasse aménagée sur les anciens marais salants.

LA MARE AUX OISEAUX
Cuisine créative
223 r. Chef-de-l'Île-de-Fedrun - St-Joachim - ✆ 02 40 88 53 01 - www.mareauxoiseaux.fr - fermé lun. midi - 55 € (déj. sem.), menu 78/110 € - carte 80/95 €.
Bien plus qu'une table gastronomique, un « nulle part ailleurs » intégré au décor de la Grande Brière. La cuisine ? Excellente, nourrie des produits locaux et très singulière, comme le reste.

AUBERGE LE NÉZIL
Cuisine moderne
Rte de St-Nazaire - St-Lyphard - ✆ 02 40 91 41 41 - www.aubergelenezil.fr - fermé merc. soir, dim. soir et lun. - formule 20 €, menu 32/39 €.
Une façade blanche percée de petites fenêtres et coiffée d'un lourd toit de chaume : une auberge typique de la Brière ! Rien de passéiste cependant entre ses murs, dans le décor comme dans l'assiette, laquelle met en valeur des recettes originales et de bons produits (dont les inévitables anguilles et grenouilles).

SALON CÉLADON
Douceurs
5 r. des Lauriers - Guérande - ✆ 02 40 11 13 11 - 10h-19h - fermé lun.
Au pied de la collégiale St-Aubin, une adresse élégante où l'on sert des thés et cafés du monde, ainsi que des cocktails de fruits frais. Pour les petits creux, testez le *kouign amann* maison. Terrasse et jardin sur l'arrière.

Activités

NAUTISME EN PAYS BLANC
1 r. du Fort-Baron - Piriac-sur-Mer - ✆ 02 40 23 53 84 - www.npb.asso.fr - juil.-août - sorties 5h : 40 € goélette (jeu.-sam.), 45 € kayak (vend.) ou paddle (jeu.) - raid en catamaran le sam. à partir de 40 €.
Balade avec des skippers confirmés autour de l'île Dumet. Découverte des marais salants, stages, etc.

LA CÔTE SAUVAGE À VÉLO
Circuit téléchargeable sur www.loireavelo.fr.
Via l'itinéraire Vélocéan, séparé de la route et sécurisé ; le parcours dessert aussi la presqu'île de Guérande (7 km). Régulièrement, la Côte sauvage se fait douce en offrant des sentiers discrets pour rejoindre la mer le temps d'une baignade.

DÉCOUVRIR LA BRIÈRE EN CHALAND
Port de La Chaussée-Neuve - 44117 St-André-des-Eaux - ✆ 02 40 91 59 36 ou 06 10 78 34 23 - decouvrir-la-briere.fr - avr.-sept. - location : 18/30 € - promenade commentée (45mn) : 8 € (3-12 ans 4 €).
Anthony Mahé organise promenades en barque et excursions à thème (1h-3h) dans le Parc naturel.

LUDOVIC POUZELGUES
LA TRADITION AU SERVICE DE LA JEUNESSE

© Christophe Bornet

→ **À l'image du dynamisme de sa ville, le jeune chef formé chez Michel Troigros participe au renouveau gastronomique nantais avec une cuisine du marché précise et inventive.**

J'ai tout de suite été gourmand. J'ai passé mes mercredis après-midi chez mon grand-père, dernier teinturier artisanal de Nantes, qui faisait lui-même son marché et me préparait des petits plats sympathiques. Je savais que je voulais faire un métier de bouche, mais je ne savais pas lequel. C'est en 1996, alors que j'étais en 2e année au lycée hôtelier de Noirmoutier, que j'ai eu la révélation de ma passion : cuisiner.
Deux rencontres ont été décisives. La première, c'est celle de Jean-Yves Guého (restaurant *L'Atlantide 1874*), un chef et un homme généreux qui m'a dégraissé, comme j'ai coutume de dire, et chez qui j'ai découvert un nombre incroyable de produits. La seconde, c'est Michel Troigrois à qui va toute mon admiration, et qui m'a affiné. Chez lui, j'ai appris toute la rigueur d'un trois étoiles au Guide Michelin, comment construire une assiette et suivre le fil conducteur de l'acidité qui structure sa cuisine et, aujourd'hui, la mienne.

Le restaurant

LULUROUGET
Il y a du mouvement chez LuluRouget : l'adresse est désormais installée à deux pas des célèbres Machines de l'île. Pas d'inquiétude en ce qui concerne l'assiette, la prestation est identique : précise, savoureuse, respectueuse du produit… dans une ambiance conviviale.

→ 1 pl. Albert-Camus - Nantes - ✆ 02 40 47 47 98 - fermé dim.-lun. - formule 20 €, menu 25 € (déj. sem.), 45/65 €.

© Christophe Bornet

© Christophe Bornet

Je fais essentiellement une cuisine de marché et dans l'air du temps, à base de produits frais et de saison, agrémentée de quelques touches personnelles – une cuisson qui respecte l'essence d'un produit, une ou deux garnitures, et bien sûr un ou deux condiments. Dans chaque plat, j'apporte une touche de peps, d'acidité qui relève le goût : râpée d'agrumes, câpres, cornichons, vinaigre, pâte d'ail, grenade… Je n'ai pas de règle pour démarrer une recette. Parfois, on part d'un produit qui est au top et on se pose un certain nombre de questions au cours d'un *brainstorming* (cuisson, taille, éléments à ajouter…). Je pars parfois d'une couleur (surtout au printemps) ou d'une idée graphique quand je veux concevoir une assiette toute en longueur. Ici, à Nantes, on bénéficie de produits exceptionnels en étant à 45mn des premières criées, avec celles de la Turballe et du Croisic, celle de St-Guénolé et ses petits bateaux.

« Dans chaque plat, j'apporte une touche de peps, d'acidité qui relève le goût… »

J'adore par exemple le rouget – sans mauvais jeu de mot ! – que j'aborde avec une cuisson douce (au lieu de le snacker comme beaucoup le font) avant de le laquer entièrement d'un beurre, qui évolue à chaque saison. La campagne est à nos portes. Mon ami restaurateur Nicolas Guiet et moi travaillons le porc blanc de l'Ouest (une espèce qui a failli disparaître) élevé par Cédric Briand. Je suis très content d'être revenu à Nantes il y a quelques années. Un dynamisme culturel indéniable souffle sur cette ville, qui a également décidé de faire une place à la gastronomie.

L'ESSENTIEL DE LA BRETAGNE

HISTOIRE

Les hommes et les femmes qui ont fait l'histoire de la Bretagne étaient comme la terre qui les a vus naître, endurcis et résistants, libres et hardis. Un passé auquel s'ajoutent les légendes, le mystère des menhirs dressés là avant l'arrivée des Celtes, l'épopée des corsaires, la chouannerie et la douloureuse séparation d'avec Nantes... La Bretagne est ainsi, fière de son histoire, dont elle seule connaît tous les arcanes.

Des menhirs aux petits villages gaulois

Des premiers hommes en Bretagne, on a peu de traces, si ce ne sont des galets taillés par *Homo erectus* il y a 450 000 ans environ. La présence du premier chasseur-cueilleur est avérée vers 35 000 avant notre ère (n.e.) et les indices de sa sédentarisation vers 7 000 ans av. n.e. (Mésolithique). Deux mille ans plus tard apparaît un peuple mal connu, dresseur de mégalithes aux fonctions funéraire et de prestige; une culture qui évoluera jusqu'au début de l'âge du bronze. Les premiers Celtes, eux, débarquent en terre bretonne au 6e s. av. n.e., développant le commerce sur la côte. Tout est assez paisible quand César débute la conquête de la Gaule en 57 et assujettit l'Armorique. En 56, les Vénètes (peuple de Vannes) se révoltent, mais leur flotte est vaincue par les Romains dans un combat naval inégal. Battus mais pas résignés, les Armoricains n'hésitent pas à rejoindre Vercingétorix en 52 pour lutter à ses côtés. Soumise aux Romains, l'Armorique subit les invasions « barbares » puis voit arriver, au milieu du 5e s., les Celtes de Grande-Bretagne – appellée alors Britannia, soit Bretagne – qui évangélisent celle qu'ils nomment alors Petite Bretagne.

La soumission du Moyen Âge

Les premiers contacts avec les Francs se font sous Clovis, mais leurs rapports se dégradent peu à peu avec l'accession au pouvoir des Carolingiens. En 786, une armée intervient et croit

© F. Guiziou/hemis.fr

Mégalithes de Mané-Kerioned à Carnac.

avoir soumis la Bretagne. Mais il faudra d'autres prises d'armes : Charlemagne en 799, Louis le Pieux en 818, puis en 822, 824 et 825. Le souverain finit par négocier et nomme le breton Nominoé à la tête de ce qui devient le duché de Bretagne.

Le duché de Bretagne

Nominoé rassemble toute la Bretagne sous son autorité. Son fils, Erispoé, et le roi Charles le Chauve prévoient d'unir leurs enfants pour sceller leur alliance, quand le Breton est assassiné par son cousin, Salomon. Celui-ci règne sur une Bretagne qui s'étend jusqu'au Cotentin, à l'embouchure de la Vire et celle de la Loire. À la mort du troisième et dernier roi de Bretagne, Alain le Grand, en 907, une instabilité politique s'installe. Vers 925, la situation est dramatique, les Normands reprennent du terrain. À son retour d'exil, en 937, Alain Barbetorte, petit-fils d'Alain le Grand, reprend Nantes et jette les Normands hors de Bretagne. Du 10e au 13e s., l'histoire politique bretonne est agitée et, en 1341, débute la guerre de Succession : Jeanne de Penthièvre, épouse de Charles de Blois – lui-même neveu du roi de France Philippe VI –, soutient les Français. Son frère, Jean de Montfort est lui allié des Anglais. Ils se disputent le duché. Aidé de Du Guesclin, Charles de Blois attaque Montfort à Auray en septembre 1364, où il est tué. Jean de Montfort est reconnu duc de Bretagne sous le nom de Jean IV par le roi de France. Mais cette guerre a ruiné le duché.

© A. Chicurel/hemis.fr

Château de Combourg.

Rattachement de la Bretagne à la France

De 1364 à 1468, les ducs de la maison de Montfort n'ont de cesse de relever la Bretagne. C'est le cas de Jean V, qui, de 1399 à 1442, mène une politique neutre et pacifique. Son règne est celui de « l'âge d'or ». Mais le duché ne rend qu'un hommage théorique au roi de France, les Montfort ayant mis en place un véritable État breton. François Ier (1442-1450), Pierre II (1450-1457) et Arthur III (1457-1458) affirment cette indépendance. En 1458, le duc François II, qui fixe sa cour à Nantes, doit faire face à Louis XI, qui le considère comme un rebelle à soumettre. Une politique poursuivie par la régente de France, Anne de Beaujeu. En juillet 1488, François II est battu à St-Aubin-du-Cormier et meurt peu après. Sa fille Anne, âgée de 12 ans, lui succède. Elle épouse Charles VIII, roi de France, en novembre 1491. Veuve, elle s'unit à Louis XII en 1499. Très populaire, elle reste duchesse et souveraine de Bretagne. À sa mort, en 1514, sa fille Claude épouse François d'Angoulême, futur François Ier, et lui fait don du duché. C'est en 1532, à Vannes, que le roi de France ratifie avec les États de Bretagne « l'union perpétuelle du pays et duché de Bretagne avec le royaume et couronne de France ». Le duché devient une province française tout en conservant certains droits et privilèges : les impôts consentis par les États, la souveraineté juridique au parlement de Bretagne et une armée. À la même époque, le Malouin Jacques Cartier atteint l'estuaire du Saint-Laurent au Québec.

Loyalisme et révoltes

Tout semble apaisé... La paix ne dure cependant qu'un temps et déjà, en 1588, une révolte gronde contre le gouverneur de Mercœur. Celui-ci refuse de reconnaître le nouveau roi de France, le protestant Henri de Navarre, et, avec l'appui du roi d'Espagne, Philippe II, mène la guerre. Tantôt ralliée à la Ligue, tantôt alliée à Henri IV, la Bretagne paysanne se soulève. Finalement, Mercœur se soumet au roi et l'édit de Nantes met fin aux luttes religieuses.

De la Bretagne aux Indes

Le 17e s. s'ouvre avec tranquillité et la prospérité de certaines cités bretonne explose. C'est le cas de Lorient, où, en 1664, Colbert crée la Compagnie des Indes orientales. On a découvert les produits exotiques des Amériques et d'Asie (épices, thé, café...) et, pour aller les chercher, les navires quittent Lorient, font escale sur l'île de Gorée, face à Dakar, contournent l'Afrique pour atteindre l'océan Indien et rejoindre Pondichéry. Ce commerce fait rapidement la fortune des armateurs et de la ville. L'activité prend de l'ampleur et au début du 18e s., avec le commerce triangulaire, Lorient est le centre du commerce maritime français. La Compagnie des Indes fera faillite en 1769 à la suite de la perte des colonies des Antilles.

L'âge d'or des corsaires

Parallèlement, les corsaires bretons et leurs armements privés, missionnés par l'État par une lettre de marque, sillonnent les routes commerciales et harcèlent les navires ennemis. Parmi ces navigateurs aguerris, épris d'aventure et de fortune, les malouins René Duguay-Trouin (1673-1736) et Robert Surcouf (1773-1827). St-Malo est, sous Louis XIV, le port corsaire le

Pour que l'eau de mer n'ait jamais le goût des larmes

La légende raconte que les Bretons posaient des feux sur la côte pour tromper les navires et les attirer sur les récifs, afin de les piller après leur naufrage. Voilà pour la fable. Elle s'inspire sans doute du littoral accidenté et dangereux de Bretagne, qui ne tolère aucune navigation approximative. Phares et balises, puis sémaphores, Cross (Centre régional opérationnel de surveillance et de sauvetage) Corsen et Cross Etel ont certes aidé à sécuriser les côtes, mais n'empêchent pas le danger. Aussi, le sauvetage en mer est ici une vieille tradition ; les habitants des côtes n'ont jamais hésité à se jeter à l'eau pour venir en aide aux bateaux en perdition. Créée en 1967, la Société nationale de sauvetage en mer (SNSM) compte aujourd'hui près de 6 000 sauveteurs permanents bénévoles, qui prennent la mer quel que soit le temps, à bord de leurs insubmersibles vert et orange.

plus réputé du pays. L'économie bretonne est prospère, néanmoins jacqueries et révoltes anti-seigneuriales persistent. Et voilà qu'éclate en 1675 la révolte dite du « papier timbré » ou des « Bonnets rouges » contre les nouvelles taxes imposées sur certains produits. La répression est terrible et cinq clochers sont décapités pour marquer les esprits très croyants des paysans. En 1764, le parlement de Rennes et son procureur général La Chalotais s'opposent au gouverneur d'Aiguillon, représentant de Louis XV. L'autorité royale est une nouvelle fois remise en cause... La Révolution s'annonce.

La chouannerie

L'année 1789 voit le triomphe de la bourgeoisie modérée. Mais les paysans bretons – 90 % de la population – voient d'un mauvais œil les desseins de celle-ci, qui a tendance à les mépriser. L'exécution de Louis XVI, la persécution des prêtres et la campagne de conscription nationale (300 000 hommes doivent être enrôlés dans l'armée) finissent de les convaincre de rejoindre l'insurrection royaliste dès 1793. Les chouans bretons sont moins structurés que ceux de Vendée, ce sont des bandes mobiles qui s'adonnent à une guérilla proche du brigandage. Avec l'arrivée d'une partie de l'armée vendéenne vaincue et de nobles exilés, ils s'organisent mieux. Cela ne les sauve pas. Leurs troupes, menées par l'Alréen Georges Cadoudal, sont massacrées dans la presqu'île de Quiberon par celles de la Convention, guidées par le général Hoche. Les persécutions religieuses reprennent en 1797, entraînant un troisième mouvement chouan. Napoléon offre à Cadoudal le grade de général contre sa reddition, il refuse et tente d'enlever le premier consul à Paris. Arrêté, emprisonné, il est guillotiné en 1804. Il n'y aura plus guère de tentative de soulèvement en Bretagne.

Le prix de la Grande Guerre

La Bretagne paie un lourd tribut à la Grande Guerre (plus de 250 000 victimes), et la « débretonnisation » mise en place par la IIIe République la fait plonger dans le régionalisme : dès 1918, le parti nationaliste breton Breiz Atao voit le jour (puis le PAB – Parti autonomiste breton – en 1927, et le PNB – Parti nationaliste breton – en 1932). Pourtant, quand la France est une nouvelle fois menacée, les Bretons se mobilisent, à l'image des 130 hommes de l'île de Sein qui quittent leur caillou en juin 1940 pour rejoindre de Gaulle à Londres. Vingt-neuf d'entre eux meurent au combat. Du côté de Vichy, on décide que Nantes et la Loire-Inférieure doivent être séparées de la Bretagne (un découpage repris en 1956). À partir de 1943, pour tenter d'atteindre les bases sous-marines allemandes nichées dans les grands ports bretons, l'aviation alliée bombarde intensément ces sites stratégiques jusqu'à la fin de guerre, anéantissant Brest, Lorient, St-Nazaire et St-Malo. La reconstruction est longue, des baraquements de fortune abritent encore les habitants de ces villes dans les années 1960.

L'essor du 20e siècle

Mais, comme toujours, la Bretagne se relève, et son économie repart, avec la création en 1951 du Comité d'études et de liaison des intérêts bretons (Celib). Agriculture et nouvelles technologies vont faire la réputation de la région, avec, en 1962, la première liaison de télévision par satellite effectuée à Pleumeur-Bodou, où la Cité des télécommunications est née. Vingt ans plus tard, c'est à Rennes que naît le Minitel. Entre-temps, la Bretagne va se moderniser, avec, entre autres, la mise en service de l'usine marémotrice de la Rance et de la centrale nucléaire des Monts-d'Arrée; ainsi qu'affirmer son régionalisme, avec l'admission de la langue bretonne au bac en 1965, la création des écoles Diwan en 1977 et l'installation d'une signalisation routière bilingue. Ses côtes connaissent de dramatiques catastrophes pétrolières avec le naufrage du *Torrey Canyon* en 1967 et l'échouage de l'*Amoco Cadiz* en 1978. Ce désastre écologique, l'un des pires de l'histoire, est encore très vif dans les esprits. D'autant que les mesures mises en place alors n'empêchent pas le naufrage de l'*Erika* en 1999, dont la marée noire ruine le littoral. La Bretagne est choquée, elle qui panse à peine la plaie liée au grand incendie qui ravage le parlement de Bretagne, à Rennes, en 1994. Aujourd'hui, en Bretagne, on évoque encore la réunification avec la Loire-Atlantique, malgré le rendez-vous raté avec la création des «grandes régions», effective depuis 2016… Mais la LGV (ligne à grande vitesse), qui met Rennes à 1h30 de Paris, est devenue réalité en juillet 2017 et le *fest-noz* est entré au patrimoine culturel immatériel de l'Unesco.

Le tourisme

Avec 2700 km de côtes, soit 42 % du littoral français, la Bretagne a des atouts touristiques considérables. Le secteur emploie de 50000 à 70000 personnes (en haute saison). Et plus de 12 millions de touristes ont arpenté ses chemins côtiers et routes de campagne en 2017! Outre les grandes stations balnéaires que sont St-Malo, Bénodet ou Carnac, les ports de pêche attirent les plaisanciers à l'instar de La Trinité-sur-Mer ou St-Quay. Enfin, des événements de portée européenne comme le Festival interceltique de Lorient (700000 visiteurs, en 2016) ou les Vieilles Charrues à Carhaix (278000 visiteurs, en 2016) contribuent toujours davantage à son rayonnement touristique.

ART DE VIVRE

En Bretagne, la tradition et la culture sont fortes et s'affirment autant hors de ses frontières qu'en son sein. On la sent partout : dans le caractère vigoureux de ses gens ; dans sa tradition maritime ; dans sa gastronomie, où la mer et la terre se mêlent avec délice ; dans sa musique et ses bagadous, ses fest-noz et ses festivals ; dans sa ferveur religieuse ; dans sa langue ou, enfin, sa littérature et ses arts.

L'identité bretonne

Les Bretons ne manquent pas d'emblèmes à placarder pour revendiquer leur appartenance à cette terre qui leur est si chère.

Un drapeau hissé haut

Si le Gwenn-ha-Du, le drapeau breton blanc et noir, est le plus connu, rares sont ceux qui connaissent sa symbolique : dessiné en 1925 par le nationaliste breton Morvan Marchal, ses cinq bandes noires représentent les cinq anciens évêchés de Haute-Bretagne (Rennes, Nantes, Dol, St-Malo et St-Brieuc), les blanches ceux de Basse-Bretagne (Trégor, Léon, Cornouaille et Vannes). Les hermines en haut à gauche, dont le chiffre peut varier (9, 11…), rappellent l'ancien duché, les ducs ayant fait de la fourrure de l'animal le symbole du pouvoir. Longtemps considéré par l'État français comme un drapeau contestataire voire frondeur, il a fait l'objet d'interdictions jusqu'à la fin des années 1960, puis a perdu sa connotation politique et même les institutions régionales le brandissent parfois. On le voit partout, dans les concerts, les stades, les manifestations, flottant aux devantures des restaurants, notamment à l'étranger… Vient ensuite le triskèle (ou triskell) avec ses trois spirales entremêlées. Issu de l'art celtique, il a plusieurs significations mais pour les Bretons il représente la terre, l'eau et le feu. Aujourd'hui, d'autres icônes, plus modernes, agrémentent cette symbolique, telles Mam' Goudig et la Bigoud d'À l'Aise Breizh.

© N. Thibaut/Photononstop

Gwenn-ha-Du, le drapeau breton.

Breton et fier de l'être

Quel que soit l'emblème choisi, l'identité bretonne est l'une des plus vives et des plus affirmées de France. L'histoire n'est sans doute pas étrangère à ce puissant et viscéral sentiment d'appartenance, car il n'y a finalement que peu de temps que la région est rattachée à la France. La géographie non plus n'est pas étrangère à cela, et ils sont nombreux les Bretons exilés dont l'attachement à leurs côtes, leurs villages, leurs forêts, leurs rivières… est si fort qu'ils ne peuvent rester longtemps loin de leur terre. Enfin, il faut noter les accents bretons, très marqués, qui diffèrent légèrement d'un département à l'autre, d'un pays – comme on dit ici – à l'autre. Une oreille avertie sait reconnaître celui des Côtes-d'Armor et le distinguer de celui du Finistère, et les autochtones aiment à l'exagérer en présence « d'étrangers » pour signifier leurs origines.

Kouign amann.

La gastronomie

Certes, on déguste en Bretagne de délicieuses galettes et crêpes – parmi les meilleures qu'on puisse savourer. Mais on ne peut plus résumer la gastronomie bretonne à ses crêperies, à sa galette-saucisse et à son far aux pruneaux.

Entre mer et terre

La mer, omniprésente, recèle mille poissons, coquillages et crustacés et les Bretons excellent dans l'art de préparer coquilles saint-jacques et pétoncles, langoustes et homards, bars de ligne, soles, lieus et lottes et poissons dits moins « nobles »…

De la même façon, alors qu'elle a longtemps été cantonnée à la culture du chou-fleur et de la pomme de terre, la terre bretonne offre aujourd'hui une grande diversité potagère car les agriculteurs ont su tirer profit du climat hivernal doux et des terres sablonneuses pour faire pousser une multitude de légumes, de plus en plus souvent bio : brocolis, tomates, échalotes, carottes de sable, oignons…

Produits du terroir reconnus

En outre, le terroir est riche et les appellations nombreuses : agneaux pré-salé d'Ouessant, fromages de chèvre bellilois, tommes de Rhuys, oignons roses de Roscoff, beurres Bordier de St-Malo, châtaignes de Redon, cocos de Paimpol, fraises de Plougastel, pétoncles de la baie de Morlaix, huîtres de Cancale, du Belon ou de Prat-Ar-Coum, algues fraîches, déshydratées ou élaborées, notamment en tartare, de la maison Bord à Bord à Roscoff, *kouign-amann* de Douarnenez, galettes de Pleyben et galettes de Pont-Aven, andouilles de Guéméné et saucisses fumées d'Ouessant... On les trouve partout dans la région et surtout sur les marchés. D'ailleurs, c'est à Rennes que se tient tous les samedis matin le plus grand et le plus emblématique de tous, celui des Lices. Sur 15 ha, les producteurs locaux y sont rassemblés, dont Annie Bertin, agricultrice brétilienne, et ses célèbres légumes bio, que les grands chefs connaissent bien ; l'aviculteur Paul Renault et ses volailles dont la fameuse poule Coucou, sa poularde égyptienne ; les confitures, compotes, soupes et autre délices de Coralie Roger, qui arrive exprès de Crac'h dans le Morbihan...

Un peu de kig ha farz?

Donc, si après plusieurs galettes savoureuses et plateaux de fruits de mer bien garnis et iodés, vous souhaitez entrer un peu plus dans le vif du sujet, il faut goûter un vrai *kig ha farz*. Plat emblématique du pays léonard, dans le Finistère Nord, c'est une sorte de pot-au-feu à base de viande de porc (jarret, saucisse, lard) et de légumes – carottes, chou, poireaux, navets, oignons – accompagnés d'une farce de sarrasin et d'une farce de froment, elles-mêmes farcies de raisins secs et de pruneaux. Plat d'origine modeste, il connaît un retour en grâce et s'affiche fièrement sur les cartes des restaurants.

La religion

Du paganisme au catholicisme

Avant l'évangélisation au catholicisme, menhirs, dolmens et allées couvertes, cairns et tumulus témoignent d'habitudes funéraires fortes. Puis la pratique druidique se répand avec les premiers Celtes avant que la christianisation par les peuples venus de Grande-Bretagne ne commence. Le catholicisme devient alors commun à tous les Bretons. Néanmoins, terre de légendes et de traditions druidiques, la Bretagne a toujours gardé certaines pratiques païennes... Et parmi les nombreux saints bretons, beaucoup ne sont pas sur les listes de Rome. Aujourd'hui, une simple balade permet de saisir l'importance du fait religieux. Églises, chapelles et calvaires jalonnent la région et attestent la ferveur pieuse des Bretons. Et si l'on étudie l'étymologie des noms des villes, on constate qu'il y a certes beaucoup de Saint-, mais aussi de « plou » dans le nord, de « plo » dans le sud, ou encore leurs variantes « plé » et « pleu », qui signifient tous « paroisse ». Quant aux noms en « lan » et « loc », ils indiquent un lieu consacré, ainsi Locquénolé près de Morlaix est voué à Gwénolé...

Vouée à ses saints

Jusqu'au 16e s., les Bretons devaient faire au moins une fois dans leur vie le pèlerinage des sept cathédrales ou *Tro Breiz*, pour rendre hommage aux sept saints fondateurs de la Bretagne : Brieuc, Malo, Samson à Dol-de-Bretagne, Corentin à Quimper, Pol Aurélien à St-Pol-de-Léon, Tudgual à Tréguier, Patern à Vannes. On voit de nos jours resurgir cet élan pieux et la route des sept saints se parsemer de quelques fidèles. Ce qui est vraiment marquant ici, ce sont les cultes rendus aux nombreux saints, notamment lors des pardons, pendant lesquels on vient chercher l'absolution de ses fautes, prier pour des grâces, faire un vœu... Alors, des processions colorées où l'on chante, parfois en costumes traditionnels, cheminent doucement vers les lieux de culte (une chapelle, un calvaire...), on y voit des enfants en habits bretons une fleur d'hortensia à la main, des Bretonnes coiffées de dentelle. Le culte de sainte Anne, patronne des Bretons, est très répandu. Le 26 juillet, jour de la « Santez Anna », beaucoup de cités et autres bourgs lui dédient un hommage appuyé. Les Bretons considèrent la mère de la Vierge Marie, grand-mère de Jésus, comme leur propre grand-mère. À cela s'est ajoutée la grande popularité de la duchesse Anne et l'on a parfois l'impression que les deux se mêlent et se confondent. Saint Ronan est honoré lors d'un grand pardon à Locronan et saint Yves, patron des Bretons, fait l'objet d'un culte appuyé à Tréguier, et ailleurs. On note aussi la présence de saints guérisseurs, que l'on implore tantôt contre la surdité (saint Mériadec), contre la migraine (sainte Eugénie), ou encore contre les troubles mentaux (saint Méen), et de saints protecteurs, sainte Anne et sa fille la Vierge Marie en tête.

L'architecture religieuse

Les amateurs d'art seront ravis, car ici les hommes n'ont pas manqué de courage pour tailler le dur granit et bâtir un patrimoine architectural exceptionnel. Les clochers s'élèvent partout, en ville, dans le moindre bourg, sur la lande et la dune, et parmi eux les flèches des neuf cathédrales bretonnes dont les plus remarquables sont celles de St-Pol-de-Léon, Tréguier, Quimper, Nantes et Dol. Mais la plus frappante curiosité de l'architecture religieuse bretonne réside dans les enclos paroissiaux, entre Morlaix et Brest, dont les plus impressionnants sont ceux de Pleyben et de St-Thégonnec. Voici de monumentaux ensembles où l'on pénètre par une porte triomphale qui mène à l'église, au calvaire et à l'ossuaire. Les calvaires sont une autre spécificité bretonne très attachante, où le Christ en croix est entouré de représentations d'épisodes de la Passion. La plupart ont été érigés pour tenter de conjurer la peste qui frappa la région en 1598, puis ils ont servi à l'instruction religieuse, le prêtre désignait ainsi les scènes qu'il racontait. Les sculptures

S. Lemaire/ hemis.fr

Enclos paroissial et calvaire de St-Thégonnec.

sont souvent naïves mais d'une précision juste et touchante. Chaque été, au mois d'août, les sept plus grandioses (Guéhenno, St-Jean-Tromillon, Pleyben, Plougastel-Daoulas, Guimiliau, St-Thégonnec et Plougonven) s'illuminent la nuit venue grâce à une jolie scénographie.

Le nautisme

Avec ses 2700 km de côtes entre Manche et océan Atlantique, mêlant falaises et côte basse, alternant galets et sable blond, ponctués d'abers, de rias, de rades et de baies, la Bretagne est une terre extraordinaire pour les activités nautiques.

Terre de navigateurs

On dit que, pour faire ses classes, il faut venir se frotter au rivage breton, faire des séjours dans l'archipel des Glénan, tenter de franchir des passages redoutables : le raz de Sein, la baie de Morlaix, le golfe du Morbihan… L'exigence que ce littoral déchiqueté impose à tout bateau s'y aventurant a fait la longue tradition maritime des Bretons. De Jacques Cartier, Yves-Joseph de Kerguelen et Surcouf à Servane Escoffier, Raphaëla Le Gouvello, Faustine Merret, Armel Le Cléach et Thomas Coville, en passant par Éric Tabarly, Eugène Riguidel, Olivier de Kersauson et les frères Peyron, la Bretagne a vu naître plus d'un grand navigateur dont les coques ont pour ports d'attache St-Malo, La Trinité-sur-Mer, Port-la-Forêt (La Forêt-Fouesnant

Fêtes maritimes internationales à Brest

« La Vallée des Fous »). Leurs bateaux géants sont de véritables formules 1 des mers dont la technologie permet des performances prodigieuses. Tout au long de l'année, ils se préparent dans les eaux bretonnes pour les courses au large qui ont fait la réputation de la région, telles la Route du Rhum (St-Malo-Pointe-à-Pitre, tous les quatre ans, prochaine édition en 2018), La Baule-Dakar, Québec-St-Malo, Lorient-St-Barth (Transat AG2R La Mondiale), Trophée Jules-Verne, un tour du monde en équipage dont le départ se fait entre Ouessant et le cap Lizard. Ces navigateurs ont sans doute contribué à la démocratisation de la voile sur les côtes armoricaines, où l'on trouve beaucoup d'écoles de nautisme. Lesquelles, de l'emblématique stage d'Optimist pour les plus jeunes aux sorties en kayak de mer ou catamaran pour les plus grands, en passant par les leçons de stand-up paddle, longe-côte, surf, kitesurf, wave ski et wake board, proposent une belle variété d'activités nautiques.

Embarquement dans un autre temps

Outre ces sports marins modernes, la Bretagne fait également la part belle aux vieux gréements, une tradition qu'elle entretient avec des rendez-vous spectaculaires notamment le plus grand du monde, qui se déroule tous les quatre ans à Brest (prochaine édition en juillet 2020) et où convergent tous les plus beaux navires de la planète. Dans une moindre mesure, tous les deux ans, la Semaine du golfe du Morbihan rassemble 17 communes autour de vieux gréements, la baie de Morlaix accueille Entre Terre et Mer et Douarnenez ouvre son Temps Fête. Enfin, il faut savoir que beaucoup de ports sont le refuge de ces bateaux d'autrefois, qu'ils soient d'origine ou répliques récemment construites. Il faut ainsi aller admirer les plus célèbres, dont la goélette *Recouvrance* à Brest, la bisquine *Cancalaise* à Cancale, le chasse-marée *Belle Angèle* à Pont-Aven, le langoustier *Belle Étoile* à Camaret, le lougre *Grand Léjon* à St-Brieuc, les flambarts *An Durzunel* de Loguivy et *Ar Jentilez* de Perros-Guirec, la chaloupe sardinière *Telenn Mor* à Douarnenez ou encore *Belem* à Nantes, *Pauline* à Dahouët, *Fleur de Mai* à St-Malo.

La culture

La culture bretonne est à l'image de son identité, forte et très ancrée dans le cœur des Bretons.

Musique et langue bretonnes

Quand on l'évoque, l'imaginaire collectif pense instinctivement musique. Il a raison. On aime chanter ici, dans les *fest-noz* et les festivals de rock – très nombreux –, toutes les occasions sont bonnes et le répertoire prolifique. Chants marins, complaintes, chant et déchant à la mode des sœurs Goadec, hymne frondeur *(La Blanche Hermine)*, ballades irlandaises, pop sucré... La région est riche d'auteurs-compositeurs-interprètes. Qu'elle soit traditionnelle – avec les mythiques Alan Stivell, Gilles Servat, Tri Yann, Dan ar Braz, Denez Prigent, sans oublier les bagadou, les sonneurs, les harpistes –, parfois teintée de couleurs plus actuelles comme celle de Yann Tiersen, poétique à l'instar de celle de Jean-Michel Caradec, ou carrément contemporaine – Daho, Miossec, Renan Luce, Niagara, Nolwenn Leroy –, la musique est partout en Bretagne. Toute l'année, elle résonne dans les festivals, à l'exemple des Trans Musicales et des Tombées de la Nuit de Rennes, du Festival interceltique de Lorient, des Vieilles Charrues à Carhaix, d'Art Rock à St-Brieuc, d'Astropolis à Brest, de la Route du Rock à St-Malo, du Chant de Marin à Paimpol, mais aussi lors des fêtes religieuses et des pardons... Outre le côté festif, l'empreinte revendicative et la transmission orale, la musique traditionnelle a permis la survie de la langue bretonne. Des langues bretonnes devrait-on dire, car ce sont quatre dialectes qu'on parle ici : le cornouaillais (Finistère Sud), le léonard (Finistère Nord), le trégorrois et le vannetais. Proche de l'irlandais et du gallois, le breton n'était plus guère parlé que par certains vieux et était menacé de disparition quand plusieurs facteurs ont assuré sa pérennisation : la naissance des écoles Diwan en 1977, la signalétique routière bilingue, le breton inscrit comme matière du baccalauréat... Depuis 1982, l'Éducation nationale favorise aussi la langue par le biais de classes bilingues.

Légendes et littérature

Parmi les protecteurs de la langue, le musicien-conteur Patrick Ewen est l'un des plus captivants. Il raconte en breton les légendes de la région. La Table ronde, Brocéliande, le Saint-Graal, Merlin, Viviane et Morgane, Tristan et Iseult, la Ville d'Ys, l'Ankou, voici pour les plus connues, mais la Bretagne en a bien d'autres encore, car rarement contrée a abrité autant de mythes, mystères et autres contes. Mais ce ne sont pas les légendes qui ont toujours inspiré les grands auteurs bretons, dont le premier d'entre eux fut Pierre Abélard (1079-1142), philosophe duquel on a surtout retenu la correspondance avec son aimée Héloïse. Il faut ensuite attendre les 17e et 18e s. pour que la Bretagne donne ses premiers grands écrivains. Mme de Sévigné (1626-1696), qui décrit si bien Rennes, Vitré, Vannes et Port-Louis, puis François-René de Chateaubriand (1768-1848), dont les *Mémoires d'outre-tombe* sont un chef-d'œuvre du romantisme. Son contemporain Lamennais (1782-1854) était moins mélancolique et, dans sa philosophie exposée dans *Essai sur l'indifférence* et dans *Livre du peuple*, on perçoit le grand démocrate qu'il fut. Le Trégorrois Ernest Renan (1823-1892) a raconté sa vie dans *Souvenirs d'enfance et de jeunesse.* Plus tard, la Bretagne fut la terre natale de Jules Verne (1828-1905), Tristan Corbière (1845-1875), Pierre Loti (1850-1923), Anatole Le Braz (1859-1926), Henri Queffélec (1910-1992). Ils sont aussi nombreux les auteurs non bretons inspirés par cette terre, et l'engouement pour la littérature en Bretagne se ressent chaque printemps lors du festival malouin Étonnants Voyageurs.

Peinture

D'autres artistes ont décrit la Bretagne à travers la peinture. Qu'ils aient été originaires d'ici ou bien conquis par les paysages, comme Paul Gauguin qui, en 1886, à 38 ans, vient sur les bords de l'Aven et tombe amoureux de Pont-Aven. Il y crée l'école de Pont-Aven, connue pour ses couleurs vives couchées, ses formes et ses contours simplifiés. Encore aujourd'hui, la cité entretient sa popularité et, forte de cette réputation, elle s'est

© Ch. Boisvieux/ hemis.fr

Façade de l'écomusée de Niou Uhella, sur l'île d'Ouessant,.

dotée en 2004 d'un nouveau musée, agrandi et rénové. Quant à l'art contemporain, on peut en voir aujourd'hui partout en Bretagne dans les expositions, et plus encore dans des centres dédiés que sont La Criée et le FRAC à Rennes, le FHEL à Landerneau et La Passerelle à Brest.

Architecture

Quant à l'architecture bretonne, on a tendance à la penser peu rieuse parce que l'austère granit est le principal matériau de construction. Certes. Mais c'est oublier le granit rose, le schiste et son aspect feuilleté, le grès au teint de sable, le pisé (maçonnerie argileuse) de couleur ocre, les toits de chaume et d'ardoises et les nombreuses maisons à pans de bois ou d'ardoises que l'on peut admirer dans bien des villes bretonnes (Lannion, Dinan, Rennes, Vannes, Quimper...). En outre, la diversité des édifices, de la cathédrale à la petite chapelle, du manoir au penty (chaumière typique), de la petite maison de pêcheur à la grosse bâtisse d'armateur, offre paradoxalement une douce harmonie au paysage architectural breton. Les châteaux se sont posés tantôt sur le littoral, sur des falaises comme le majestueux Fort-la-Latte à Fréhel, en pleine mer à l'image du château du Taureau, que l'on doit à Vauban, à l'entrée de la baie de Morlaix, ou bien au bord de l'eau comme Suscinio à Sarzeau, dans le golfe du Morbihan – pour protéger les côtes des invasions maritimes –, tantôt aux marches de Bretagne – comme le fabuleux château de Fougères –, pour contrer les invasions ter-

restres. Il y a aussi ceux des « terres » dont Josselin, Pontivy, Tonquédec, Combourg et Kerjean. L'architecture militaire trouve son apogée sous Louis XIV avec les constructions de Vauban, particulièrement sur la presqu'île de Crozon, pour protéger Brest, avec pour point culminant la tour Vauban à Camaret, classée au patrimoine mondial de l'Unesco. Plus au sud sur la côte, face à Lorient, la citadelle de Port-Louis est un exemple du genre, au même titre que celle de Belle-Île. On admire aussi les remparts de Dinan et de St-Malo, qui est aussi une ville close, comme la sublime Concarneau.
Parallèlement à cette architecture défensive ou de palais, la Bretagne est l'une des rares régions à abriter des bâtiments techniques rares, dont les moulins à marée. Ceux-ci fourmillent dans le Morbihan (celui de Pen Castel sur la presqu'île de Rhuys est encore en état de marche), et sur les rias et les fleuves soumis à de forts marnages comme la Rance. Accumulant de l'eau dans une réserve lors des phases ascendantes des marées, il suffisait d'actionner une vanne à marée descendante pour mettre en route la roue et moudre le grain. Lors des mortes-eaux (faibles marées), ils ne pouvaient fonctionner, et le meunier avait souvent un moulin à vent non loin. Les phares sont également des édifices techniques et la Bretagne, avec ses 50 veilleurs de côtes, compte un tiers des phares français. Carrés sur terre, ils sont toujours ronds en mer afin de subir le moins possible la pression des vagues et du vent. Leur hauteur permet de déterminer la portée de leur faisceau lumineux : ainsi, haut de 3 m, il atteint les 3,6 milles, à 30 m il porte jusqu'à 11,5 milles et à 100 m de haut, il touche les 21 milles. En 2017, on compte 25 phares bretons inscrits monuments historiques. D'ailleurs, avec près de 3 000 édifices répertoriés MH, la Bretagne est la deuxième région de France pour le patrimoine, derrière l'Île-de-France.

Que lire avant d'aller en Bretagne

Voici quelques belles lectures à ne pas manquer avant un voyage en Bretagne : *Pêcheur d'Islande* de Pierre Loti, *Par les champs et par les grèves* (*Voyage en Bretagne*) de Gustave Flaubert et *Le Cheval d'orgueil* de Pierre-Jakez Hélias, écrit en breton et traduit en français, où l'auteur décrit une famille de paysans bigoudens pauvres (la sienne), une référence ici. La littérature d'Anatole Le Braz, dont *Le Gardien du feu*, pour la beauté de l'histoire d'amour sur fond de la beauté du cap Sizun. Le poème *Soleil couchant* de José-Maria de Heredia. Chez les auteurs contemporains, il faut lire : *Composition française. Retour sur une enfance bretonne* de Mona Ozouf, dans lequel elle évoque ses identités bretonne et française ; *Le Dictionnaire amoureux de la Bretagne* de Yann Queffélec (à aussi lire son père, le très prolifique Henri Queffélec) ; *Paris-Brest* de Tanguy Viel, pour apprendre à aimer Brest ; *Fleur de Tonnerre* de Jean Teulé, sur les traces de la bretonne Hélène Jégado, la plus grande tueuse en série de tous les temps ; *Deux étés* d'Erik Orsenna pour saisir la douceur de vivre sur une île l'été ; *Un hiver en Bretagne* de Michel Le Bris, pour entendre le bruit du vent.

NATURE ET PAYSAGES

Cette terre balayée par les embruns, contrée au caractère bien trempé, est une presqu'île au bout du continent européen, aux paysages variés, changeant au gré des saisons et des heures du jour, merveilleusement préservés.

La géologie

Genèse

Bien avant les Alpes et les Pyrénées, le Massif armoricain a jailli là voilà environ 2 milliards d'années. On le sait peu, mais c'est l'une des plus anciennes formations géologiques d'Europe de l'Ouest. Les bases de la Bretagne actuelle se sont formées à des profondeurs allant de 20 à 30 km, là où le jeu des plaques tectoniques soumet les roches à des pressions et des températures si fortes que leur structure se transforme. Les sous-sols de la région se composent de ce type de roches (schiste, gneiss). La chaîne de montagnes d'origine subit l'érosion de l'océan, puis, il y a 650 millions d'années, une nouvelle chaîne montagneuse se forme, donnant naissance aux granits (par le refroidissement du magma). Elle endure également l'érosion océanique (il y a environ 300 millions d'années), et se plisse sous la pression des continents voisins, car l'immense et unique continent, baptisé Pangée, se scinde et, pour prendre leur place actuelle, les terres se poussent les unes les autres.

Érosion

Les bouleversements de l'ère primaire terminés, le Massif armoricain apparaît au bout d'une terre noyée (la France !). Son climat est tropical et il est peuplé de dinosaures. Pendant le tertiaire et le quaternaire, il subit les assauts des mers, qui ne cessent d'aller et venir, érodant la moindre éminence et parsemant la terre d'immenses quantités de sédiments en se retirant.

Monts d'Arrée, Roc Trévezel.

L'érosion est lente et l'entité géologique du territoire breton est somme toute homogène. Il en résulte une vaste presqu'île de 27 200 km² au relief discret.

Monts d'Arrée et montagnes Noires

Si, à l'est, on trouve de grandes plaines et des forêts, plus on avance vers l'ouest, plus le paysage est accidenté et légèrement bosselé. Là, au cœur des montagnes Noires, ou Ménez-Du, et des monts d'Arrée, les points culminants atteignent 384 m (Roc Trévezel et Ménez-Kador). On constate également les traces de ces grands bouleversements géologiques au travers des nombreuses entailles façonnées par les innombrables cours d'eau finistériens et costarmoricains.

Paysage côtier et arrière-pays

La mer, très influente, les vents et les courants ont modelé toutes les côtes bretonnes de façon spectaculaire. Le cap Sizun, à l'extrémité de la Cornouaille, permet notamment de saisir tout l'intérêt géologique des falaises bretonnes. Au nord, de la pointe du Raz à la baie de Douarnenez, parois et escarpements granitiques se succèdent avec audace en surplomb de la mer. Au sud, de la baie d'Audierne à l'île de Sein, en passant par la baie des Trépassés, Pont-Croix et Plogoff, le cap Sizun se fait plages et dunes douces. Le contraste est saisissant. Pour voir de près le granit rose, il faut aller se balader sur deux sites somptueux : à la pointe de Primel-Trégastel à Plougasnou, au nord-est de la baie de Morlaix en Trégor finistérien, faite de blocs et de falaises au-dessus de l'eau. À Ploumanach, plus à l'est, le long du sentier des douaniers dominant les falaises de Trestraou, où l'érosion a dessiné un paysage de gros rochers ronds et roses étonnants. En continuant la route toujours plus à l'est, on découvre les falaises de grès du cap Fréhel, dont les teintes rouges et ocre plongent dans les bleus irisés de la mer avec splendeur. C'est ainsi partout en Bretagne, des spectacles saisissants au bout de chaque pointe, au détour de chaque cap, sur toutes les presqu'îles.

Mais l'arrière-pays, dont le sol est d'une rare richesse géologique, n'est pas en reste. Il suffit pour s'en rendre compte de se balader dans ses forêts, Huelgoat, Paimpont, Brocéliande. Ici, schistes rouges et verts, vieux de quelques centaines de millions d'années, laissent échapper à certains endroits des filons de minerai de fer…

Pour mieux comprendre la terre bretonne, approfondir ses connaissances sur son histoire et sa géologie, on peut mettre le cap sur Rennes, aux Champs Libres, où l'espace des Sciences y dédie toute une salle.

L'Armor et ses îles

La côte

Ce sont les Celtes qui les premiers ont nommé les côtes bretonnes « Armor » ou « pays de la mer », parfois aussi on entend dire « Arvor ». Si ce littoral s'étend sur 2 700 km, il ne mesurerait que 600 km si les côtes étaient rectilignes, autant dire qu'elles sont découpées telle de la dentelle fine ! Elles sont de surcroît d'une diversité inouïe à quelques encablures de distance seulement : de longues plages de sable fin côtoient des falaises en à pic, aux pieds desquelles se nichent criques et anses ; de larges baies (St-Brieuc, Morlaix, Quiberon…) plongent dans l'eau par des caps escarpés ; rias, abers et golfe du Morbihan mêlent eaux des fleuves et flots salés. Les couleurs offrent, elles, un contraste saisissant fait de camaïeux de bleus, de verts, de gris et d'ocres. Elles changent à chaque instant, pour peu qu'un rayon de soleil apparaisse après un « grain », qu'une légère brise caresse un ciel bleu pommelé de nuages blancs. Les contemplatifs seront au comble de leur bonheur face à ces tableaux naturels. Toutes ces merveilles sont rythmées par le va-et-vient incessant (toutes les 6 heures) des marées, qui sont ici les deuxièmes plus fortes du monde. Alors, le temps que la mer se retire ou qu'elle remonte, le même site offre des paysages variés. Il faut venir vivre ici une grande marée (coefficients entre 100 et 120 environ), partir à la pêche à pied sur l'estran découvert, puis voir le sable des plages disparaître sous l'eau et alors plonger d'une digue.

© B. Stichelbaut/ hemis.fr

Vue aérienne de l'archipel des Glénan.

Les îles

Encore une fois, la Bretagne s'illustre par une jolie particularité. Elle abrite une multitude d'îles, dont une petite vingtaine sont habitées à l'année. Parmi elles, les plus connues sont : Bréhat, l'archipel des Sept-Îles, Callot, Louët, Batz (4 km^2), Molène, Sein, Ouessant (18 km^2, la plus éloignée du continent), Quéménès (2 habitants en 2018), au nord, dans la Manche ; l'archipel des Glénan, Groix (18 km^2), Belle-Île (la plus vaste avec ses 82 km^2), Houat, Hoëdic (environ 150 ha), Moines, Arz, au sud, dans l'océan. Elles appartiennent toutes au Massif armoricain et, quels que soient leur taille et leur éloignement du continent (5mn pour rejoindre l'île aux Moines, dans le golfe du Morbihan, 15 à 10mn pour Batz et 1h30 pour Ouessant à partir du Conquet), elles sont un fabuleux exemple d'écosystème préservé où l'on observe une faune et une flore exceptionnelles. Elles bénéficient aussi souvent de microclimats épatants. Ainsi, quand il pleut sur le continent proche, il fait beau au-dessus des îles. Un phénomène à aller voir de plus près. Ce littoral remarquable est le terreau d'une végétation unique. Hortensias et tamaris, bien sûr, mais on est étonné de voir ici des plantes tropicales comme de nombreux palmiers, yuccas, eucalyptus, et méditerranéennes comme les lauriers-roses, les fuchsias, les magnolias… Pour prendre la mesure de cet exceptionnel jardin exotique, il faut visiter ceux de Roscoff et de l'île de Batz. Le Conservatoire du littoral, les associations et les communes veillent de plus en plus à la préservation de cette flore, notamment en balisant les dunes et les landes, où l'on est heureux de voir revenir tantôt chardon (panicaut des dunes), tétragonolobe, pourpier, *arméria maritima*, hyacinthe et chaton (*lagurus ovatus*), tantôt ajoncs dorés et bruyères pourpres. Quant aux estrans, rocheux ou sableux, découverts à marée basse, où les pêcheurs à pied dénichent coquilles et crustacés, on y observe l'aster, la salicorne… et beaucoup d'autres types d'algues. La Bretagne est la première région européenne de production d'algues marines avec près de 1 000 espèces différentes et quelque 70 000 tonnes exploitées par an, destinées à l'industrie chimique, cosmétique (dentifrices, crèmes) et alimentaire (glaces, flans). Les algues sont très prisées ; leur usage se répand dans d'autres secteurs et pourrait devenir une alternative écologique. On verrait alors se multiplier dans les ports les goémoniers, ces bateaux avec un bras articulé appellé scoubidou.

Faune et avifaune marines

L'Armor est aussi le refuge d'une faune d'une grande diversité. Armé de jumelles et d'une brochure ornithologique, on peut passer des heures à observer les oiseaux qui nichent ici ou s'arrêtent un temps lors de leur migration. Le goéland argenté est le plus commun du littoral breton (et même des villes, comme Rennes). Ses pattes sont roses et son plumage gris clair. On ne peut donc pas le confondre avec la mouette, plus petite, blanche et dont le bout des ailes est teinté de noir. Avec une envergure de 1,70 m, le fou de Bassan est le plus imposant de ces oiseaux marins. Le grand cormoran, lui, est très facile à distinguer puisque tout noir à l'exception de son bec, jaune en forme de spatule. Enfin, la sterne, plus petite, est reconnaissable à sa tête couronnée de noir. Voilà pour les plus répandus. Mais on peut aussi apercevoir albatros, fulmar boréal, aigrette, macareux moine. L'archipel des Sept-Îles est la zone d'observation ornithologique rêvée, une escapade en bateau s'impose.

Une faune dense dans les airs, mais aussi au fond des mers. La Bretagne est la première région française productrice de produits de la mer : ses 22 ports de pêche, qui abritent une flottille de près de 1 300 navires, concentrent la moitié du tonnage national de poissons et crustacés. Sardine, maquereau, lotte, lieu jaune et noir, bar, raie, turbot et barbue, sole, dorade, vieille, églefin, carrelet, merlan et merlu… les eaux bretonnes regorgent de poissons. Côté coquillages et crustacés, on trouve : huîtres et moules, coquilles saint-jacques et pétoncles, tourteaux et araignées, homards et langoustes, étrilles et pouces-pieds, crevettes grises et roses, bigorneaux, berniques, praires, palourdes, coques et couteaux. Un régal pour amateurs de pêche à pied et un délice pour les papilles ! On y voit aussi d'autres variétés animales, dont 25 espèces de mammifères marins qui ont élu domicile le long des côtes, comme des phoques gris, des marsouins et des dauphins (si vous allez vers Sein, vous en verrez dans le sillage du bateau), des rorquals à museau.

L'Argoat

À l'Armor s'oppose l'Argoat, pays de l'intérieur. Longtemps plus rude que son voisin du bord de mer – les conditions de vie pouvaient y être pénibles du fait du relief tourmenté – il est aussi moins peuplé. Cela lui confère un côté nature et sauvage, parfois même mystérieux, où collines, vallées et forêts sont la promesse de belles balades. Il y a 5 000 ans, tout l'Argoat était recouvert de forêts de chênes, rouvres et hêtres. Largement déboisé, il conserve quelques beaux bois dont Paimpont-Brocéliande, Huelgoat, Quénécan. Cela ressemble à un archipel feuillu dont chaque élément est relié à l'autre par le bocage. L'Argoat ce sont aussi des tourbières, des landes et des dunes, des champs cultivés ou voués à l'élevage.

Les défis environnementaux

Ils sont nombreux en Bretagne ! Elle doit préserver son littoral, ses cours d'eau, sa faune et sa flore, les ressources de ses zones de pêche, faire face à l'afflux de touristes et à la pollution agricole. Les Bretons, aidés par l'État et alertés par l'Europe, l'ont depuis longtemps compris, à l'image des pêcheurs de coquilles saint-jacques (voir encadré dans les Côtes d'Armor, p. 72) et des pêcheurs à pied, contraints eux aussi par des quotas. Les nombreux parcs, réserves et espaces protégés qui ont vu le jour depuis quelques décennies, ainsi que les sentiers balisés, sont également des exemples de la volonté de préservation de la nature, puisqu'ils permettent à la dune et à la lande de se régénérer. De beaux élans qui doivent être pérennisés et élargis notamment dans le cadre du plan Natura 2000, qui concerne une petite centaine de sites en Bretagne (dont l'Aber-Wrac'h, la baie de Morlaix, le cap Sizun). Le touriste, lui, est sans cesse informé et alerté de l'impact de son comportement sur la nature bretonne, et l'on sait que l'estivant (celui qui revient chaque année au même endroit) est plutôt respectueux du milieu naturel.

© E. Berthier/ hemis.fr

Groupe de spatules blanches, dans le marais de Suscinio de la presqu'île de Rhuys.

Eau et énergie, richesse en péril

Restent deux défis de taille : l'énergie et l'eau. La première dépend de la géographie bretonne, pauvre en énergies fossiles et longtemps isolée, la région ayant refusé le nucléaire (épisode de Plogoff). Alors, lorsque les hivers sont moins doux, l'alimentation en électricité peut être problématique. Pour pallier ce déficit énergétique, les énergies renouvelables sont sans doute la solution. Ainsi, le bois-énergie (chaufferie au bois notamment) a la préférence des Bretons, et de plus en plus d'éoliennes (près de 500) viennent ponctuer le paysage de leurs « ailes » immenses. On évoque aussi des éoliennes flottantes en eaux profondes. Enfin, le plan Soleil, mis en place par l'Ademe en 1999, vise la diffusion de panneaux solaires thermiques. L'eau, en revanche, semble poser plus de problèmes, car elle implique l'activité humaine et agricole, dont les engrais (phosphore, nitrates), les pesticides et le lisier de porc ont largement pollué les eaux de surface jusqu'à créer des forêts d'algues vertes dans les baies (St-Brieuc, Lannion, Douarnenez). Le traitement des eaux potables est complexe et il n'est pas rare que leur consommation soit interdite pour cause de présence de nitrates en trop grande concentration. Il y a donc encore fort à faire, mais la Bretagne s'est engagée, gageons qu'elle tienne ses promesses.
Pour compléter ces informations, vous pouvez visiter les sites :
www.bretagne-vivante.org
http://voyagez-responsable-tourismebretagne.com
www.bretagne-environnement.org

NOS CONSEILS PRATIQUES

En pratique

Venir par la route

L'autoroute A11 est le principal axe routier desservant la Bretagne au départ de Paris. Du Mans, vous pouvez continuer, au choix, vers Rennes ou Nantes, et poursuivre, à partir de Rennes, vers Brest *via* St-Brieuc et Guingamp. Bon à savoir – Il n'y a pas d'autoroute payante en Bretagne, les voies express sont gratuites.

Retrouvez nos cartes Michelin pour la région :
- Bretagne : n° 512
- Finistère/Morbihan : n° 308
- Côtes-d'Armor/ Ille-et-Vilaine : n° 309
- Loire-Atlantique/ Vendée : n° 316.

Calcul d'itinéraire en ligne sur : www.viamichelin.fr

Venir en train

TGV DE PARIS-MONTPARNASSE À
Rennes (1h30), St-Malo, St-Brieuc (2h20), Vannes (2h30), Brest (3h30), Quimper (3h30) et Nantes (2h).
Dessertes interrégionales par TGV de Marseille, Lyon, Lille, Strasbourg…
3635 (0,34 € TTC/min)
www.oui.sncf

LIAISONS RÉGIONALES
En correspondance à Rennes, Vannes et Nantes, les trains express régionaux (TER) desservent la quasi-totalité des localités bretonnes.

Au bout de ces lignes, des bus, voire des bateaux, mènent aux lieux les moins accessibles.
www.ter.sncf.com/bretagne

Venir en avion

La région possède six aéroports desservis régulièrement par les compagnies aériennes : Rennes, Lannion, Lorient, Quimper, Brest et Nantes.

AIR FRANCE
dessert, à partir de Paris-Orly et Paris-Charles de Gaulle, les aéroports de Nantes, Brest, Lorient et Quimper (2 à 4 vols/j - 1h05). Sont aussi assurés des vols directs quotidiens de Lorient et de Nantes vers Bordeaux et d'autres grandes villes de France.
www.airfrance.fr
3654 (0,35 € TTC/min + prix appel), 7j/7 - 6h30-22h

HOP
la compagnie low-cost d'Air France dessert Rennes, Brest, Lorient,

DISTANCES ENTRE LES PRINCIPALES VILLES DE BRETAGNE

	BREST	LORIENT	NANTES	QUIMPER	RENNES	ST-BRIEUC	VANNES
BREST		134	297	71	242	146	186
LORIENT	134		169	69	150	121	58
NANTES	297	169		232	109	204	112
QUIMPER	71	69	232		214	144	121
RENNES	242	150	109	214		99	113
ST-BRIEUC	146	121	204	144	99		117
VANNES	186	58	112	121	113	117	

Quimper et Nantes.
www.hop.com/reservation
0 892 70 22 22 (0,35 €/min)

RYANAIR
Liaisons vers Brest et Nantes en provenance de Marseille.
0 892 562 150 (0,34 €/mn)
www.ryanair.com/fr

EASYJET
Liaisons Rennes-Lyon, Nantes-Lille, Nantes-Lyon, Nantes-Nice, Nantes-Toulouse et Brest-Lyon.
0 820 420 315 (0,34 €/mn)
www.easyjet.com

JET AIR
Liaison vers Brest en provenance de Toulon.
0 825 01 91 93
www.jetairfly.com/fr

Transports en commun

Le réseau (bus, car, TER...) est assez dense. Plusieurs sites renseignent sur les itinéraires, tarifs et horaires :
www.breizhgo.com

Pour l'Ille-et-Vilaine
www.imllenoo-services.fr

Pour les Côtes-d'Armor
www.tibus.fr

Pour le Morbihan
www.lactm.com

Pour le Finistère
www.viaoo29.fr

Pour la Loire-Atlantique
sedeplacer.loire-atlantique.fr

Bon à savoir – L'été, des lignes spéciales sont mises en place pour desservir les plages.

La Bretagne selon les saisons

Météo France
www.meteo.com
0 899 71 02 suivi du numéro du département (2,90 €/appel + prix appel)

ÉTÉ
Les températures sont clémentes et rarement caniculaires, surtout sur la côte, où la brise marine rafraîchit le littoral. Il arrive qu'il pleuve.

PRINTEMPS ET AUTOMNE
C'est l'époque des grandes marées qui permettent d'éviter que le mauvais temps s'installe durablement. Les éclaircies subliment alors les paysages.

HIVER
Tempêtes sur les côtes, brouillard sur les terres : l'atmosphère particulière des paysages en proie à la fureur ou au mystère des éléments est une expérience à vivre pour les amoureux de la nature.

Adresses utiles

Comité régional de tourisme de Bretagne
www.tourismebretagne.com

COMITÉS DÉPARTEMENTAUX DE TOURISME

Haute-Bretagne Ille-et-Vilaine
02 99 78 47 47
www.bretagne35.com

Morbihan
02 97 54 06 56
www.morbihan.com

Côtes-d'Armor Développement
02 96 58 06 58
www.cotesdarmor.com et www.cad22.com

Finistère360°
02 98 76 25 64
www.finisteretourisme.com

Loire-Atlantique
0810 044 001 - https://tourisme-loireatlantique.com

COEFFICIENT DE MARÉE

Coefficient de marée proportionnel à l'amplitude de la marée, il s'exprime en centièmes.

Coef. 120	Marée exceptionnelle de vive-eau
Coef. 95	Marée moyenne de vive-eau
Coef. 70	Marée moyenne
Coef. 45	Marée moyenne de morte-eau
Coef. 20	Marée la plus faible de morte-eau

Maison de la Bretagne

8 rue de l'Arrivée - 75015 Paris - ✆ 01 53 63 11 50 - www.bretagne.bzh

Outre les sites des comités régionaux et départementaux de tourisme, voici quelques adresses de sites Internet utiles à retenir :

www.eclats-de-bretagne.com
www.bretagne-reservation.com
www.bretagne.fr
www.iles-du-ponant.com
www.bretagne.com
www.inet-bretagne.fr
www.sellor.com
www.littoral-ouest.com
www.bretagne-environnement.org

LES LABELS À CONNAÎTRE

SITES REMARQUABLES DU GOÛT

En Bretagne Sud, les marais salants de Guérande, pour le sel, et Pénestin (Morbihan), pour la moule de bouchot, bénéficient de ce label. En Bretagne Nord, un site : les huîtres de Cancale.
www.sitesremarquablesdugout.com

TABLES ET SAVEURS DE BRETAGNE

Ce label rassemble une quarantaine de restaurants qui participent chaque année au concours « Arts et Saveurs ».
www.tablesetsaveursdebretagne.com

RESTAURANT DU TERROIR

Ce label a pour objectif de faire découvrir et de promouvoir le patrimoine culinaire de manière originale, à travers une démarche qualité valorisant le travail des produits régionaux.
www.restaurantduterroir.fr

CRÊPERIE GOURMANDE

Ce label distingue les spécialistes de la crêpe, disposant à ce titre d'un véritable savoir-faire et privilégiant les produits régionaux.
www.tourismebretagne.com/a-faire/les-restaurants/labels

Que rapporter ?

SPÉCIALITÉS CULINAIRES

Produits de la terre et de la mer, recettes sucrées ou salées, il y en a pour tous les goûts…

Conserveries

Courtin, à Concarneau, Le Connétable et les célèbres sardines de Douarnenez ou encore La Belle-Iloise, dans la presqu'île de Quiberon.

Condiments

Le sel de Guérande (gros sel et fleur de sel) à se procurer auprès d'un paludier.

Charcuterie

L'andouille de Guémené-sur-Scorff préparée à base de chaudins de porc.

Fromages

Le curé nantais, la trappe au lait cru de l'abbaye de Timadeuc, le saint-paulin et le crémet nantais.

Gourmandises

Crêpes de froment et galettes de sarrasin, far aux pruneaux parfumé à la cannelle, *kouign-amann*, traou-mads de Pont-Aven, niniches de La Baule et Quiberon, crêpes dentelle de Quimper, berlingots nantais, far frit d'Etel, gavottes de Dinan, pain plié du Trégor, madeleines des Côtes-d'Armor, craquelins, brise-lames (une crème de caramel au beurre salé) et œufs-de-mouette de St-Malo (chocolats).

Boissons

Le muscadet; le chouchen à Rosporden ; le pommeau, le lambig ou fine de Bretagne (eau-de-vie de cidre) ; la cervoise ; la Mor Braz, bière à base d'eau de mer produite du côté de Theix; la cervoise; le whisky breton distillé du côté de Lannion, sans oublier l'eau minérale de Plancoët.

LABELS

Produits AOP

Le cidre de Cornouaille, pommeau de Bretagne, eaux-de-vie de cidre de Bretagne, coco de Paimpol, prés-salés (agneaux) du Mont-St-Michel, moules de bouchots de la baie du Mont-St-Michel ou oignons rosés de Roscoff.

Produits label Rouge de Bretagne

Les principaux sont le cidre royal Guillevic (Morbihan), le sel de Guérande (1991, le premier pour un produit marin), les porcs fermiers de tradition, les volailles fermières d'Argoat et de Janzé, les agneaux de Brocéliande, le veau bretanin…
Pour certains produits, comme les coquilles saint-jacques ou les sardines, le label Rouge se double parfois d'une IGP (indication géographique protégée).

SOUVENIRS

Pour se vêtir

Outre l'inégalable pull marin (www.armor-lux.com), l'inimitable vareuse (glazik), le traditionnel ciré jaune (www.guycotten.com) et les tee-shirts ludiques d'À l'Aise Breizh (www.alaisebreizh.com), laissez-vous surprendre par la production de jeunes créateurs comme Stered ou Emsaver.
Les sabots, portés par les paysans jusqu'après guerre, restent un produit artisanal vendu dans certains villages de campagne.

Pour la maison

La broderie bretonne fait son grand retour sous l'impulsion de quelques passionnés dont Pascal Jaouen et David Le Gac, à Quimper.
Et, toujours à Quimper, les faïenceries Henriot perpétuent une longue tradition de qualité.

Activités

ARCHÉOLOGIE

La Bretagne, vieille de ses 450 000, ans recèle de traces d'histoire à découvrir.

DRAC Bretagne

02 99 29 67 67
www.bretagne.culture.gouv.fr

DRAC Pays de Loire

02 40 14 23 00 - www.pays-de-la-loire.culture.gouv.fr

Cerapar - Centre de recherches archéologiques du pays de Rennes

02 99 68 74 56
http://cerapar.free.fr

Société d'histoire et d'archéologie de Bretagne

02 99 02 40 00
www.shabretagne.com

ARTISANAT

Arts graphiques, bois, cuir, facture instrumentale, pierre, terre, textile, verre… La Bretagne est riche de sites dédiés aux métiers d'art comme La Gacilly, Rochefort-en-Terre ou Belle-Île-en-Mer. Le département du Morbihan compte à lui seul quelque 660 entreprises d'artisanat d'art.
www.institut-metiersdart.org

AVIATION

Vue du ciel, la Bretagne peut également vous émerveiller. Vol libre, montgolfière, planeur, laissez-vous tenter.

Fédération française de vol libre (deltaplane et parapente)

04 97 03 82 82
http://federation.ffvl.fr

Fédération française de planeur ultraléger motorisé

01 49 81 74 43
www.ffplum.info

BAIGNADE

En mer

Les plages de sable fin ne manquant pas en Bretagne, la question serait plutôt de savoir si vous les préférez confidentielles ou étendues à perte de vue. Les premières sont l'apanage des côtes sauvages et découpées (le Finistère et les îles n'en manquent pas) ; vous trouverez les secondes au sud (La Baule, Carnac, Larmor-Plage) et au nord (Côte d'Émeraude, St-Malo en tête).
Pour connaître la qualité des eaux de baignade, contrôlées chaque mois de juin pour toutes les plages du littoral, consultez le site :
baignades.sante.gouv.fr

En lac et en rivière

Certaines rivières et certains plans d'eau sont accessibles à la baignade. Renseignez-vous avant. La qualité de leur eau est contrôlée par l'Agence de l'eau Loire et Bretagne.
www.eau-loire-bretagne.fr

CALÈCHE OU ROULOTTE

Pour voyager à un autre rythme, tentez la calèche ou la roulotte.

Attelages du Kreiz Breiz

✆ 02 96 45 76 31 - www.attelages-k-b.com

Les roulottes bigoudènes

Rens. au Comité départemental du tourisme Haute-Bretagne Ille-et-Vilaine - ✆ 02 99 78 47 47

CANOË-KAYAK

Rivières, canaux et mer : la Bretagne ne manque

ÎLES

Pour des excursions à la journée ou un séjour plus long. Attention, certaines liaisons ne sont assurées qu'en saison. Pour les passages de voiture (Belle-Île, Groix), il est impératif de réserver longtemps à l'avance.

Île	Point d'embarquement (se renseigner hors saison)	À voir / À faire
Batz	Roscoff	Montée au phare, jardin tropical, balades à vélo, baignades
Bréhat	Pointe de l'Arcouest (Paimpol) St-Quay-Portrieux (de mai à sept)	Verrerie de la Citadelle, balades, baignades, activités nautiques
Molène	Brest ou Le Conquet	Balades sur le sentier côtier
Ouessant	Brest ou Le Conquet	Balades sur les sentiers de la Côte sauvage, Écomusée de l'île, musée des Phares et Balises…
Sein	Audierne, Brest, Camaret	Balades au ras des flots
Les Sept-Îles	Perros-Guirec (Le Trestraou)	Observation des oiseaux et de la flore sauvage
Arz	Vannes, Port-Navalo, Locmariaquer, Séné, Conleau ou via les croisières proposées sur le golfe du Morbihan	Pêche à pied, balades, baignades
Moines (Morbihan)	Port-Blanc ou via les croisières proposées sur le golfe du Morbihan	Balades sous les pins maritimes
Belle-Île	Quiberon, Vannes, Lorient, La Turballe, Port-Navalo, La Trinité-sur-Mer	Promenades variées sur la côte
Glénan	Bénodet, Loctudy, Port-la-Forêt, Beg-Meil ou Concarneau, Quimper	Découverte du lagon, promenades, école de voile
Groix	Lorient	Balades, baignades
Hoëdic	Quiberon, Vannes, Le Croisic, La Turballe, Port-Navalo	Balades, baignades
Houat	Quiberon, Vannes, Le Croisic, La Turballe, Port-Navalo, Locmariaquer	Balades, baignades

pas de lieux où pratiquer ces deux activités.
Pour info : Comité régional de Bretagne de canoë-kayak (CRBCK) - ✆ 02 23 20 30 14 - www.crck.org/bretagne

COURS DE CUISINE

Qui dit Bretagne, dit aussi spécialités culinaires bretonnes. Les vacances peuvent être l'occasion de mettre la main à la pâte en cuisine pour apprendre à cuisiner galettes, crêpes et produits de la mer.

Le Cercle culinaire de Rennes

✆ 02 99 31 45 45 - www.cercleculinaire.com
Ce cercle propose, sur divers thèmes, des stages et des ateliers (1h30/4h), accessibles à tous et toute l'année.

École Treblec

✆ 02 99 34 86 76 - www.ecole-maitre-crepier.com
Cette école propose des stages d'une journée pour les inconditionnels des crêpes et des galettes.

CROISIÈRES FLUVIALES

Les rivières et les canaux constituent un réseau de plus de 600 km de voies navigables en Bretagne. Une liaison Manche-Océan emprunte le canal d'Ille-et-Rance, et rejoint ensuite la Vilaine, en passant par, entre autres, Dinan, Rennes et Redon.

Le canal de Nantes à Brest

Long de 360 km, il constitue un moyen agréable de découvrir la Bretagne intérieure, en passant par Josselin, Redon, Châteaulin... Les principales compagnies fluviales sont installées à Blain, Sucé-sur-Erdre, Messac, Redon, Josselin, Rohan et Châteauneuf-du-Faou. Pour louer une péniche (à la journée, à la semaine ou au mois...), rendez-vous sur le site Internet.
www.locaboat.com

Canaux de Bretagne

✆ 02 23 47 02 09 - www.canauxdebretagne.org
Cette association propose une documentation bien fournie (liste des loueurs, hébergements...) et diffuse le *Guide des canaux de Bretagne* (infos sur la navigation, la randonnée, avec une présentation des escales).

GOLF

Des terrains vallonnés, de grands espaces, des pelouses bien irriguées et des emplacements souvent pittoresques ou spectaculaires : la Bretagne est aussi une région de golfeurs.

Ligue de Bretagne de golf

✆ 02 99 31 68 80 - www.liguebretagnegolf.org

Ligue de golf des Pays de la Loire

✆ 02 40 08 05 06 - www.ligue-golf-paysdelaloire.asso.fr

BONS PLANS

BONS PLANS EN BRETAGNE
Cette initiative conjointe du comité régional du tourisme de Bretagne et des quatre comités départementaux du tourisme propose les offres touristiques aux meilleurs prix, dans toute la région.
www.tourismebretagne.com

PASSEPORT ÉTONNANT MORBIHAN
Pour découvrir 12 sites culturels à tarif avantageux.
Disponible dans les offices de tourisme, sur les sites et au CDT. ✆ 02 97 54 58 17 - www.morbihan.com

PASS FINISTÈRE
Passeport pour découvrir 23 sites culturels à tarif réduit.
http://passeport.culturel.cg29.fr/

LOIRE-ATLANTIQUE
Offres promotionnelles sur le site du CDT.
https://tourisme-loireatlantique.com

CRIÉES

La vente des produits de la mer a lieu en général tous les jours, 30mn après le retour des chalutiers et durent à peu près 2h. Concarneau, Douarnenez, Le Guilvinec, Loctudy et Lorient sont les plus importantes en Bretagne Sud. Au nord, allez à Erquy, Roscoff et St-Quay-Portrieux.

GOUREN

D'origine celte, cette technique de lutte traditionnelle s'est développée dans la région en conservant des valeurs (loyauté, fair-play) exprimées dans un serment. Pratiqué en club, le gouren donne lieu à de passionnantes compétitions (en salle l'hiver et aussi en plein air, l'été, lors de fêtes traditionnelles).

Ti ar Gouren, Maison de la lutte et des sports bretons

02 98 99 03 80 - www.tiargouren.fr

Comité national de gouren

02 98 85 40 48 - www.gouren.fr

JARDINS

La Bretagne possède de nombreux jardins où flâner. Vingt-cinq d'entre eux ont reçu un label tels les jardins de Brocéliande, le jardin de la Fontaine de Vie et parc de l'Athanor, en Ille-et-Vilaine; le parc du château de Trévarez, le parc botanique de Cornouaille et les Arbres du Monde, dans le Finistère; le jardin des Plantes de Nantes, en Loire-Atlantique.

Association des parcs et jardins de Bretagne

www.apjb.org

Elle recense les jardins ouverts au public.

PÊCHE

En eau douce

Quels que soient l'endroit et le type de pêche, nous vous rappelons qu'il convient d'observer la réglementation nationale et locale : s'affilier pour l'année en cours, dans le département de son choix, à une association de pêche agréée par la préfecture; acquitter les taxes afférentes au mode de pêche pratiqué et obtenir, pour pêcher dans des eaux du domaine privé, l'autorisation du propriétaire riverain.

En mer

Des petits patrons de pêche accueillent à leur bord des touristes attirés par la sportivité de la pêche en mer. Rappelons que la plupart de ces pêches ont lieu sur des bateaux de petite taille et dans des mers parfois agitées.
Les plaisanciers peuvent pratiquer la pêche en mer à partir de leur navire ou la chasse sous-marine – à titre d'agrément exclusivement. La liste des engins de pêche autorisés figure sur leur titre de navigation. La chasse sous-marine est, quant à elle, soumise à une réglementation stricte et il convient de s'informer préalablement auprès du service des Affaires maritimes.

À pied

La pêche sur les estrans, les surfaces de rochers ou de sable découvertes à marée basse est toujours très pratiquée les jours de grande marée.
Sur les estrans rocheux, on pêche les petits crustacés (bouquets, étrilles) ou les coquillages (bigorneaux, patelles). Sur les estrans sableux, on aperçoit les pêcheurs accroupis près de leur panier, à la recherche de coques, donaces, palourdes, pétoncles ou praires. Les couteaux se pêchent à la ruse en déposant un peu de sel sur le petit trou en forme de serrure laissé par le bivalve quand il s'enfouit dans le sable. La pêche au filet permet, elle, de piéger les crevettes.
À savoir : pour certaines espèces, il existe un calendrier très précis de jours ouverts à la pêche et des quantités maximales de prise. C'est le cas, par exemple, du pouce-pied.

PLAISANCE

Il existe près de 50 ports de plaisance en Bretagne. Pensez à réserver vos anneaux très à l'avance, car

les ports affichent souvent complet. Infos sur :
www.nautismebretagne.fr
www.bretagne-info-nautisme.fr

PLONGÉE SOUS-MARINE

Les amateurs de chasse sous-marine ou de paysages sous-marins trouvent, surtout le long des côtes sud (Port-Manech, Port-Goulphar à Belle-Île...), des criques limpides et poissonneuses.

Comité interrégional Bretagne-Pays de la Loire de la Fédération française d'études et de sports sous-marins
02 97 37 51 51 - www.cibpl.fr

RANDONNÉES ÉQUESTRES

Découvrir la lande, la forêt ou les côtes bretonnes à dos de cheval constitue toujours une expérience régénérante. Un superbe itinéraire, Equibreizh, fait le tour de la Bretagne (env. 2500 km).

Comité régional de tourisme équestre en Bretagne
02 97 84 44 00 - www.equibreizh.com

CDTE du Finistère
06 69 49 29 29 - www.cdte29.fr

CDTE des Côtes-d'Armor
02 96 74 68 05 - www.ville-plérin.fr/aceca

CDTE de l'Ille-et-Vilaine
02 99 85 66 21 - www.cdte35.com

CDTE de Loire-Atlantique
www.cdte44.com

CDTE du Morbihan
02 97 43 15 57

RANDONNÉES PÉDESTRES

Dotée de nombreux sentiers de randonnée, la Bretagne convient particulièrement bien aux marcheurs du fait de la grande variété de ses paysages, sur des distances relativement courtes.
Les GR34 (sentier des douaniers), 37, 38, 341, 380 sillonnent l'Argoat en tous sens.
Les chemins de halage du canal de Nantes à Brest et les voies vertes sont également très appréciés.

Fédération française de la randonnée pédestre
01 44 89 93 93 - www.ffrandonnee.fr
La fédération donne le tracé détaillé des GR, GRP et PR ainsi que d'utiles conseils.

Comité régional de la randonnée pédestre de Bretagne
bretagne.ffrandonnee.fr
http://rando.tourismebretagne.com
Idéal pour préparer ses randonnées en Bretagne. Vous y trouverez la description des sites et des itinéraires (GR, GRP, véloroutes et voies vertes) ainsi qu'un guide complet des hébergements à proximité des itinéraires de randonnée.

Baccorb (Bureau des accompagnateurs de randonnées en Bretagne)
02 99 78 83 72
Cette association fédère les guides, aide à leur formation et développe les circuits de découverte et de randonnée en Bretagne.

Conservatoire du littoral, ONF, parcs naturels régionaux...
Ces organismes proposent des randonnées ou de la documentation bien utile pour découvrir la région.
Les syndicats d'initiative et les offices de tourisme offrent également des dépliants de balades et de randonnées.
http://balades.bretagne35.com
http://rando.cotesdarmor.com

ROUTES HISTORIQUES

En Bretagne Nord, vous ne pourrez parcourir qu'une seule Route historique, mais de taille, celle de Chateaubriand, qui relie 17 sites dont 13 châteaux dans les départements d'Ille-et-Vilaine et des Côtes-d'Armor :
Château de Bourbansais - 35720 Pleugueneuc -

☏ 02 99 69 40 07
www.chateaux-france.com/route-chateaubriand

ROUTES THÉMATIQUES

Route des peintres de Cornouaille, route des phares et balises, route du lin, route du vent solaire ou circuit des villes d'art : la Bretagne voit naître chaque année de nouvelles routes thématiques. Fortement évocateurs du patrimoine breton, ces itinéraires sont mis en place par des associations ou des offices de tourisme et bénéficient souvent d'une brochure explicative disponible dans les offices de tourisme.

THALASSOTHÉRAPIE ET BALNÉOTHÉRAPIE

Le CRT Bretagne (Comité régional du tourisme de Bretagne) a mis en place un site Internet qui associe les 15 centres de thalasso de Bretagne et qui permet de composer des séjours sur mesure.
www.thalasso-bretagne.fr

VÉLO

De nombreux secteurs encouragent les promenades à vélo. Sur place, les offices de tourisme et les syndicats d'initiative fournissent généralement la liste des loueurs de cycles (avec points relais).
Certaines gares proposent aussi des bicyclettes, qu'il est possible de restituer dans une gare différente.
Les principaux sites de balades à vélo sont détaillés sur :
https://randobreizh.fr

Voies vertes

Vous pourrez notamment emprunter les nombreuses voies vertes aménagées ces dernières années sur d'anciennes voies ferrées, des chemins forestiers ou de halage. Vous en trouverez un peu partout en Bretagne : dans la forêt de Paimpont, de Roscoff à Carhaix et tout autour de Carhaix, dans les montagnes Noires, de Quimper à Pont-l'Abbé, de St-Malo à Rennes, sur la baie du Mont-St-Michel…

Vélodysée

Le Vélodyssée® présente l'itinéraire le plus long de France avec 1 256 km, de la Bretagne à la côte basque.
En Bretagne Sud, il chemine sur près de 400 km, de Carhaix-Plouguer au pays de Retz.
Dans le Morbihan, il longe le canal de Nantes à Brest sur 140 km, de Redon jusqu'au lac de Guerlédan, et traverse, notamment, La Gacilly, Josselin et Rohan.
En Loire-Atlantique, cet itinéraire permet de rallier Nantes à Moutiers-en-Retz.
www.lavelodyssee.com

Ligue Bretagne de cyclotourisme

☏ 02 99 36 38 11
www.ffct-bretagne.org
Elle recense les sorties week-end ou les circuits découvertes avec des guides, organisés par les clubs cyclotouristes de la région.

VIEUX GRÉEMENTS

Ces navires au charme pur restent étroitement associés à la Bretagne. Ça tombe bien, vous aurez l'occasion d'en côtoyer lors de votre séjour.

Naviguer sur les vieux gréements

Il est possible d'embarquer pour une demi-journée, une journée, un week-end ou le temps d'une longue croisière sur l'un de ces merveilleux voiliers récemment restaurés.
Plus d'informations sur www.tourismebretagne.com, rubrique « à faire », puis « naviguer » : dresse la liste les vieux gréements bretons proposant des sorties en mer.

Fédération des vieux gréements de France

www.old-gaffers.com
Retrouvez les associations et les particuliers propriétaires de bateaux traditionnels, navigant le long des côtes françaises.

VISITES GUIDÉES

Elles sont organisées toute l'année dans les grandes villes et en saison dans les plus petites.

Dans tous les cas, informez-vous du programme à l'office de tourisme et pensez à vous inscrire.

Petites cités de caractère

L'Association des petites cités de caractère de Bretagne rassemble 22 communes de moins de 5 000 hab. Chacune doit présenter un ensemble urbain homogène et préservé. On trouvera par exemple Châteaugiron, Josselin, Le Croisic, Le Faou, Guémené-sur-Scorff, Locronan, Malestroit, Piriac-sur-Mer, Pont-Croix, La Roche-Bernard, Rochefort-en-Terre…
www.cites-art.com

Villes et pays d'art et d'histoire

Ce réseau propose des visites (1h30 ou plus) conduites par des guides conférenciers et des animateurs du patrimoine, agréés. En font partie : Brest, Concarneau, Guérande, Lorient, Nantes, Quimper, Rennes, Vannes, Vitré.
Renseignements dans les offices de tourisme ou sur : www.vpah.culture.fr

En famille

Les infrastructures touristiques bretonnes sont de plus en plus adaptées aux enfants.

Tout le long du littoral, les plages sont équipées de clubs de voile ou d'activités accessibles dès 3 ans. Dans les terres, l'accent est davantage porté sur les activités nature grâce à des sorties guidées, liées notamment à la reconnaissance d'espèces.

LES LABELS FAMILLE

STATIONS KID

Une station gratifiée du label « Kid » remplit des conditions qui la rendent adaptée à l'accueil des familles (hébergement, équipements, animations spécifiques pour chaque âge) ; les enfants y sont « rois ». À la mer, les plages possèdent des espaces de jeux, des clubs ou des parcours aventures, elles organisent des spectacles, des stages sportifs…
Association nationale des stations Kid
03 20 14 97 87

STATIONS VERTES

La Fédération des Stations vertes de vacances décerne chaque année un prix de l'accueil des enfants.

FAMILLE PLUS

Les communes labellisées s'engagent auprès des familles et des enfants à tout faire pour leur assurer un accueil adapté.
En Bretagne Sud : Quiberon, Fouesnant-les-Glénan et Névez.
En Bretagne Nord : Binic, Carantec, Perros-Guirec, Plougonvelin, Roscoff, St-Pol-de-Léon et St-Quay-Portrieux.

Notre sélection d'hébergements

Les hôtels sont classés par prix croissants au sein d'une région.

Sélection du guide MICHELIN

Rennes et les marches bretonnes

Hôtel des Lices

7 pl. des Lices - Rennes - ✆ 02 99 79 14 81 - www.hotel-des-lices.com - 48 ch. - 77/105 €.

La fameuse place des Lices, avec ses maisons à colombages, son marché et sa vie nocturne, est à vos pieds. Chambres modernes avec petits balcons. Sur l'arrière, vue sur les vestiges des remparts.

Le Magic Hall

17 r. de la Quintaine - Rennes - ✆ 02 99 66 21 83 - www.lemagichall.com - 19 ch. 60/210 €.

Ouvert en 2016 dans une ancienne caserne, cet hôtel joue la carte de l'originalité. L'accent est mis sur les arts avec des chambres parfaitement équipées et décorées sur le thème de la musique, du théâtre, de la danse ou du cinéma. La convialité est aussi de mise avec des expositions, des concerts, des rencontres d'artistes et une belle cuisine en libre-service. S'y ajoute une démarche éco-responsable. La qualité de l'accueil parachève ce beau tableau.

Hôtel de Nemours

5 r. de Nemours - Rennes - ✆ 02 99 78 26 26 - www.hotelnemours.com - 41 ch. - 71/250 €.

Non loin de la Vilaine et du centre historique, cet hôtel rénové propose des petites chambres chaleureuses et personnalisées, aux tons ivoire et caramel. Ici, pas d'extravagance mais un intérieur tout en sobriété et élégance.

Le Coq-Gadby

156 r. d'Antrain - Rennes - ✆ 02 99 38 05 55 - www.lecoq-gadby.com - 14 ch. - 78/148 €.

Au 156 rue d'Antrain, on voit la vie en vert ! Dans un jardin, une maison du 17e s. doublée d'une bâtisse en bois conçue selon les dernières normes environnementales. Au choix, chambres cosy et feutrées, ou plus spacieuses et contemporaines. Spa écologique et soins bio.

Chambre d'hôte La Corne de Cerf

Le Cannet - 2 km au sud de Paimpont - ✆ 02 99 07 84 19 - www.corneducerf.bcld.net - fermé 15 déc.-15 mars - 3 ch. - 65 €.

Une longère décorée façon maison d'artistes, à deux pas de la forêt de Brocéliande. Chambres, lumineuses et printanières, et vaste jardin. Au petit-déjeuner, pains, brioches et confitures maison.

La Côte d'Émeraude

San Pedro

1 r. Ste-Anne - St-Malo - ✆ 02 99 40 88 57 - www.sanpedro-hotel.com - fermé de déc. à mi-fév. - 15 ch. - 69/88 €.

À deux pas de la plage de Bon Secours, un hôtel de poche dont l'accueil chaleureux est incomparable. Petites chambres parfaitement tenues et petits déjeuners très soignés.

Hôtel Les Ajoncs d'Or

10 r. des Forgeurs - St-Malo - ✆ 02 99 40 85 03 - www.tourisme-hotel-saint-malo.fr - 23 ch. - 60/120 €.

Dans une rue calme de la vieille ville, chambres personnalisées.

La Maison des Armateurs
6 Grand-Rue - St-Malo - ✆ 02 99 40 87 70 - www.maisondesarmateurs.com - 39 ch. - 89/345 €.
Inutile d'avoir le pied marin pour apprécier les charmes de La Maison des Armateurs ! Au cœur de St-Malo, les chambres sont baptisées – selon leur taille – Matelot, Major ou Amiral, et les étages portent les noms de personnalités locales : Surcouf, Cartier… Ici, on ne badine pas avec le patrimoine.

Chambre d'hôte
Le Clos du Pont Martin
35800 St-Briac-sur-Mer - ✆ 06 68 37 62 65 - www.briac.com - 3 ch. - 79/85 €.
Cette demeure contemporaine nichée dans un parc, à cinq minutes des plages de St-Briac-sur-Mer, vous réserve un accueil douillet. Chambres conjuguant avec bonheur mobilier de style et confort moderne. En hiver, le petit-déjeuner est servi au coin du feu.

La Vallée
6 av. George-V - Dinard ✆ 02 99 46 94 00 - www.hoteldelavallee.com - fermé de déb. janv. à mi-fév. - 23 ch. - 80/235 €.
Près de la plage de l'Écluse, une bâtisse de 1892 au charme typique des stations balnéaire. Les chambres, contemporaines, arborent une couleur différente selon l'étage (rouille, turquoise, vert anis) et ouvrent pour la plupart sur la mer.

Villa Reine Hortense
19 r. de la Malouine - Dinard - ✆ 02 99 46 54 31 -www.villa-reine-hortense.com - fermé de fin sept. à mi-avr. - 7 ch. - 185/435 €.
Toute la splendeur de la Belle Époque revit dans cette villa typique de la « perle » de la Côte d'Émeraude. Les chambres, élégantes et luxueuses, regardent la plage.

Alghôtel
59 bis av. du Gén.-de-Gaulle - Cancale - ✆ 02 99 89 50 00 - www.alghotel.com - fermé de déb. janv. à déb. fév. - 30 ch. - 109 €.
À l'entrée de Cancale, un hôtel dédié au bien-être. Chambres fonctionnelles, décorées dans un esprit zen. Au bistrot, des brochettes en bambou piquées de viandes, de légumes et de fruits de mer ; le tout cuit à la plancha.

Hostellerie de la Motte Jean
35350 St-Coulomb (4 km à l'ouest de Cancale) - ✆ 02 99 89 41 99 - www.hotel-mottejean.com - fermé oct.-mars - 13 ch. - 110/150 €.
Au jardin ou au bord de l'étang, profitez des plaisirs de la campagne cancalaise ! Corps de ferme de 1707 doté de chambres classiques et romantiques.

Hôtel La Pointe du Grouin
Pointe du Grouin - Cancale - ✆ 02 99 89 60 55 - www.hotelpointedugrouin.com - 1er avr.-15 nov. - 15 ch. - 97/131 €.
Il règne comme un délicieux air de bout du monde autour de cette demeure bretonne perchée sur une falaise, face aux îles et au Mont-Saint-Michel. Panorama exceptionnel des tables proches des baies vitrées.

De Saint-Brieuc au cap Fréhel

Edgar
15 r. Jouallan - St-Brieuc - ✆ 02 96 60 27 27 - www.saint-brieuc-hotel.fr - 28 ch. - 85/160 €.
Une belle maison ancienne en pierre du pays… qui fut un temps la résidence d'un armateur. C'est aujourd'hui un établissement épuré et contemporain, dont les chambres sont bien équipées et fonctionnelles.

Chambre d'hôte
Villa Marguerite
34 r. des Garennes - Pléneuf-Val-André - ✆ 02 96 72 85 88 -

www.villa-marguerite.fr - fermé de mi-nov. à fin mars sf sur réserv. hors sais. - 4 ch. - 75/90 €.
Charmante villa au style balnéaire du 19e s. entourée d'un plaisant jardin, dans le centre de la station. Les chambres avec vue sur mer, à la fois sobres et coquettes, dominent la baie de St-Brieuc ; trois d'entre elles ont un balcon.

Hôtel du Manoir de la Salle
R. du Lac - 22240 Sables-d'Or-les-Pins - ✆ 02 96 72 38 29 - www.manoirdelasalle.com - fermé oct.-mars - 14 ch. - 45/110 €.
Cette demeure bretonne du 16e s. et ses dépendances sont entièrement rénovées. La salle du petit déjeuner a préservé son cachet d'origine : pierres de taille, cheminée et poutres apparentes. Les chambres sont modernes. Salle de jeux.

Chambre d'hôte Le Relais de Fréhel
Vers la rte du Cap-Fréhel - 3 allée de Besnard - 22240 Plévenon - Ville Besnard (à 1,5 km de Plévenon) - ✆ 02 96 41 43 02 - www.relaiscapfrehel.fr - fermé de la Toussaint aux vac. de Pâques - 5 ch. - 70 € et 2 gîtes - 512/586 €/sem.
Dans un parc boisé, une ancienne ferme de granit rose. La rhumerie fera le bonheur des amateurs.

De Paimpol à Perros-Guirec

Chambre d'hôte La Maison des Îles
29 rte de la Vieille-Côte, à la pointe de l'Arcouest - ✆ 02 96 55 87 01 - http://la-maison-des-iles.fr - 4 ch. - 85 € et 1 gîte.
À deux pas de l'embarcadère, cette demeure en pierres apparentes a retrouvé une seconde jeunesse suite à une importante restauration intérieure. Décoration contemporaine, émaillée dans les chambres de quelques meubles familiaux.

Hôtel La Vieille Auberge
Au bourg de Bréhat - ✆ 02 96 20 00 24 - www.la-vieille-auberge-brehat.com - fermé nov.-Pâques - 14 ch. - 110/120 €.
Une ravissante maison ancienne aux belles pierres apparentes abrite ce plaisant hôtel-restaurant tenu par une famille bréhatine. Avec un peu de chance, en vous attablant dans sa cour fleurie, vous goûterez aux doux rayons du soleil d'ici…

Bellevue
Port-Clos - Bréhat - ✆ 02 96 20 00 05 - www.hotel-bellevue-brehat.fr - fermé 5 nov.-24 déc. et 2 janv.-12 fév. - 19 ch. - 76/210 €.
Dès l'embarcadère du Port-clos – lieu emblématique de l'île de Bréhat –, on repère cette belle maison de pays largement centenaire (1904). Les chambres ont été rénovées avec goût et sobriété, et certaines disposent d'une terrasse avec vue sur la pointe de l'Arcouest…

Les Terrasses de Bréhat
Pointe de L'Arcouest - Ploubazlanec - ✆ 02 96 55 77 92 - www.lesterrassesdebrehat.fr - fermé 22 déc.-15 janv. - 35 ch. - 90/225 €.
Cet établissement, fondé en 1892, jouxte l'embarcadère et fait face à l'île de Bréhat. Les chambres, confortables et accessibles par des coursives en bois, portent le nom de villes-escales : Gustavia, Le Cap, Bergen, Kayar… La garantie d'une nuit voyageuse !

Ker Mor
38 r. du Mar.-Foch - Perros-Guirec - ✆ 02 96 23 14 19 - www.hotel-ker-mor.com - fermé 17 nov.-9 fév. - 29 ch. - 86/184 €.
Ces deux charmantes villas de 1905, typiques de la station et entièrement rénovées en 2013, dominent la plage du Trestraou. Les chambres, sobres et épurées, sont parfaitement équipées ; de certaines d'entre elles, on contemple l'archipel des Sept-Îles, au large…

Le Manoir du Sphinx

67 ch. de la Messe (plage de Trestignel) - Perros-Guirec - ✆ 02 96 23 25 42 - www.lemanoirdusphinx.com - fermé 12 nov.-5 déc. et 28 janv.-7 mars - 19 ch. - 96/200 €.

Cette ravissante villa 1900 surplombant la mer n'a rien d'une énigme… Ses chambres, décorées dans un style classique plutôt cosy, permettent de contempler à loisir la magnifique baie et les îles ; son charmant jardin dégringole jusqu'à la mer.

Finistère Nord

Hôtel du Port

32 quai de Léon - Morlaix ✆ 02 98 88 07 54 - www.lhotelduport.com - fermé 2 sem. Noël - 25 ch. - 63/105 €.

Face au port de plaisance, un hôtel sympathique rénové entièrement, en 2017, dans un style design. Chambres, dotées de doubles vitrages, répartiés sur 3 niveaux (sans ascenseur).

Chambre d'hôte Le Logis du Port

10 voie d'accès au port - Morlaix - ✆ 06 07 68 36 68 - www.lelogisduport.fr - 4 ch. - 70/85 €.

Dans cette belle maison située sur les hauteurs du port, les propriétaires seront aux petits soins pour vous. Quatre jolies chambres dotées de meubles de famille ou chinés, salon et cuisine à disposition, ainsi qu'un jardin avec piscine couverte chauffée (avr.-oct.)

Hôtel Ti Jan Ar C'Hafé

Kernigou - île d'Ouessant - ✆ 02 98 48 82 64 - www.tijan.fr - fermé 11 nov.-26 déc. et 4 janv.-1er mars - 5 ch. - 79/99 €.

À l'entrée du bourg de Lampaul, ce petit hôtel de charme réserve un accueil convivial.

Hôtel de La Vinotière

1 r. du Lieutenant-Jourden - 29217 Le Conquet - ✆ 02 98 89 17 79 - www.lavinotiere.fr - 10 ch. - 85/145 €.

Dans cette belle demeure du 16e s., en plein centre du Conquet, un magnifique escalier de pierre mène à des chambres design, tout confort. Jacuzzi au 2e étage.

La Butte

12 r. de la Mer - 29260 Plouider - ✆ 02 98 25 40 54 - www.labutte.fr - 33 ch. - 115/400 €.

Une saga familiale débutée en 1952… et qui n'est pas prête de se terminer ! Les chambres, contemporaines et épurées, donnent toutes sur la mer, et un spa est à disposition. Idéal pour se ressourcer au grand air…

Océania

82 r. de Siam - Brest - ✆ 02 98 80 66 66 - www.oceaniahotels.com - 82 ch. - 79/180 €.

Au cœur de Brest, entre la gare ferroviaire et le port, cet imposant immeuble abrite des chambres contemporaines, parfaitement insonorisées, ainsi qu'un restaurant.

Finistère centre

Le Clos de Vallombreuse

7 r. d'Estienne-d'Orves - Douarnenez - ✆ 02 98 92 63 64 - www.closvallombreuse.com - 30 ch. - 80/170 €.

Derrière l'église, cette belle demeure de 1902 domine la baie de Douarnenez ; les propriétaires ont su préserver son charme classique, tout en assurant un confort optimal.

Hôtel du Relais de Cornouaille

9 r. Paul-Sérusier - 29520 Chateauneuf-du-Faou - ✆ 02 98 81 75 36 - www.lerelaisdecornouaille.com - fermé oct. - 29 ch. - 59/62 €.

Installé dans deux maisons de village accolées, cet hôtel s'est peu à peu modernisé.

Le Goyen

Pl. Jean-Simon - Audierne - ✆ 02 98 70 08 88 - www.le-goyen.com - fermé 8 janv.-9 fév., 12 nov.-23 déc. - 21 ch. - 113/224 €.

On repère facilement cette bâtisse imposante plantée sur les quais, face au port et à l'estuaire du Goyen. Les chambres, dont certaines ont un balcon, ont été rénovées dans un agréable style contemporain…

Finistère Sud

Hôtel Gradlon
30 r. de Brest - Quimper - ✆ 02 98 95 04 39 - www.hotelgradlon.fr - fermé 6-22 janv. - 20 ch. - 60/220 €.
Chambres au style very bristish, fleuri et cosy à souhait. Un soin tout particulier est accordé aux détails, des rosiers du jardin à l'agréable véranda. Charming!

Manoir-Hôtel des Indes
1 allée de Prad-ar-C'hras (4 km à l'est par D765) - Quimper - ✆ 02 98 55 48 40 - www.manoir-hoteldesindes.com - 13 ch. - 130/255 €.
Les Indes, où voyagea René Madec, aventurier quimpérois et ancien maître de ce manoir. C'est en souvenir de lui que les propriétaires ont décoré les chambres sur le thème de l'exotisme. Parc, piscine, traiteur : original et dépaysant.

Manoir de Kérhuel
Rte de Quimper - 29720 Plonéour-Lanvern - ✆ 02 98 82 60 57 - www.manoirdekerhuel.fr - fermé fév. - 23 ch. - 160/338 €.
Une longue allée bordée d'arbres centenaires mène à ce manoir du 15e s. s'élevant dans un joli parc fleuri. Piscine et court de tennis.

L'Orée du Bois
4 r. Kergoadic - 29170 Fouesnant - ✆ 02 98 56 00 06 - www.hotel-oreedubois.com - 15 ch. - 43/81 €.
Vous n'êtes pas en lisière de forêt mais à deux pas de l'église de Fouesnant. Accueil aimable et familial. Les chambres sont simples, évoquant les délices de la mer toute proche.

Hôtel de la Pointe de Mousterlin
108 rte de la Pointe (6 km au sud-ouest de Fouesnant) - ✆ 02 98 56 04 12 - www.hoteldelapointefouesnant.com - 43 ch. - 90/200 €.
Trois bâtiments où alternent chambres traditionnelles et modernes, vue sur mer et plage ou jardin. Une maison sympathique disposant de nombreux équipements de loisirs (sauna, Jacuzzi, salle de musculation…).

Belle-Vue
30 descente Belle-Vue, Cap Coz - 29170 Fouesnant - ✆ 02 98 56 00 33 - www.hotel-belle-vue.com - fermé nov.-fév. - 17 ch. - 77/116 €.
Quelle vue sur la baie de la Forêt-Fouesnant! Les chambres, parfaitement tenues, sont pimpantes avec leurs couleurs claires et, bien entendu, elles donnent sur les flots ou le jardin. S'installer en terrasse face à la plage est un vrai bonheur.

La Pointe du Cap Coz
153 av. de la Pointe-du-Cap-Coz - 29170 Fouesnant - ✆ 02 98 56 01 63 - www.hotel-capcoz.com - 17 ch. - 95/105 €.
Ses chambres sont décorées sobrement, dans un esprit bord de mer, mais l'essentiel est ailleurs : cette bâtisse bretonne se dresse à l'extrémité de la pointe du Cap-Coz, cette bande de sable prise entre l'Atlantique et l'anse de Port-la-Forêt!

Le golfe du Morbihan

Hôtel Le Bretagne
37 r. du Gén.- de-Gaulle - St-Pierre-de-Quiberon - ✆ 02 97 30 91 47 - www.hotel-bretagne-quiberon.fr - fermé nov.-Pâques - 20 ch. - 69/75 €.
Cette hostellerie traditionnelle vaut par sa situation au cœur de la station balnéaire et à 50 m de la plage. L'hiver, de belles flambées crépitent dans la cheminée de la salle à manger.

Hôtel Bellevue
R. de Tiviec - Quiberon - ✆ 02 97 50 16 28 - www.

hotel-bellevuequiberon. com -fermé oct.-mars - 38 ch. - 74/159 €.
Architecture passe-partout, mais intérieur printanier : gamme étendue de couleurs dans des chambres équipées de terrasses ; certaines offrent une échappée sur l'océan. Piscine.

Ker Noyal
43 chemin des Dunes - Quiberon - ✆ 02 97 50 33 31 - www.ker-noyal. com - fermé 15 nov.-15 mars - 17 ch. - 64/152 €.
Un hôtel tout blanc, typique du bord de mer, au calme dans un quartier résidentiel situé près du casino. Les chambres sont décorées avec goût dans un style contemporain.

Sofitel Thalassa
Bd Louison-Bobet - Quiberon - ✆ 02 97 50 20 00 - www.sofitel.com - fermé 2 sem. en déc. - 104 ch. - 298/564 €.
Pour un séjour iodé et tonique, ce complexe hôtelier fait face à la plage et communique avec l'institut de thalassothérapie. Au programme : un décor résolument contemporain et un grand confort. Certaines chambres donnent sur les flots, tout comme les deux restaurants.

La Petite Presqu'île
16 r. du Coedo - Locoal-Mendon - ✆ 06 84 59 45 97 - www.la-petite-presquile.com - 6 ch. et 3 gîtes - 66/72 €.
Cette agréable maison bioclimatique s'ouvre sur la ria et ses berges sauvages. Les chambres sont orientées au sud et donnent sur le jardin. Cuisine et salle partagée.

Hôtel Le Trianon
14 r. du Gén.-Leclerc - 56410 Étel - ✆ 02 97 55 32 41 - www.letrianon56. com - fermé janv. - 19 ch. - 68/118 €.
Près du port de pêche, chambres bonbonnières agréablement provinciales ; préférez celles de la villa annexe. Pour la détente, salon-cheminée ou jardinet. Terrasse.

Hôtel Aux Tamaris
11 allée des Peupliers - 56360 Sauzon - ✆ 02 97 31 65 09 - www. auxtamaris.fr - 14 ch., 2 mobilhome 60/75 €.
Cet hôtel sympathique est constitué d'un ensemble de petites maisons typiques de Belle-Île, rénovées ces dernières années. Simples et situées à l'étage ou en rez-de-jardin, elles proposent un confort et une décoration au goût du jour. L'amabilité des propriétaires et le cadre verdoyant du jardin en font une agréable adresse sur l'île. Sur demande, panier repas et transfert sur lieu de randonnée (2,50 €/pers.).

La Désirade
Belle-Île - Le Petit Cosquet (2 km à l'Ouest par rte Port-Goulphar) - Bangor - ✆ 02 97 31 70 70 - www. hotel-la-desirade.com - Ouvert avril-nov. - 31 ch. - 115/234 €.
Un hôtel de charme réparti dans plusieurs maisons récentes de style néobreton. On savoure le calme dans un charmant salon cosy et des chambres habillées de lambris. Espace bien-être.

Chambre d'hôte L'Aubergerie
Belle-Île - Borgroix - 56360 Sauzon - ✆ 06 49 56 77 50 - www.aubergerie-belleile. com - 2 ch., 2 suites et 1 duplex - 124/218 €.
Implantée à 2,5 km de Sauzon, cette ancienne bergerie compose un cadre champêtre, idéal pour un séjour en famille. Chaque chambre est décorée avec soin et raffinement. Grand jardin et calme absolu. Piscine extérieure.

Citadelle Vauban Hôtel-Musée
Belle-Île - Le Palais - ✆ 02 97 31 84 17 - www. citadellevauban.com - fermé oct.-avr. - 55 ch. - 122/500 €.
Cet hôtel-musée a investi la citadelle Vauban. Les chambres, décorées sur le thème

de la Compagnie des Indes, donnent presque toutes sur la mer et invitent à des rêves de voyage.

Dans les terres morbihanaises

Hôtel Manche-Océan
31 r. du Lt-Col.-Maury - Vannes - ✆ 02 97 47 26 46 - www.manche ocean.com - fermé 21 déc.-14 janv. - 42 ch. - 58/99 €.
Atmosphère familiale dans cet hôtel idéalement situé aux portes de la vieille ville. Chambres colorées et bien tenues.

Marébaudière
4 r. A.-Briand - Vannes - ✆ 02 97 47 34 29 - www.marebaudiere.com - 41 ch. - 92/150 €.
En bordure du centre-ville, une bâtisse bretonne des années 1970. Les chambres, fonctionnelles, spacieuses et confortables, déclinent le thème des quatre saisons…

Villa Kerasy
20 av. Favrel-et-Lincy - Vannes - ✆ 02 97 68 36 83 - www.villakerasy.com - 15 ch. - 119/358 €.
Pondichéry, Cadix… les chambres évoquent les différentes escales de la Compagnie des Indes. Jardin japonais, espace bien-être, etc. Voilà un agréable établissement où l'élégance le dispute à la sérénité!

Chambre d'hôte Les Camélias
9 r. des Roseaux - 56260 Larmor-Plage - ✆ 02 97 65 50 67 - 4 ch. 58/68 €.
Un jardin arboré entoure cette jolie maison à deux pas du centre. Les meubles et les bibelots anciens leur confèrent un cachet bourgeois.

Chambre d'hôte Libeurtheu
23 r. de l'Anse-du-Stole - 56270 Ploemeur - ✆ 02 97 82 86 22 - www.lelostec.demaret.free.fr - 3 ch. - 55 € - 1 gîte l'été.
Maison de style néobreton située entre l'anse du Stole et le marais de Pen-Palud. Les chambres ne sont pas grandes mais sont confortables. Petit déjeuner copieux.

Nantes

L'Hôtel
6 r. Henri-IV - ✆ 02 40 29 30 31 - www.nanteshotel.com - 31 ch. - 90/169 €.
Accueil très aimable dans cet hôtel où l'on prend facilement ses aises. Vue sur le château en façade, le jardin à l'arrière; décor contemporain aux notes rétro (références aux fifties), salon feutré : une agréable villégiature au cœur de la ville.

Un Coin chez soi
1 r. de Briord - ✆ 06 14 57 22 41 - www.uncoinchezsoi.net - 99/160 €.
Alternative à l'hôtellerie traditionnelle, la formule « Un Coin chez soi » propose des appartements privés situés en centre-ville et pouvant accueillir de 2 à 10 personnes. Décoration soignée.

Sozo Hotel
16 r. Frédéric-Cailliaud - ✆ 02 51 82 40 00 - www.sozohotel.fr - 23 ch - 109/347 €.
Né en 2012, cet hôtel a été aménagé dans une ancienne chapelle du 19e s.! Chambres dans les absidioles ou le chœur, vitraux pour fenêtre, clés de voûte en guise de tête de lit et, partout, un aménagement des plus design… Le cachet d'un monument historique associé à l'épure contemporaine : unique!

Welcome Home Nantes - Le Pont Levis
1 r. Mathelin-Rodier - ✆ 06 72 77 43 85 - www.welcomehome-nantes.fr - 210 €/nuit pour 2 pers.
Peintures, sculptures, photos? Quelle sera, lors de votre passage, l'exposition en cours dans ce superbe loft contemporain? Un lieu conceptuel mais chaleureux, à l'image de sa souriante propriétaire. Également trois autres appartements disponibles.

La côte de Jade

Chambre d'hôte
Le Jardin de Retz
1 chemin des Mousseaux - Pornic - ✆ 06 30 07 07 66 - www.lejardinderetz.fr - 3 ch. - 95/115 €.
Les propriétaires, passionnés de botanique, ont aménagé un délicieux jardin. Petits déjeuners d'été servis dans un cadre bucolique.

Alliance
Plage de la Source - Pornic - ✆ 02 40 82 21 21 - www.thalassopornic.com - fermé 2-15 déc. - 118 ch. - 205/442 €.
Beau programme dans ce complexe hôtelier dressé dans une crique bordée de rochers et de pins : centre de thalasso (large palette de soins), vue sur la mer, calme, lumière et espace…

Villa Flornoy
7 av. Flornoy - Pornichet - ✆ 02 40 11 60 00 - www.villa-flornoy.com - fermé de fin déc. à déb. janv. - 30 ch. - 99/149 €.
Dans un quartier résidentiel, villégiature balnéaire des années 1920 aménagée dans un esprit cottage : tons pastel, mobilier de style, porcelaine anglaise. Chambres assez spacieuses, colorées ou plus classiques, salle à manger feutrée et coquet jardin.

Hôtel Le St-Christophe
1 av. des Alcyons - 44500 La Baule-Escoublac - ✆ 02 40 62 40 00 - www.st-christophe.com - 44 ch. - 69/422 €.
Quatre villas nichées au creux d'un jardin verdoyant… Le charme agit : architectures 1900, mobilier ancien, aquarelles signées par la maîtresse de maison.

Villa Cap d'Ail
145 av. du Mar.-de-Lattre-de-Tassigny - La Baule - ✆ 02 40 60 29 30 - www.villacapdail.com - fermé 28 fév.-16 mars - 22 ch. - 61/253 €.
À 300 m de la plage, cette charmante villa des années 1920, décorée dans un style actuel, a conservé son charme originel. Accueil familial. Les chambres y sont cosy et bien tenues.

Castel Marie-Louise
1 av. Andrieu - La Baule ✆ 02 40 11 48 38 - www.castel-marie-louise.com - 29 ch. - 175/955 €.
Le lieu reçut son nom en l'honneur d'une femme aimée, et il reste propice à la romance : architecture Belle Époque, tentures, mobilier ancien, entre jardin arboré et bord de mer… Apposez-y à votre tour le nom de votre élu(e) !

Le Lichen
4 rte de la Govelle - Batz-sur-Mer - ✆ 02 40 23 91 92 - www.le-lichen.com - fermé de mi-nov. à mi-déc. - 17 ch. - 70/260 €.
Sur la Côte sauvage, vaste villa néobretonne (1956) jouissant du spectacle de l'océan. La moitié des chambres, certaines avec terrasse, donnent sur les flots.

Le Fort de l'Océan
Pointe du Croisic - ✆ 02 40 15 77 77 - www.hotelfortocean.com - fermé janv. - 9 ch. - 200/380 €.
Un fortin en granit (17e s.) isolé sur la côte sauvage : dans les chambres très confortables et feutrées (joli décor à l'ancienne), on admire à loisir l'océan se déchaînant sur les chaos de rochers… et le contraste est délicieux.

ÉcoNuit
1 r. du Milan Noir - Guérande - ✆ 02 40 45 85 47 - www.econuit.com - 70 ch. - 39/79 €.
Des panneaux solaires pour chauffer l'eau et de l'eau de pluie récupérée pour entretenir le joli jardin : un hôtel 100 % écologique, dans l'air du temps.

La Maison Bizienne
14 fg Bizienne - Guérande - ✆ 02 40 70 92 57 - www.lamaisonbizienne.fr - 3 ch. - 86/125 €.
À deux pas de la porte Bizienne ouvrant sur la cité fortifiée, chambres claires, aux murs lambrissés. Joli mobilier chiné. Jardin et sauna.

A voir

- Locronan : vieille ville médiévale
- Pointe du Raz.
- Crozon : sentier cap de la chèvre
- Pleyben : calvaire, enclos paroissial
- Camaret : joli port
- plage Saint Nic Pentrez = très belle plage
- Le Conquet : port très beau site.
- Plougastel : musée de la fraise, cloître.
- Quimper : vieille ville.
- Le Faou : chemin côtier
- Landevennec : très beau petit village bord de mer.
- Menez Hom : colline ~ 300 m
  ↳ magnifique vue sur le Finistère.

Porspoder : joli port et sentier → Lanildut (6 km)

Pont Aven = très jolie ville boutiques, galeries d'art - Promenade au bord de la rivière.

Index général

A

B

C

D

E

F

G

H

I

O-P

Q

R

S

T

V

Collection Le Carnet sous la responsabilité de Philippe Orain

Responsable d'édition et rédactrice en chef du guide
Hélène Payelle, Catherine Guégan

Coordination éditoriale : Catherine Girard

Ont contribué à ce guide : Évelyne Girard, Thierry Lemasson (**Cartographie**), Jean-Luc Cannet (**Couverture**), Maria Gaspar (**Iconographie**), Dominique Auclair (**Pilotage**).
Plans de ville : © MICHELIN et © 2006-2016 TomTom. All rights reserved.

Remerciements : Sophie Badouard Robillard (Office de tourisme et des Congrès de la Baie de Saint-Brieuc), Marie Bibard (Destination Bretagne Plein Sud), Andrea Klose (Saint-Nazaire Agglomération Tourisme).

Conception graphique ici Barbès

Régie publicitaire et partenariat
business-solutions@tp.michelin.com
Le contenu des pages de publicité insérées dans ce guide n'engage que la responsabilité des annonceurs.

Contacts
Michelin - Guides Touristiques
27 cours de l'Île-Seguin,
92100 Boulogne-Billancourt
Service consommateurs : tourisme@tp.michelin.com

Parution 2018

Michelin Travel Partner
Société par actions simplifiée au capital de 11 288 880 EUR
27 cours de l'Île-Seguin - 92100 Boulogne-Billancourt (France)
R.C.S. Nanterre 433 677 721

Dépôt légal : 03-2018
Imprimeur : Printer Trento, Trento (Italie)
Imprimé en Italie : 03-2018
Usine certifiée 14001
Sur du papier issu de forêts gérées durablement (100 % PEFC)

Note au lecteur

L'équipe éditoriale a apporté le plus grand soin à la rédaction de ce guide et à sa vérification. Toutefois, les informations pratiques (formalités administratives, prix, adresses, numéros de téléphone, adresses Internet, etc.) doivent être considérées comme des indications du fait de l'évolution constante de ces données.
Il n'est pas totalement exclu que certaines d'entre elles ne soient plus, à la date de parution du guide, tout à fait exactes ou exhaustives. N'hésitez pas à nous signaler toute omission ou inexactitude que vous pourriez constater, ainsi qu'à nous faire part de vos avis et suggestions sur les adresses contenues dans ce guide.
Avant d'entamer toute démarche, formalités administratives ou douanières notamment, vous êtes invité à vous renseigner auprès des organismes officiels. Ces informations ne sauraient, de ce fait, engager notre responsabilité.

L'abus d'alcool est dangereux pour la santé, consommez avec modération.